# 学业负担研究：
# 理论、模型与调控

梅松竹 著

上海三联书店

# 序　　言

　　教育作为国之大计、党之大计,承载着国家富强、民族振兴、人民幸福的重任。在教育发展的历史长河中,学业负担问题犹如一块顽石,始终横亘在教育改革与发展的道路上,深刻影响着学生的成长、教育质量的提升以及社会的和谐稳定。新中国成立以来,我国教育事业取得了举世瞩目的成就,但学业负担过重问题却如影随形,成为教育领域亟待解决的顽瘴痼疾。

　　随着社会经济的快速发展和教育普及程度的不断提高,学生所面临的学业负担呈现出日益复杂多样的态势。从学校到家庭,从课堂到课外,过重的学业负担犹如一道沉重的枷锁,束缚着学生自由而全面发展的脚步,侵蚀着他们本该充满活力与创造力的童年和少年时光。它不仅导致学生身体疲劳、心理压力增大,甚至引发一系列身心问题,还严重影响了教育质量的提升和教育公平的实现,阻碍了素质教育的全面推进,成为制约我国教育现代化进程的重要因素之一。

　　2015 年,笔者前往美国特拉华(Delaware)大学访学,师从蔡金法教授。蔡教授建议我充分利用教育统计测量专业优势,聚焦基础教育的真问题、瓶颈问题,坚持长期研究下去。于是,选择了"学业负担"这一古老而又时常时新的问题,作为近十年的主要研究方向。《学业负担研究:理论、模型与调控》一书旨在深入探究学业负担的本质内涵、形成机制、影响因素以及危害表现,通过对学业负担的全面剖析,为减轻学生过重学业负担、优化教育生态提供理论支持和实践指导。

全书共 12 章,通过对学业负担研究的背景进行了系统梳理,从历史的纵深维度考察学业负担问题的起源与发展脉络,揭示其背后的内外根源和基本规律。在教育价值与目的的探讨中,进一步明确了教育的本质追求,为学业负担的合理定位提供了价值导向。在此基础上,详细阐述了学业负担政策的流变,通过对不同时期政策文本的分析,展现了我国在学业负担治理方面的努力与探索,同时也反思了政策实施过程中的困境与挑战。

在理论基础部分,引入报偿理论、博弈理论和认知压力理论等多学科理论视角,深入剖析学业负担的生成机理和作用机制,为后续研究奠定了坚实的理论基础。通过对学业负担现状的深入调查,运用科学的调查方法和数据分析手段,生动展现了我国学生所面临的学业负担实际情况,为制定减负对策提供了有力的事实依据。同时,聚焦于学业负担的危害与体现,从身体、心理、情感、行为等多个层面,全面揭示过重学业负担对学生造成的负面影响,深刻警示我们必须高度重视学业负担问题。在成因与影响因素分析中,深入挖掘同群效应、传统文化观、传统人才观、社会环境以及期望与幸福感等多方面因素对学业负担的交织影响,为提出精准有效的减负策略提供了关键线索。

本书精心构建了学业负担量表,涵盖压力量表、焦虑量表和倦怠量表等多个维度,为学业负担的测量和评估提供了科学、系统的工具。同时,融合心理模型、教育模型和倦怠模型等多元视角,构建了学业负担模型,深入揭示了学业负担的内在规律和复杂机制,并提出了一系列具有创新性和可操作性的监测指标和调控机制。通过对学业负担监测指标体系的科学设计,实现了对学业负担状况的动态监测和量化评估。从社会机制、监测机制和预警机制等多个层面,构建了全方位的学业负担调控体系,为切实减轻学生学业负担提供有力保障。

本书在写作过程中得到了淮北师范大学教育学院同仁的大力支持,在此致以诚挚谢意。同时,作者的研究生团队李子芳、韩旭、陶明月、李宇涵、刘静、黄旭、李诗意、李青翠、孙文婷、王洁静、王宇奇、常宗雯、刘一辰在资料收集、整理和校对方面做了大量的工作,对她们一并表示感谢。

《学业负担研究:理论、模型与调控》一书的出版,对于我国教育领域的理论研究与实践探索具有重要的意义。它不仅为教育工作者、政策制定者以及家长提供了一本全面深入了解学业负担问题的指南,也为推进我国教育改革、提升教育质量、促进学生全面发展提供了有力的智力支持。在新时代的教育征程中,我们坚信,通过全社会的共同努力,以科学的理论为指引,以合理的模型为依托,以有效的调控为保障,必将实现学生学业负担的合理减轻。让教育回归本真,为学生的成长与成才创造更加宽松、愉悦、健康的发展环境,助力中华民族伟大复兴的中国梦在教育的田野上生根发芽、苗壮成长。

本书是全国教育科学"十三五"规划教育部重点课题《疫情防控形势下小学生学业负担测评模型设计与应用研究(项目编号 DHA200323)》成果,得到了淮北师范大学学术专著出版资金资助。

　　由于水平有限,书中不足之处在所难免,敬请广大读者批评、指正。

淮北师范大学　梅松竹

2025 年 5 月 12 日

# 目　　录

# 第一章　学业负担研究背景

新中国成立之初,百废待兴,教育在一片蛮荒之地开始浴火重生。50、60 年代,高校招生人数极其有限,学业竞争异常激烈,学业负担问题开始显现。80 年代,尊重知识、尊重人才成为社会共识,片面追求升学率越演越烈,学业负担问题加剧。90 年代以后,应试教育成为主流,学业负担愈加沉重。纵观建国七十多年以来我国学业负担的演变,科举制度的遗风、功利主义的价值追求、社会本位的教育目的观以及争夺优质资源的从众心理都在有意或无意地助推学业负担,最终使得过重的学业负担成为中国基础教育的顽疾。

## 第一节　学业负担问题的起源

纵观人类生产劳动与教育从融合到分离再到紧密结合的发展过程,以及这个过程中教育和学习的发展情形,不难得出一个结论:学业负担在迄今的人的发展史中是从无到有、从轻到重、从被忽视到被重视的变化过程,是人不断地获得发展或走向自由和全面的全过程的一个缩影和标志。这是一个永恒的现象,不会消失。但是,有朝一日它将在不同的人身上和不同的社会中会走向相对的均衡,与人的发展状态相和谐,而不像今天在某些不发达的、不和谐的社会里一样成为与学生对立的力量,一种异化的劳动,导致学生畸形发展却又付出沉重的身心代价。

20 世纪 80 年代,随着巴班斯基"最优学习"理论的引入,学业负担问题开始进入我国研究者的视线,至今已有四十余年的历史。学业负担问题不仅是教育界持续关注的焦点,而且是基础教育改革的症结所在。学业负担过重为众人所诟病,减负已成为教育改革的主要目标之一,不仅是全面推进素质教育的检验,更是义务教育均衡发展的重要表现[1]。2020 年 10 月,中共中央 国务院印发《深化新时代教育评价改革总体方案》,再次强调建设现代学校制度以及学业负担监测制度,促进义务教育优质均衡发展。2021 年 7 月,中共中央办公厅、国务院办公厅印发了《关于进一步减轻义务教育阶段学生作业负担和校外培训负担的意见》,该意见标志着"双减"政策正式落地。"双减"意见出台后,受到社会各界的密切关注,有关政策减负效果、教育培训行业前景等方面话题成为舆论热门话题。但迄今为止,教育相关工作者对"如何减负"仍存诸多困惑,并且通过减负是否真正实现增质提效还有待考察。了解学业负担问题的起源,明白其内在根源和基本规律,挖掘背后的教育价值与教育目的,有助于进行教育哲学反思,使得减负真正符合教育规律,对于中小学生心理健康成长具有重要的意义。

# 第二节　内外根源和基本规律

刘合荣（2007）指出"学业负担过重问题是教育领域的中国国情,大惊小怪,叫苦不迭,以及任何的浪漫主义教育主张都不会有益于这个问题的解决和缓解。"[2]发生在中小学生身上的过重学业负担问题成为教育界关注的焦点,而且随着时代的变迁、社会发展节奏的加快,这个问题变得更加严峻。虽然采取过很多措施,动用了多方面的力量去缓解这个问题,但总是效果甚微。需要从深刻的人性、伦理、历史、文化和社会制度等内外根源中进行探讨,解释清楚事实真相,然后才能获得一些规律性的认识。

## 一、学生学业负担产生的根本原因——应试教育

应试教育是一种"考试怎么考、教师就怎么教、学生就怎么学"的教育,教育离不开考试,但应试教育却把考试绝对化了,它是以分数或学校升学率作为衡量教育质量的标准,突出教育的甄别和选拔功能,使得教育更像是选拔适合读书的人。正如美国教育学家布卢姆所说,应试教育是以牺牲三分之二为代价,来造就那三分之一,即所谓的英才。这种教育观是立足于这样一种假设:"在学生接受教育的过程中,随着学段的上升,对成功的界定也逐渐清晰且严格,具备天赋或习得的技能与态度的人越来越少。"因此教育的重要任务就是"鉴定少数可以进行并完成中学学程、然后再接受高等教育的人"。具体来说,就是通过考试将学生按考试分数进行等级划分,以此来判别哪些学生是优等生,哪些是差等生;哪些学生可以继续学习,哪些学生应该被学校淘汰;哪些学生能够进"重

点学校",哪些学生只能进"一般学校"。

既然选拔人才是通过考试来进行的,因此,在应试教育中各种各样的升学考试、评比考试以至于学校内部的学期考、期中考、单元考等,其地位都被拔高到无以复加的境地,考试压倒一切,成为学校教育的指挥棒,整个学校教育围绕升学考试的轴心运转。选拔人才通过考试进行,而考试便离不开"分数"这一概念。分数是学校、教师、学生的命根子。教育行政部门衡量学校工作,社会舆论评价学校的好坏,学校考查教师的教学效果,都是以分数为衡量标准。在应试教育中,学习演变成了追求分数。考试的压力和分数的包袱,使学校、教师、家长、学生都无法超越、无法自拔,陷入恶性循环的窘境。而且,由于考试研究的薄弱和考试质量的低劣,现在的许多考试必须进行大量的机械性操作练习,必须花费大量的时间和精力死记硬背才能获得高分,学习负担因此也就成为师生的一种无可奈何的选择。

应试教育在我国有着久远的历史渊源,它实际上是传统考试文化的延续。学校教育要想摆脱窘境,跳出怪圈,唯一的选择和出路是素质教育。素质教育是基础教育摆脱应试体制影响、减轻学生学习负担过重,使青少年全面健康发展的一个改革方向。素质教育是根据社会经济发展和人的发展的实际需要,以全面提高学生的综合素质为宗旨的教育,其核心是提高人的素质和品质,培养人的创新精神、创造能力和主体性。素质教育是我国教育目的理论的有益发展,通过德育、智育、体育、美育、劳动技术教育诸方面去培养学生全面发展的素质。素质教育的特点包括以下几方面:(一)以人为本。营造适合于学生的教育,学校其他一切要素围绕营造良好学生发展环境而组织,教师等其他教育主体服务于学生的需要。(二)突出主体精神。赋予、确定、稳定学生的主体地位,以激发学生的主体性为重要目标,以培养合理的主体性为重要内容。(三)面向全体。素质教育是面向全体国民的教育,对各级各类学校而言,则是在民主、平等理念下面向全体学生的教育。(四)关注终身发展。素质教育体现教育的连续性和一贯性,强调学前经验和学校学习的结合,学校和学校外实践活动的结合,强调各级教育在组织和内容上的一体化。只有当我们不仅从观念上确立了素质教育的地位,而且从实践上真正全面地实施落实了素质教育的思想,我们才能够从根本上解决学生学习负担过重的问题。

### 二、学生学业负担产生的直接原因—机械学习

机械学习也就是我们平常所讲的死记硬背的学习,其心理机制是联想(记忆);其条件是刺激和反应接近、重复和强化;其特点是学生以听代思、机械模仿、不求甚解、死记硬背、唯书和唯师是上;其结果是学生只得到一大堆机械的、孤立的知识,这种知识没有内化,心理学称之为"假如",它没有"活性",既不能迁移,更不能应用。心理学研究表明,掌握同样内容的知识和技能,机械学习要比有意义学习多花三倍以上的时间。所以,机械学习是学生课业负担过重的直接原因。机械学习是学生在考试逼迫状态下一种消极被动的学习,学生不仅在精神上觉得负担,情绪上觉得苦闷,而且智力活动会变得死板、不通畅。这样的学习即使在量上不过重,在心理上也依然是沉重负担[3]。

那么机械学习又是怎样产生的呢? 从课堂学习角度来看,机械学习都是注入式教学的产物。所谓注入式教学是建立在认为学生只不过是任凭教师摆布的容器的思想基础上,从教师的主观愿望出发,不顾学生的知识基础、理解能力和学习兴趣,强行灌输和机械训练的一种教学。其特点和表现是"灌"。18 世纪德国著名

教育家第斯多惠说过:"如果使学生习惯于简单地接受或被动地工作,任何方法都是坏的;如果能激发学生的主动性,任何方法都是好的。""不好的教师是传授真理,好的教师是教学生去发现真理。"而现在的应试教学恰恰要求"学生对教师必须保持一种被动状态"。要求学生像只水槽一样,被动地恭候着教师嘴巴里流滴出的知识液体。但是,知识根本是"灌"不进去的。这种"灌"的结果便是机械死记硬背地应付学习。

现在的问题是学校所布置的许多课外作业都只是属于操作性质的,学生所承受的是大量重复地抄写、演算、背诵,这些活动都只是机械性的"规范"操作,无须探究方法也无须激活思维,它往往只有应付考试的价值,而无发展人的功效。这种操练也是典型的机械学习,学生所需的往往是时间的消耗和体力的付出。所以这种学习很容易使学生产生厌倦、疲劳、懈怠的消极心理,并体验到严重的"负担"。

变机械学习为有意义学习是减轻学生学习负担的必然要求。有意义学习是一种以思维为核心的理解性学习,这种学习的心理机制是同化和思维;其条件是学生要具备认知基础(原有认识结构变量)和情感动力(有意义学习心向);其过程是思维活动与情感活动的统一;其特点是学生全身心地投入,身体的、心理的、认知的、情感的、逻辑的、直觉的,都和谐地统一起来。它能使学生产生学习上的"高峰体验",即人处于最欢喜、最幸福、最完善的时刻(高峰体验时刻),而不是机械学习的痛苦体验,这种学习的结果既是知识和能力的发展,又是情感和人格的完善。所以它真正是一种发展人的学习。

有意义学习要求教师在课堂上进行启发式教学,启发式教学是建立在把学生看成学习(认识活动)主体的思想基础上,从学生的实际出发,充分调动学生的积极性、主动性和创造性,引导学生深入思考,融会贯通地掌握知识和发展智力的一种教学。它有两方面的含义:一方面是"启","启"者,启示开导也;一方面是"发","发"者,能动发现也。教师在教学中的主导作用,就是对学生进行启示开导;学生在教师的启示开导下,发挥主观能动性,经过自己努力探索,"自奋其力,自致其知。"这样的学习便是有意义的学习。有意义学习还要求教师布置作业把量和质统一起来,把"劳其筋骨"和"劳其心智"统一起来。首先习题的量要严格控制,质却要大力提高;不能靠题海战术取胜,而要强化"双基"训练,这种训练虽有其机械的一面,但却是学习的必要组成部分,我们不能因噎废食。与此同时,要大力提倡"问题解决"。问题内容既源于课本,又是课本的延伸和深化,所以问题解决是一种有意义的学习,这种学习是一种思考性的精神劳动,是一种智力搏斗,它不是心理上的负担而是智慧的挑战,学生会为此激动不已、乐此不疲。

## 三、基本规律

历史、文化和社会制度往往铸造国民性格和普遍的社会心理。在学业负担这个问题上,以往的研究发现国民的社会心理非常脆弱,有时甚至表现为极其庸俗、市侩、目光短浅。有几种明显的表现:第一,混淆人类社会和低等动物世界的生存和自保斗争,将生存问题、就业问题看得很重,视竞争中的他人为洪水猛兽,助长学生的攀比、嫉妒心理,形成不良人格,这贬低了人性,剥夺自己作为人的价值和尊严,不利于少年儿童身心的和谐健康发展;第二,将人生发展的道路狭窄化,学校盲目尊崇"万般皆下品、唯读书高"的人生价值观,唯分数论使学生将取得好成绩当作最终学习目标,背离教育的初心和本质,不合乎学习型社会发展的时代潮流,蒙蔽了少年儿童展望未来的视线,导致其自幼缺乏乐观主义的人生观和世界观,容易迷失发展方向;第三,由于历史和社会的种种原因,多数成年人把自己看作人生失败者,很多人到中年万事休,同时,对自己的子女也持有一种工具主义的态度,把他们当成自己的工具,期望利用子女的努力为自己增光添彩,或者"扳本""翻盘",少数"成功人士"则希望子承父业、一代胜过一代,这样都是在转嫁人生责任和生活压力。可是,现在年轻一代认为自己就是自己,并不代表父母,父母不尊重其独立人格不可接受和忍受,一般的不良后果是引起子女抵触和反叛,严重者发生惨不忍睹的家庭命案。

教育现实的世俗利益追求与教育的幸福生活价值追求的矛盾很突出,有的学者直白地说,教育是一个职业化的领域,不值得进行严肃的教育理论讨论,这话虽然偏颇而又尖刻,但在一定的语境里也不无道理。与西方发达国家确实不同,在那里教育作为职业准备的时代已经过去了,它们进入了全面地促进人的发展和社会的和谐进步的时代。

历史上没有学业负担这个概念,却存在苦学和屠宰心智的事实。社会在缓慢地进步,生产力和相应的社会制度安排了每一代人的生活境况或命运,包括学生的学业状况,而且多数人的教育价值观也就这样形成了,在缺乏主导的教育价值正面引导的情况下,便会导致恶性循环。过重学业负担问题在当今的中国中小学里是一种客观的教育存在,是一种教育国情,也是一种制度安排,更是中国的工业化和教育发展走向均衡态之前的一场阵痛。这阵痛施加在不止一代人的身上。每一代人都必须经历一种带有时代特征的磨难和磨砺,然后才从不自由的客体发展为一种能动的主体,从自然人发展为自由人。

# 第三节　教育价值与教育目的

教育价值,是指主体的教育需求通过教育客体得到满足,是主体客体之间以教育为纽带的一种利益关系。教育活动不同于其他社会实践活动的区别之一就是,不仅它的活动主体是人,而且它的活动客体也可能是人。同时,由于教育还是社会这个大系统中的一个子系统,所以,作为社会子系统的教育除了其自身所拥有的价值主体外,还具有社会大系统这个最大的主体来作用于教育系统及其中的各类小主体,如家长、学生、教师、校长和教育决策管理者,表现为教育价值主体具有层次性。而且,这种层次性也决定了教育价值主客体关系的层次性和复杂性。学业负担的存在也具有一定的合理性,其中蕴含着个体价值和社会价值。

## 一、个体价值:促进人性完善发展

价值论是教育哲学研究的核心内容,从价值论的维度来看,教育过程是一个以提高人的价值为特征的价值追求和完善的过程,教育是一种人类自身再生产的社会实践活动,它的基本职能是以人为对象去培养、发展、完善人自身。教育的社会价值是通过个性化和社会化了的个体来实现的。与学生学业负担有关的即是在其人性形成及完善的过程中他要付出的努力。他付出努力的程度和方式在某种程度上决定了其人性完善的程度。

恩格斯曾经把人类社会的生产概括为"物的生产"和"人的生产"。人的生产即"种的繁衍",即人类自身的再生产。就"人的生产"而言,"如果说,作为自然个体的人的诞生是生物学意义上的

'种的繁衍',那么作为社会个体的人的诞生,则是人类社会中的教育所特有的功能。"[4]从人来源于动物界而言,人始终具有动物性,但是由于人的社会实践、人所独有的语言、思维以及人类特有的教育性,使得人离开狭义的动物越来越远,"人离开狭义的动物越远,就愈有意识地创造自己的历史,那种不能预见的作用,不能控制的力量对这一历史的影响就愈小,历史的结果和预见的目的就愈加符合"。[5]

可见,"人来源于动物这一事实已经决定人永远不能摆脱兽性,所以问题永远只能在于摆脱得多些或少些,在于兽性或人性在程度上的差异"。这是恩格斯在谈到道德问题时的论断,说明人的动物性、自然性在人的发展中所具有的重要作用,从而预示着人格完善的长期性和艰巨性。人类的进步在于越来越多地摆脱或远离兽性,而更加发展和完满人性,为此,要求学生应主动加强自我修养、自我磨炼,不能对人的兽性有丝毫懈怠。同时,作为一种理想,马克思主义的关于人的智力、体力,以及审美情趣的自由、充分、全面地发展,只有到了共产主义社会才能真正实现,才能形成建立在个人全面发展和他们的共同社会生产能力成为他们的社会财富这一基础上的自由个性。因此,从人性论而论,结合中国社会的特殊发展阶段,学生有必要加强自我修养。因而,把目前中国教育改革所追求的素质教育看作是一种价值、一种理想、一种境界更为合理。[6]这样更能激发出教师及学生的主观能动性,以及他们的道德责任感、义务感和进取心,而不能盲目地以减轻学生学业负担作为当前中国教育改革追求的唯一目的。

马克思主义关于人性完善的理论指出,要发展学生的个性,培养和形成其广泛的兴趣,并不是轻而易举的事情,这需要学生付出巨大的努力,具体到学生学业负担方面,则需要学生具有合理而适度的学业负担。如果过分强调学生的兴趣、自由,放弃严格的学业标准,可能会给中国教育事业带来不利影响。20 世纪 50 年代以前,进步主义教育思潮几乎占据了美国乃至世界教育理论的统治地位,但是,正像巴格莱在《要素主义的纲领》中所指出的,美国初等学校的学生没有达到其他国家达到的基础教育的学业标准,美国中等学校学生的学业水平落后于其他国家十八岁学生达到的水平,高等学校学生缺乏基础知识的人越来越多,而且实际上不能阅读,由于缺乏基本的和中等的水平,所以许多高等学校不得不补修阅读课程;除了文化水平降低以外,数学、语法的水准也明显降低;尽管美国的教育经费增加了,但重大的犯罪率还是有了明显的提高。造成美国教育病态的直接原因是当时占统治地位的进步主义教育思想,尤其是进步主义过分强调儿童的自由、兴趣、活动而放弃训练、努力和工作,放弃严格的学业标准。[7]造成美国教育质量的严重下降,同时也加剧了进步主义教育衰落的步伐。当然,进步主义教育走向衰落,除了其提出的教育主张的局限性外,更主要的是其赖以依据的理论基础的局限。进步主义教育的理论基础,除了达尔文的进化论和杜威的实用主义哲学观以外,卢梭、裴斯泰洛齐等为代表的欧洲自然主义对其产生了直接影响。如进步主义教育一贯主张的"儿童中心""从做中学",过分强调儿童自由、自然的发展。虽然这种观点有力抨击了传统教育过分强调教师的作用,有助于发挥学生的主动性、创造性,但是,它却不能正确处理教师与学生的关系。"从做中学"为学生创造了良好的学习氛围,但打破了学科之间的界限和各门学科的知识体系,取消了各门学科在学校教育中的地位,结果只能使学生获得零散的、片面的知识。因而在降低了学生学业负担的同时,却付出了学生学业水平下降、道德滑坡、犯罪率上升的代价。

## 二、社会价值:促进社会进步和教育事业的发展

教育为社会主义现代化建设服务,社会主义现代化建设要依靠教育。这是教育与社会主义现代化建设的辩证关系。因此,基础教育价值体系的确立必须立足于中国社会发展的实际国情,放眼世界发展的现实与未来,借鉴发达国家的经验。确立以人为本的本体观,培养具有现代知识体系、能力结构和健全人格的人才,促进人的全面发展和人自身的彻底解放,更好地为中国社会主义现代化建设服务。中国社会的发展现状表明中国社会主义现代化建设任务的长期性、紧迫性和艰巨性,世界教育改革的经验和教训也显示出教育的工具价值更加凸显,教育的发展不单纯是以个人的发展为根本目的,而是更加着重于国家发展的需要。因此,中国社会要发展,要赶超其他发达国家,就必须重视教育,重视人才的培养,使学生明确其学业的现实性和艰巨性,激发他们学习的积极性、创造性和责任感,使其能全面和谐地发展。然而,人的全面发展需要一个漫长的历程。恩格斯曾说过,只有当人类能够达到对社会关系的调控时,当人们能够创造出“只有一种能够有计划地生产和有计划地分配的有意识的社会生产组织,才能在社会关系方面把人从其余动物中提升出来”,[8]说明只有到了“以建立在个人全面发展和他们共同的社会生产能力成为他们的社会财富这一基础之上的自由个性”[9]为特征的共产主义社会时,人的全面、自由发展才能成为现实,这充分显示出教育培养人才为现代化服务任务的艰巨性。从学生学业来看,他要成为自身素质全面发展的人,他要承担起现代化建设的大任,就必须有一定的学业负担。没有足够而合理的学业负担,学生是不能完善其自身和担当起现代化建设任务的。通过一定的学业负担使学生懂得“天将降大任于斯

人也,必先苦其心志,劳其筋骨,饿其体肤,空乏其身,行拂乱其所为,所以动心忍性,曾益其所不能"的道理,从而使其加强自我磨炼,树立坚忍不拔、自强不息的精神。

学生的学业负担不仅关系到中国社会主义现代化建设的顺利进行和学生人格的完善发展,而且也关系到中国教育事业的前途。中国举办着世界上规模最大的教育事业,在未来社会中,中国能否在世界上有立足之地,关键取决于中国教育事业的成败。但就目前中国教育事业的现状而言,还需要人们更加清醒地认识现实,并在此基础上设计中国教育的未来,使教育更好地为未来社会培养人才。使人才的结构、素质和数量能适合中国社会主义现代化建设的需要,而且也使教育自身的现代化成为可能。

结合中国教育的现实来反观学生的学业负担,这绝不是一个仅仅减轻的问题,而应对其理性对待、合理解决。教育要现代化,必须使学生了解中国教育事业的现实,使其自觉加强个人知识的储备,形成合理的能力结构和高尚的道德情操。首先,教育的现代化要求教育培养的人才要具有能适应现实和未来社会的知识结构,而知识结构的形成需要学生付出长期而艰巨的劳动。虽然不能要求学生"头悬梁,锥刺股",但"在科学的大道上是没有平坦的道路可走"的名言还是具有一定的现实价值。心理学的研究也证明,学生的意志品质(自觉性、坚韧性、自制性、独立性)与学生的学业成绩有着密切的关系。其中,自觉性最大,坚韧性次之,独立性第三,自制性第四。[10]同时,心理品质中的有恒性是学生顺利进行学习并取得成功的重要特征。[11]因此,学生的学业并不是轻轻松松就能完成的,要有一定的负担。当然,这并不排除在学习过程中运用科学合理方法获得效益的经济性原则。其次,教育现代化要求教育培养具有创新型人才。众所周知,一定能力的形成离不开知识的积累,创造能力的形成更是建立在丰富知识的掌握之上。现在人们似乎更强调能力的培养,而对于知识的掌握却提得较少。在目前教育状况下,学生掌握人类积累起来的知识更为重要,因为它是学生能力形成的基础,没有知识就谈不上能力的形成,而知识的掌握除借助科学合理的方法以外更需要坚忍的毅力和责任感。这就要求学生学业上有一定的负担,并以此更好地督促自己掌握知识,形成能力,尤其是创造能力。再次,教育现代化要求教育培养具有责任感的人。中国现代化进程有自己的特点,它要求人们注重中国社会发展的未来,更应了解中国的过去和现在,如果把中国的现代化同世界发达国家相比,路程还很遥远。因此,教育应当使学生对中国的现实有清醒的认识,使他们在思想道德方面树立起高度的责任感和进取心以及正确的道德判断能力。

### 三、教育目的

学业负担过重问题实际上表明学生的生活与成长状态的畸形。在现有的教育学教科书中,可以发现问题的一些症结。比如,有的教育目的理论就表现为教育目的不是学生的目的,而是有关他人的外在目的要牵扯到学生身上,这些目的与学生成长的关系并不紧密,学生并未享有教育利益第一主体地位,相反却给学生施加了更重的压力与负担,成为学生的一种异己力量,奴役着学生。教育目的理论需要反思,使其有利于学生的自由和谐发展。

杜威的"教育无目的论"在我国曾经声名狼藉。但是其中的一些观点是有参考价值的,特别是它能够深刻启发我们树立以学生为本的教育观,解放过重学业负担奴役之下的学生。所谓"教育无目的论"的完整表述是,"教育过程在它自身以外无目的,它是它自己的目的",换句话说,教育目的寓于教育过程、教育活动之中,它是不断发展变化的活动中产生的疑难问题所形成的副产品,是教育活动设计的结果或预期的后果,而不是由教育过程以外的经济、政治、社会、家庭和学校需要所决定的。"教育本身无目的。只是人,即家长和教师等才有目的",家长和教师分别是个人本位主义和社会本位主义的利益代表。杜威强调,教育目的必须是学生自己的,儿童的本能、冲动、兴趣所决定的具体教育过程就是教育目的。为此,他创造性地提出教育的本质——教育即生长,生长包含了明确的教育结果。由于这样的教育本质观,决定了杜威的"教育无目的"的教育目的观。"既然实际上除了更多的生长没有别的东西是和生长有关,所以除了更多的教育,没有别的东西是教育所从属的"。即生长的目的是更多的生长,教育的目的是更多的教育。[12]

讨论教育目的,确立教育目的的价值取向,需分为两个维度:个人与社会,现在与将来。[13]等同于培养目标和产品质量规格的教育目的,没法包容现在与将来这一维度,只有社会本位与个人本位之分。虽没有现在与未来之分,但它的关注点还是未来,为未来的社会培养人,为儿童未来的生活做准备。因此,它的社会本位与个人本位之分,实质是社会与未来成人之分。它忽视了儿童当前的生活,将现在的个人即儿童排斥在教育价值坐标系之外。所以,在现行教育学理论中,普遍存在着作为"受教育者"和加工对象的儿童,也开始存在着作为活动主体的儿童,可是在教育最终受益者席位上,现在的个人,即当前儿童却还是受到了排斥,占据席位的是将要长大之后的儿童——成人。[14]

柏格森、狄尔泰和海德格尔等哲学家都揭示了生命的有限性,时间不可逆转,现在不断地转化为过去,生命之流的终结不可避免,人在遭遇生命终结之前必须获得生命的充分意义。这是生命哲学对生命价值和生命的根本特性的共识。冯建军基于人类学和发生学的考察,揭示了生命是教育的原点及其对教育的内在规定性,提出了教育是生命存在的基本形式的命题。吴亚林也阐述了人的生命具有六个方面的特性,包括自然实体性、个体独特性、整体性、为我性、普遍性和超越性,为在生命的意义上讨论学业负担问题提供了一个更有力的理论支点,对生命化教育实践也具有重要的启示作用。

教育源于生命发展的需要,同时,生命发展的过程就是教育的过程。教育必须关注学生的生命,关注生命存在的价值。教育不仅要关注学生的社会生命,还要关注其自然生命,更重要的是关注其精神生命。教育的本质在于培育独特的、有活力的生命个体,促进生命的成长。只有将对人的教育落实在促进每一个鲜活的人的生命健康成长之中,才可能真正实现以人为本的教育,才能够从源头上减轻学生的成长压力和身心负担。

## 第四节　教育哲学反思

教育是一种具有价值属性的社会实践活动,这种价值属性满足人们作为个体和群体的各种需要,而且也导致人们形成一定的教育价值取向,这种价值取向作为一种教育意识和观念反过来主导着人们的教育行为选择。许杰(2003)认为学业负担过重问题的最根本的原因是应试教育传播的不恰当教育价值取向,直接原因是机械学习。教育的实质是对人的素质发展的一种价值限定,通常是为了维护在社会中占统治地位的利益和价值而被设计、被创设的一种文化形态,自古以来我国占主导地位的是社会本位的教育价值观,也就是工具价值观,强调人是社会的产物,教育是培养社会所需要的人的一种工具,化民成俗和培养接班人是一种对教育的政治功能的价值取向,为当地经济建设服务、培养劳动者和适应市场经济的需要则是对教育的经济功能的价值取向,科教兴国也是社会本位至上的教育价值取向。既然占主导地位的教育价值取向在宏观教育决策和战略选择上如此偏向于社会本位,那么,在微观的教育过程领域,教育者和受教育者也就必然特别追求教育的工具价值,追求功利的教育目的的实现,落实在个体的受教育者身上就是眼前的生存、生计和适应劳动市场的需求,追逐物质利益的回报,忽视甚至漠视教育对于个体的精神和灵魂等本质的培养和发展,否定人是教育的根本出发点,放弃教育的本体价值,或者说育人的价值,这种教育价值的扭曲导致了教育本质的异化:让升学考试和就业准备主宰了教育过程,教育成为附庸,沦落为职业训练,教学沦落为应付考试,学生沦落为"考点"的容器和做题的机器,教师扮演着机械操练的监工,整个异化了的教育过程中见物不见人。[15]有的家长的"养育观"也是偏重工具价值的,对孩子的宠爱和厚望的背后潜藏着功利的态度,要求甚至逼迫子女必须努力超过自己,实现自己未实现的人生理想,有朝一日孩子有出息了,父母可以扬眉吐气。要把减轻学生过重学业负担作为一个复杂的工程,宏观教育决策和微观教育过程中的行为选择都需要转变教育价值导向,改革物化的思维方式,尊重和遵循学生的身心发展规律,纠正片面的功利主义的教育价值观,切实转移到对人的生命价值的人文关怀上来,防止教育异化。[16]

通过教育历史的回顾,顾志跃(1996)揭示了一条重要规律,凡是强调社会本位,重知识轻学生,或者当教育带有强烈的功利性时,往往学生的学习处于被动地位,相互之间的竞争加剧,学业负担较重。反之,当强调个人本位,重视学生发展的自身需要时,由于学生在学习中处于主动地位,学习围绕着满足学生的个体需要,因此学业负担相对较轻。即教育目的的社会功能性越强,转到学生身上的学业负担越重,而且在传统的教育观念和教育模式下,把人的一生划分为学习、工作和退休三个阶段,在学生阶段主要是从事学习活动,要把一生要用的知识一次性地学完,然后在专门的工作年龄阶段付诸运用,如此应付"知识爆炸",就要不断增加学习任务和学业负担。但是,学习时间有限,而新知识无限。为了解决出路问题,必须大力倡导《学会生存》中提出的终身教育理念,让人的一生无时无处不在学习中,让全社会时时处处都有学习之人。这样,教育目的、教育模式和学校课程都要适应时代的变革,满足学生个性发展需求和社会对多样化人才的要求,培养社会化和个性化高度和谐统一的人,于是,自主、愉快和有效地学习成为学生发展的第一需要,学业负担问题便得以缓解或者解决。[17]

马德益、胡敏(2004)对 20 世纪美国、苏联和日本学生的学业负担问题进行了比较研究,把我国学生的学业负担问题置于一个宽阔的国际视野之中,得出了有益的启示:学业负担问题具有国际普遍性,一个国家学生学业负担的轻重与该国社会及其教育发展的特定阶段的特点紧密相关,不同国家学生负担的减轻与加重其自身发展特点与规律,必须将"减负"纳入一个理性化的轨道。[18]

谢利民(2005)形象地比喻现代人都被无情地推上了社会发展与进步的高速运转的传送带,如果不与之共振,不思进取,就会被时代无情抛弃。因而现代人面临的竞争环境和生存压力愈来愈重,社会把国家复兴和民族繁荣进步的压力转嫁到个体身上,年长的个体又将希望寄托在年轻的一代身上,或者说有的家庭干脆把压力转嫁给子女,加上学校教育随波逐流,以至于学生喘不过气来。[19]解决这样复杂的教育社会问题需要广阔的视野和深层次的理性思考。

娄立志在一系列论文中进行了关于学生学业负担问题的理性思考，并在其博士论文中专用一节予以相关的教育价值层面的反思。论者结合 20 世纪世界教育改革的经验与教训试图说明，学生学业负担的轻重与一个国家及其教育事业的发展有很大关系。学生学业负担的加重与减轻不能靠人们想当然，而要与一个国家及其教育事业特定的发展阶段相适应，该减的时候才能减，该加的时候必须加。对于那种从外部强加到学生身上的、人为的学习负担则必须减掉。至于学生学业负担的内涵和外延及学业负担的"度"和"面"等方面的问题还有待于作更深层次的理性探讨。[20]而在涉及学业负担问题的价值选择方面，娄立志坚定而又理性地坚持社会本位与个人本位的教育价值统一中的"偏移观"，既不主张均衡论，也不偏执于任何一方，甚至对当今追赶现代化的时代背景下中国教育界非常时尚的人本主义教育观提出了善意的批评：浮躁情绪。论者认为，当今中国教育中的工具主义价值取向具有可接受的合理性，是一种理性的价值选择，学生要成为适应社会现代化要求的具有坚强意志、厚实的品德与才智基础、自我牺牲精神以及强烈的社会责任感的新型公民，在学生年龄阶段必须承担必要的学业负担。

# 第五节　学业负担内涵

为了聚焦话题，追溯相关概念的词源本意及内涵拓展十分必要。课业，即功课。学业，即学问、学术、学习的课业。负担，作动词时意为承担、承受，作名词时是指个体所担负的工作、物质上或精神上所承受的压力及担当的责任。课业负担首次被提出是1954年发表于《人民教育》的《积极设法消除学生过重的课业负担》一文，该文也是"减负"概念的起源。换言之，中文语境下的"减负"原指减轻课业负担，这与韩国、日本、新加坡的概念所指基本一致。随着时间的推移，此概念的内涵发生了变化。陈霜叶（2013）认为中国的课业负担已超越了国际研究领域的概念范畴，它是学习时间、学习数量、学习精力、情感投入以及压力感受的综合效应。[21]宋乃庆（2015）认为课业负担是指学生在适应现有学习环境的过程中，由考试评价与课业任务引发的压力体验，以及为此消耗的时间与精力[22]。由此可见，中国的"减负"不再是纯粹的减轻功课负担，它已被赋予更多的含义和期望。与课业负担相近的概念还有学业负担、学习负担、学生负担。广义的学业负担是指学校、社会、家庭及学生自我要求下所承担的所有学习任务[23]，狭义的学业负担是指由学校布置的课业总量。此处的学习任务和课业总量不仅有量的规定性，还有质的规定性，以及由此引发的身体和心理反应。学习负担与学生负担是更加口语化的概念，在特定语境下可以指代学业负担或课业负担，脱离语境后有内涵模糊不清之嫌。通过比较以上几个概念，我们不难发现，中国基础教育屡屡提及的"减负"实际上是减轻广义的学业负担，即既减轻校内学习的课业负担，又减轻校外辅导及个人自学的学习负担，其最终目的不仅是显性负担的"量"的减少，而且包括隐性生理负担、心理负担、情感负担的"质"的降低。

我国学界对于学业负担的研究由来已久，虽然在理论构想和机理分析上成果颇丰，但是也暴露了诸多不足：概念称谓及内涵界定不一，研究所指常常并非一致；研究角度和利益主体各异，出现责任推诿、莫衷一是的局面；以理性思辨为主，缺乏实证研究和国际比较研究。迄今为止,学业负担问题仍是我国基础教育改革和研究的热点与难点。无论如何定义,此类现象基本上都包含了压力、任务、反应等关键词,同时具有某些共同核心表征:一是客观学习总量与主观心理感受的综合;二是学习内容、时间与方式严重失衡的结果;三是多元主体和多重逻辑的复杂性博弈;四是具有相对性、变化性、持久性等属性。

在国际研究领域,很少提及学业负担(Academic Burden)、课业负担(Schoolwork Load)的概念。原因有二,一是他国的学业负担问题并不像我国这般突出(韩国、日本、新加坡等亚洲国家另当别论);二是国外学者的研究视角有所差异,他们并不打算纠结于"是否要减"和"行政担当"的问题,而是着力探索学业负担对于学生生理和心理等方面的不良影响、产生机制及外在干预等问题。基于此类视角,国际研究领域更加关注学业任务和学习过程给学生带来的身体功能紊乱、情感波动枯竭、心理抑郁焦虑、态度消极被动、人格错乱分裂、效能表现下降等负面影响,并由此发展了相关的概念体系。20 世纪 80 年代,美国等西方国家创造了学习倦怠、学业倦怠、学业压力、学业焦虑等概念来描述由于长期的、高期望的课业内容和学习要求对学生造成的身心伤害。派因斯(Ayala M. Pines,1981)在《Burnout:From Tediumto Growth》一书中首次提出学习倦怠(Studying Burnout)的概念。迈耶(Scott T. Meier,1985)将学习倦怠定义为由于长期的学业压力或学习负荷所产生的精力耗竭,学习活动热忱度逐渐消失,学习态度冷漠、疏离,以及对课业持负面态度的现象[24]。戈尔德(Yvonne Gold,1989)将学业倦怠(Academic Burnout)定义为由于过高的学业需求所造成的枯竭感觉,使学生对于学业产生讥诮或疏离态度,进而造成学业低效状态[25]。科恩(James P. Kohn,1986)认为学业压力(Academic Stress)是由于与学业相关的压力源(Stressor)造成学生身体或心理方面的应激反应[26]。学业焦虑是个体在面对具体的学业情境时所表现出的不适感、疏离学习、学业表现不佳或相关的负面结果[27]上述概念用以描述学业负荷给学生带来的多重伤害,在国际研究领域被广泛使用。然而,这些概念也存在一些问题,如概念缺少精度,压力、焦虑、抑郁、负担等概念常常难以区分;概念指向模糊,有时指向刺激源,有时指压力体验[28];概念遭遇质疑,非学术流行心理学的偏见和缺乏实证证据的弊端将威胁到概念本身的存在性。通过国外相关概念与我国学业负担概念的比较,我们可以发现,前者倾向于学业负担各种症状的描述与测量,而后者热衷于学业负担原因及减负策略的思辨与概括,前者具体、可操作,后者宏观、难执行,其原因既有语言习惯的不同,也有研究思路的差异,但其本质和指向是一致的,即探索学业负担对于学生身心各方面的负面影响,二者在研究侧面上可以实现互补。因此,研究国际范围内学业负担问题,不能简单套用旧有的研究范式,而要从学业负担症状、影响因素、干预措施等角度来进行论述。

## 参考文献

[ 1 ] 傅禄建.简论减轻过重学业负担的六大关系[J].上海教育科研,2005(5):
　　 41—43.

[ 2 ] 刘合荣.对学业负担问题的若干规律性认识——兼论教育与人的发展困境
　　 [J].内蒙古师范大学学报(教育科学版),2007(08):18—22.

[ 3 ] 余文森.学生学习负担过重的教育学分析[J].福建师范大学学报(哲学社会
　　 科学版),1998(02):104—109.

[ 4 ] 王坤庆.现代教育价值论探寻[M].长沙:湖南教育出版社,1990.

[ 5 ][ 8 ]马克思恩格斯选集(第 3 卷)[M].北京:人民出版社,1972.

[ 6 ] 金一鸣著.中国特色社会主义教育研究[M].济南:山东教育出版社,1998.

［7］(美)巴格莱著.教育与新人[M].袁桂林译.北京:人民教育出版社,1996.

［9］叶澜.教育概论[M].北京:人民教育出版社,1991.

［10］杨莲清.影响学生学业成绩的心理因素研究[J].现代教育论丛,1998(02):31—33.

［11］孔国忠,周建荣.初中生意志品质与学业成绩的相关研究[J].阴山学刊,1997(04):61—67.

［12］约翰·杜威.民主主义与教育[M].北京:人民教育出版社,2001.

［13］熊华生.教育目的价值取向的维度分析[J].湖北教育学院学报,2006(07):94—97.

［14］熊华生.对"教育目的"的反思[J].培训与研究(湖北教育学院学报),2003(01):54—58.

［15］许杰.论我国现行教育价值取向与学生的学习负担[J].教育科学,2003(01):25—28.

［16］许杰.新基础教育价值取向与减负[J].辽宁师范大学学报,2003(05):39—42.

［17］顾志跃.积极探索新世纪的教育模式——论现代教育目的与学生学业负担[J].上海教育科研,1996(04):1—4+41.

［18］马德益,胡敏.论教育创新中的"减负"问题[J].天津师范大学学报(基础教育版),2004(01):15—19.

［19］谢利民.顺境下学生负担问题的社会学思考[J].集美大学学报(教育科学版),2005(02):8—12.

［20］娄立志.关于学生学业负担:20世纪世界教育改革的启示[J].教育理论实践,1999(05):28—31.

［21］陈霜叶,柯政.从个人困扰到公共教育议题:在真实世界中理解中小学生课业负担[J].全球教育展望,2013,41(2):15—23.

［22］宋乃庆,杨欣,王定华,朱德全.学生课业负担测评模型的构建研究——以义务教育阶段学生为例[J].西南大学学报(社会科学版),2015,41(3):75—81.

［23］马健生,吴佳妮.为什么学生减负政策难以见成效?——论学业负担的时间分配本质与机制[J].北京师范大学学报(社会科学版),2014(2):5—14.

[24] ScottT. Meier, Ronald R. Schmeck. The Burned-out College Student: A Descriptive Profile [J]. Journal of College Student Personnel, 1985, 26 (1): 63—69.

[25] Yvonne Gold, Patricia Bachelor, William B. Michael. The Dimensionality of a Modified Form of the Maslach Burnout Inventory for University Studentsina Teacher-Training Program[J]. Educational and Psychological Measurement, 1989,49(3):549—561.

[26] Academic Anxiety Resource Center. Whatis Academic Anxiety? [EB/OL]. http://academicanxiety. org/? page_id=14,2015—11—30.

[27] David Putwain. Researching Academic Stress and Anxiety in Students: Some Methodological Considerations [J]. British Educational Research Journal, 2007,33(2):207—219.

# 第二章 学业负担政策流变

## 第一节 学业负担的历史与现状

学业负担问题不是一个新的问题,早在新中国成立之初,就不断提出要注重学生的身心健康,要减轻学生的学业负担。学业负担问题也不是教育的先天性问题,而是在教育的发展过程中逐渐产生的,一定程度上,科举文化封建残余的消极影响对学生的学业负担起到了推波助澜的作用。项贤明[1]对学业负担影响因素作出了以下总结:不同层级教育发展规模匹配度过低所导致的升学压力是导致这一问题的主要原因;重点和非重点学校的差别起到了推波助澜的作用;中小学课程设置不合理、评价机制不科学、教学方法失当、学习指导不足等是造成学业负担过重的内在原因;政绩追逐推动下的改革话语生产失范是形成"减负"改革困境的重要干扰因素。不难理解影响学生学业负担的因素错综复杂,尤其是在中国的学情与考情下,毕业生人数日益增多以及毕业生的低就业率严重地挫伤了学生的自我成就感。在竞争日益严重的社会大环境中,中考和高考中"千军万马过独木桥""考场即战场"这种思想已经成为家长和学生内在心理状态。基于此,家长对学生的期待越来越高;老师留的形式化作业过于强调记忆;学生学业成绩评价手段单一都对学业负担起着过度的消极作用。

截至现在,学业压力过大对学生所造成的消极影响是不容小觑的,有数据表明:中国学生因学业的负担与压力的自杀人数占据世界前列,除此之外学生睡眠不足问题,心理健康问题数据日益剧增,学生总体近视率提高,这些负面的影响甚至超出了培养人的积极性作用。"天将降大任于斯人也,必先苦其心志,劳其筋骨……"这些话是我们中国人信奉的名言警句,这是中国特有的文化渲染,在"生于忧患,死于安乐"的思想指导下,教育工作者以及家长不断地对学生们施压。不可否认的是,适度的压力与负担确实能给人带来一定的动力。在现在快速发展的新时代,[2]知识的掌握程度也许是我们要考虑的新问题,教育者应该意识到知识的掌握除借助科学合理的方法以外更需要坚忍的毅力和责任感,过度的形式化的作业是否可以将学生的非智力性品质体现出来,是否可以用数据直接观测出来并得出结论,这也许是教育测评应该考虑到的关键性指标。南宋著名理学家、思想家朱熹曾经说过:读书有三到,谓心到、眼到、口到。心不在此,心眼不专一,找不到自己未来的学业目标,被动地在课堂上接受教育。心思不集中,思想也不集中培养出来的学生也是不得而知的。现在教育工作者应该考虑的是帮助学生提高他们的生存技巧,帮助他们养成身心健康的良好状态来迎接未来的挑战。抓住减轻学生学业负担的本质:教学的特定阶段内有必要减轻学生的负担,使他们拥有胜任学习的快乐,才不会觉得脑力劳动过重导致自身无法承担。但是教师必须始终看到减轻负担的限度,在减轻负担的同时,必须给学生的学习能力以能够接受的难度,意图在于使学生会靠自己的力量去克服困难,不依赖于教师的照顾。换句话说,早在童年和少年时期,就要使学生感到对自己的未来的某件事情上有道义的责任。

有学者[3]认为理清课本知识的内容与教育实践之间存在的关系才会帮助教育走上科学的轨道。这确实也是一项重要的因素,不论是教师的教育理论与实践的结合情况,还是学会书本知识以及自身的实践操作都是一样的道理。对于教师来讲,基本的教育理论是教学实践的基础,不能把理论和教学实践看作教育活动的“两张皮”。理论与实践相融合才能解决教育难题。义务教育阶段中小学减负一直是教育领域的重点,学生出校门后就进入辅导机构学习,辅导机构缺少对教育规律的认识,更多的是超前培训和超标训练,令学生们不堪重负。[4]在新时代教育优先发展过程中,应当突出内涵,遵循教育规律、人才成长规律,着力形成充满活力、富有效率、更加开放、有利于高质量发展的教育体制机制。

《关于进一步减轻义务教育阶段学生作业负担和校外培训负担的意见》的下发理清了减轻学业负担的具体程序,是减轻学业负担历程的一个里程碑。经过半年的实施,不难看到学生的学业负担明显降低,从一些其他方面依据可以看到这个政策的力度:根据学生购买教辅材料的数量,学生完成作业的情况以及学生午间休息晚间睡眠质量情况均可验证减轻学业负担后对学生的影响。减轻作业负担的同时,很多学校已经推行了活动式作业,旨在促进学生全面发展,与此同时,作业时间不宜过短,应该反思减轻学生课业负担的时间是否被合理利用。例如,家长应该监督并控制学生的电子游戏时间与正常脑力休息时间的比例。

双减背景下,一定会处处彰显新的问题和挑战,我们必须保持足够的定力,既不能因为畏惧困难而裹足不前,也不能仅仅凭借一腔热血而贸然前进。双减面临的挑战很多,例如周洪宇等学者提出双减过后又会出现新的难点:"双减"政策落地的难点包括:学校教育能否质效双增、校外培训能否标本兼治、课后服务能否保证公平、课余时间能否科学利用、教师关切能否有效回应、家长焦虑能否切实减轻、学生负担能否快速下降、评价导向能否彻底扭转。[5]双减政策的确定目的是大大地减轻学生的学业负担,将会有更多时间进行体育锻炼,体验劳动生活,培养兴趣爱好,有利于中小学生德智体美劳全面发展。问题的焦点解决了,但随之而来的又是另一个问题,被用来减轻学业负担的时间是否真正地被用到了劳动教育或者课外实践上,是否被用到了打游戏上。扎扎实实开展好学生的作业、睡眠、手机、课外读物、健康管理五项管理,保障育人质量的举措有效进行。

# 第二节    学业负担的生成机理

回顾我们半个世纪以来"减负"历史,从不同的方法和角度来解决问题不难看出学业负担的形成机理以及原因错综复杂,但总体上依旧是几个重要的"顽疾":即旧的教育观念深入人心导致教育功利化;学校制度与培养机制循规蹈矩;教育改革收效甚微。

旧的教育观念深入人心,科举文化参与是学业负担的重要原因。中国人普遍认为"学而优则仕"这是一种社会流动形态,更是一种固化的中国教育观念,这种教育观念根深蒂固,很难在短时间内"连根拔起"。这种凝固着历史的社会病态根植在数不尽的民众意识与行为当中,形成一种"书中自有黄金屋,书中自有颜如玉"的社会观念和行为方式。无论是家长还是老师,都认为学业成绩高就是通向美好未来的重要甚至唯一的途径,过于教条的尊崇成绩万能论。久而久之,即使在不同政策出台的背景下,学业负担依旧是一种可以循环再生的"病毒"。子曰:"弟子入则孝,出则悌,谨而信,泛爱众而亲仁。行有余力,则以学文"孔子都说,先做人,而后有余力,再进行学习。但我们的教育,是先学习,有余力,再学做人,因此,造成了很多成绩好的学生,目空一切。同时,在新高考模式下,中考成为大部分中学生人生的分水岭,考入高中,才可能有了参加高考的通行证。但是随着高考分流的考试制度模式,另一半学生,被迫只能上职高、技校等。从古至今的"学而优则仕"的观念深入人心,所以中考高考也自然地成了选拔人才,为家族争光的重要途径。其次,家长以及社会对职业教育的消极态度亦是一个十分重要的因素,职业教育社会地位的提高与社会鄙薄职业教育观念意识的矛盾[6]。鄙薄职业教育的意识渊源,鄙薄职业教育的意识源自在中国传统的社会经济结构下形成的职业观。这一观念意识根深蒂固,认识到这一点[7],因为职业教育的历史性存在,表明职业教育发展中的问题不可能在短时间内解决,历史发展中的问题只能在发展中解决。

学校制度与培养机制依旧循规蹈矩,打着五育并举的旗帜,做着唯智育唯分数的实际行动。教师的教学效能低,并不能完全地促进全体学生的个性发展以及学生在学习过程中压力过大问题成为了两大主流问题。自古至今,高质量的教师就是为国家培养人才的关键性因素之一,如今世界在全球化的背景下,国家应该更加注重培养更高质量更具备教育能力的教师。这种教师不应该仅仅具备讲授知识的能力,也应该更加学会帮助促进学生的个性化发展以及未来的生存技巧。徐苏燕[8]认为,通过社会需求调研明确岗位群以及岗位职业能力需求,从而确定卓越教师的"双核"能力。课程与方法设置是一个极其复杂的问题,这也体现了教师行业的专业性,但很多教师并没有很好地去做研究,最终只是唯智力教育高举的状态,忽略了学生的个性发展。而校外的培训机构更深层地加大了学生的压力,假期去机构补习了哪些科目似乎成了很多家长骄傲的资本,而很多学生也深受影响,在学校上课不认真听,去补课班再学的问题也日益严重,试想如果家长未经思考就盲目地给孩子报那么多的补习班,也许孩子上课时的专注能力就会提高很多,既不会晚上补课太晚而疲劳,对学习产生厌倦,又能减少家庭经济开销,这才是正确的教育。对于学校教师而言,明白学校是培养合格社会主义接班人的主阵地,是施教与受教的主阵地;对于家长而言,家长们不能顾此失彼,理解教育的重要性固然重要,但是因材施教,藏息相辅等教育规律应该被作为教育的基础;而对于课外辅导机构而言,不能为了营利置孩子们的身心健康于不顾,只是将孩子们当作动物一样施加高强度高负荷的训练,造成国民素质整体低下。

另一方面,教育的功利化现象使得教育越来越脱离它的初衷,违背了教育的本质属性。这种教育功利性架空了"全面发展",使得育人的实际目的指向"单向度的人"。在"唯分数"和"唯升学"的导向下,教育在其施教过程中出现错位,对教师和学生来讲,也是一个巨大的压力和挑战,谁也不想成为同行中的弱者,谁也不想成为家长眼中的"末等生"。

如何提高学历教育的经济价值成为教育阻断贫困代际传递的核心问题[9]。从社会角度来看,学校为社会所培养的基本上是高分人才,校外辅导机构利用这一点加大宣传力度,造成整个市场的恶性膨胀。竞争激烈的作用下的受害者还是被施加压力过大的学生。教育整改过程步履艰辛,但无论怎么改变,其核心都是为了提高人的快乐和高质量促进社会经济发展。教育改革内容也不仅仅停留在德智体美劳上的整改,整个教育过程均要与"改革"同进。王定华[10]认为教育的整改过程从教师队伍的新表述到整个评教体系以及在全球化的背景下扩大对外开放的新拓展都是整改的内容所指。其中,教师队伍的新表述要遵循习近平总书记所提出的"四有教师"即:教师做到教书与育人相统一、言传与身教相统一、潜心问道与关注社会相统一、学术自由与学术规范相统一,从而成为先进思想文化的传播者、党执政的坚定支持者、学生健康成长的指导者和引路人[11]。加强教师队伍建设,增强体制改革才有望于真正做到教育的大变革,改良教育的现有弊端。目前,推进双减工作是构建良好的教育生态,推进义务教育均衡发展的重要举措,推动实施"双减"工作是党中央,国务院做出的重大决策,事关党的教育方针的贯彻落实,事关办好人民满意的教育。

# 第三节 学业负担政策的历史发展

客观而言,中小学减负问题此起彼伏,一直都是基础教育领域难以突破的难题。随着教育观念的更新,我们的教育越来越趋近于回归教育的本质,即在促进学生全面发展的同时保证其个性发展的内在要求,最终帮助学生快乐地成长。双减政令的下发体现了国家对中小学生学习的重视,力图减轻学生过重的课业负担以及校外培训负担,一定程度上体现了我们的教育要"以人为本"的教学理念。

根据减负对象和实施力度,新中国成立以来我国学业负担政策经历了关注身体健康、解决盲目追求升学率、推进素质教育和标本兼治的四个阶段。不同时期的减负政策关注的重点有明显的差异。以新中国成立时间为起始点,减轻学业负担的历史有学者将其概括为七个重要的阶段[12]:以提高身体健康水平为主—1949—1966年的"减负"相关政策;以政治教育活动为主—1967—1977年的"减负"相关政策;以缓解升学压力为主—1978—1990年的"减负"相关政策;以推进素质教育为主导—1991—2000年的"减负"相关政策;以基础教育课程改革为依托—2001—2013年的"减负"相关政策;以发展学生核心素养为旨归—2014年以来的"减负"相关政策。从"治标不治本"到"标本兼治"[13]的转化过程中取得了重要的成就。有学者统计发现[14],改革开放40年,我国相继出台中小学减负政策35部,其中针对减负的专项政策11部,相关政策24部,并将减负政策变迁划分为四个阶段:片面追求升学率纠正时期、素质教育推进时期、新课程改革时期、全方位减负时期。相关政策的出台大体上可划分为以下几个阶段,具体政策见以下图表:

第一阶段的20世纪50、60年代的减负政策主要考虑学生的身体健康,关注如何减轻学生的课业负担和保障学生身体健康的问题。该阶段的减负政策起到前后递进的作用,主要从学生的食堂伙食、课外活动,到课程设置,再到课外体育活动。

表3-1　20世纪60年代以前的减负政策

| 颁布时间 | 政策文件 | 主要内容 |
| --- | --- | --- |
| 1951年8月 | 《关于改善各级各类学校学生健康状况的决定》 | 调整学生学习和生活时间,减轻学生课业学习与社团活动负担,改善学校卫生和伙食管理工作,加强学生身体锻炼。 |

（续表）

| 颁布时间 | 政策文件 | 主要内容 |
|---|---|---|
| 1955 年 7 月 | 《关于减轻中小学过重负担的指示》 | 提出解决学生负担过重的基本办法是改善教材、提高教师水平、改进学校领导。主要通过方法进行解决：要掌握教材分量和授课进度，要努力钻研教材和改进教法，要加强平时成绩考查和改善考试制度，要改进课外活动、遵守学生作息时间并保证学生睡眠和休息，校领导要对本校教学情况清晰了解，并及时纠正偏向。 |
| 1955 年 9 月 | 《关于小学课外活动规定的通知》 | 明确规定小学课外活动的时间、内容和实施细则。 |
| 1960 年 5 月 | 《关于保证学生、教师身体健康和劳逸结合的指示》 | 明确规定学生在校学习时间，高校不超过 9 小时，中等学校不超过 8 小时。 |
| 1960 年 12 月 | 《关于保证学生、教师身体健康和劳逸结合的紧急通知》 | 提出要减轻教师和学生的负担，增加他们睡眠和休息时间。 |
| 1964 年 5 月 | 《关于克服中小学学生负担过重现象和提高教育质量的报告》 | 提出减轻学生过重的课业负担能使他们更主动地去学习，进而提高教学质量；教师要改变教学方法，提高自身业务水平；为了检查教学效果，对学生进行考试是有必要的；开展课外活动，注意劳逸结合，增进师生健康。 |
| 1964 年 7 月 | 《关于调整和精简中小学课程的通知》 | 提出减少小学课程的种类和课时量。 |
| 1964 年 8 月 | 《关于中小学健康状况和改进学校体育工作的报告》 | 提出重视体育课和课外体育活动的开展，要求学生做好早操和课间操。 |
| 1966 年 1 月 | 《关于减轻学生负担、保证学生健康问题的报告》 | 提出过重的负担不仅影响学习质量而且影响学生的身体健康，分析其负担过重的原因并提出减负的对策。 |

　　第二阶段的 60—90 年代的减负政策都是独立的文本，并没有形成前后递进、细化补充、不断完善的完整体系，所以这些政策只是在那个时期发挥其作用，并没有对减轻学生负担造成持续影响，

减负任务仍旧任重而道远。具体政策如下表所示:

表 3 - 2    20 世纪 80—90 年代的减负政策

| 颁布时间 | 政策文件 | 主要内容 |
|---|---|---|
| 1979 年 12 月 | 《中小学卫生工作暂行规定》 | 加强学校卫生管理,规定学生的每天学习和课外活动时间,小学每天不超过 6 小时,中学每天不超过 7 小时。 |
| 1983 年 12 月 | 《关于全日制普通中学全面贯彻党的方针纠正片面追求升学率倾向的十项规定(试行草案)》 | 规定学校不能片面追求升学率,课程要开设全面,保证学生睡眠、休息和课外活动时间,禁止举办补习班等。 |
| 1988 年 5 月 | 《关于减轻小学生课业负担过重问题的若干规定》 | 规定学校不得随意调整课程设置和教学课时,教学内容要严格按照大纲,课外作业时间每个年级要适量,控制考试和竞赛次数,保证学生课外活动和休息时间。 |
| 1990 年 2 月 | 《关于重申贯彻〈减轻小学生课业负担过重的若干规定〉的通知》 | 解决小学生课业负担过重问题,关键在于教育部门、学校干部和教师。 |
| 1991 年 2 月 | 《关于加强中小学竞赛活动管理的通知》 | 严格控制各种名目的竞赛活动,坚持自愿参加的原则;未经国家教委批准的成绩,不作为教师晋升的依据;各教育行政部门和中小学自愿参加竞赛活动。 |
| 1993 年 3 月 | 《关于减轻义务教育阶段学生过重课业负担,全面提高教育质量的指示》 | 学校要按照上级颁布的教学计划组织教学,要用审定过的教科书,要开设活动课程和劳动课程,要控制考试科目和次数,保证学生休息时间;教师要按照教学要求和学生实际情况认真备课、上课,因地制宜布置作业;教育行政部门要改革初中招生制度和考核教师学生制度。 |
| 1994 年 11 月 | 《关于全面贯彻教育方针,减轻中小学过重课业负担的意见》 | 提出解决中小学生过重的课业负担问题的关键在于转变教育思想,更新教育观念,根本出路在于改革,必须加强领导和管理,严格执行颁布的相关规定。 |

（续表）

| 颁布时间 | 政策文件 | 主要内容 |
|---|---|---|
| 1995 年 2 月 | 《关于停办各级各类奥林匹克学校(班)的紧急通知》 | 规定停办各级开办的各学科奥林匹克学校,严格控制各类竞赛、评奖活动,进一步改革课堂教学。 |
| 1999 年 | 《关于深化教育改革全面推进素质教育的决议》 | 全面推进素质教育的发展,重视智育、体育和美育的协调发展,改革招生考试和评价制度,调整课程体系,加强教师队伍的建设。 |

　　第三阶段的新世纪以来的减负政策(见表 3-3)更注重政策的延续性和长效性,不搞形式主义,与 80 和 90 年代的减负主题不同,21 世纪的减负政策是以基础教育课程改革为基础,部分延续了 90 年代的减负政策,继续推进学生的素质教育工作。在全社会推进教育改革的大背景下,学生的课业负担压力稍微缓解,但因为社会经济条件的改善,东西方发展差异以及城乡差异逐渐增大,家庭对教育的投入也随之增大。人们的教育意识逐渐觉醒,更加重视教育,加大对教育的投入,希望通过教育来改变孩子的一生。多方面原因导致学生的课业负担越来越重,目前教育改革的重点是缩小教育差距,促进均衡发展,实现教育公平。

表 3-3　21 世纪以来的减负政策

| 颁布时间 | 政策文件 | 主要内容 |
|---|---|---|
| 2000 年 1 月 | 《关于在小学减轻学生过重负担的紧急通知》 | 提出首先把小学生课业负担减下来,要建立减负领导责任制、专项督导制和通报制度,加强对学生用书和学具的管理。 |
| 2001 年 6 月 | 《基础教育课程改革纲要(试行)》 | 提出要调整和改革基础教育的课程体系、结构和内容,构建符合素质教育要求的新的基础教育课程体系。 |

(续表)

| 颁布时间 | 政策文件 | 主要内容 |
|---|---|---|
| 2004 年 2 月 | 《关于进一步加强和改进未成年人思想道德建设的若干意见》 | 明确提出对课程、教材、评价和考试制度进行改革,从源头减轻学生的课业负担,全面推行素质教育。 |
| 2007 年 11 月 | 《党的十七大报告》 | 提出要更新教育观念,对教学内容方式、考试招生制度、质量评价制度等改革,实施素质教育,培养德智体美全面发展的社会主义建设者和接班人。 |
| 2009 年 4 月 | 《关于当前加强中小学管理规定办学行为的指导意见》 | 提出学校要科学安排学生的作息时间,严格执行课程计划,控制考试科目和次数,加强招生管理,正确引导教师、家长和社会参与,减轻学生的课内外负担。 |
| 2010 年 7 月 | 《国家中长期教育改革和发展规划纲要(2010—2020 年)》 | 明确提出过重的课业负担影响儿童少年的身心健康,减轻学生负担是全社会共同的任务,政府、学校、家庭和社会必须通力合作,标本兼治,综合治理。 |
| 2012 年 9 月 | 《关于深入推进义务教育均衡发展的意见》 | 提出各地不得以升学率对学校排名,学校要科学安排学生休息时间,教师要改变教学方式来提高教学效率,家长要形成正确的教育观念和科学的教育方式,政府要加强对补习机构的管理。 |
| 2013 年 8 月 | 《〈小学生减负十条〉(征求意见稿)》 | 对学生入学、编班、教学、作业、考试、评价、教辅资料、补课和锻炼明确规定,并定期开展专项督导检查来检查学生课业负担问题。 |
| 2013 年 11 月 | 《中共中央关于全面深化改革若干重大问题的决定》 | 提出要标本兼治减轻学生课业负担,规定学校不设重点学校和重点班,改革考试招生制度。 |
| 2015 年 1 月 | 《关于减轻小学生课业负担过重问题的规定》 | 提出要按照教学计划布置作业,对每个年级作业时间进行规定;要控制考试次数,而且不能根据考试成绩对学校和教师进行排名;保证好学生课外活动时间,确保学生每天锻炼一小时。 |

（续表）

| 颁布时间 | 政策文件 | 主要内容 |
|---|---|---|
| 2018 年 2 月 | 《关于切实减轻中小学课外负担开展校外培训机构专项治理行动的通知》 | 提出要治理违背教育规律和青少年身心发展规律的行为,规范校外培训机构行为来减轻学生的负担。 |
| 2018 年 8 月 | 《关于规范校外培训机构发展的意见》 | 提出加强校外培训机构的监管和规范培训机构市场秩序来减轻学生过重的课外负担。 |
| 2018 年 9 月 | 《关于切实做好校外培训机构专项治理整改工作的通知》 | 提出做好校外培训机构专项治理整改工作是减轻中小学生过重的课外负担的关键环节。 |
| 2018 年 9 月 | 《关于面向中小学的全国性竞赛活动管理办法(试行)》 | 提出规范各种竞赛活动,不允许活动项目过多过滥,切实减轻学生过重的课业负担,保证正常的教学秩序。 |
| 2018 年 11 月 | 《新时代中小学教师职业行为十项准则》 | 提出新时代中小学教师职业行为十项准则是:坚定政治方向、自觉爱国守法、传播优秀文化、潜心教书育人、关心爱护学生、加强安全防范、坚持言行雅正、秉持公平诚信、坚守廉洁自律、规范从教行为。 |
| 2018 年 12 月 | 《中小学生减负措施》(减负三十条) | 为了减少违背教育教学规律、损害中小学生身心健康的过重课业负担,对学校办学行为、校外培训机构、家庭监护和政府管理提出三十条减负措施。 |
| 2020 年 5 月 | 《教育部办公厅关于印发义务教育六科超标超前培训负面清单(试行)的通知》 | 为了禁止超标、超前培训的行为,减轻学生过重的课外负担,形成校内校外共同育人的局面,特制定语文、数学、英语、物理、化学和生物的负面清单。 |
| 2021 年 7 月 | 《关于进一步减轻义务教育阶段学生作业负担和校外培训负担的意见》 | 为了减轻义务教育阶段学生的过重作业负担和校外培训负担,规定一、二年级不布置家庭书面作业,三到六年级平均完成时间不超过 60 分钟,初中不超过 90 分钟,不得要求孩子自己批改作业,要科学利用课余时间;学校保证课后服务时间,并引导学生自愿参加课后服务;规范校外培训机构行为,减少学科类培训。 |

| 颁布时间 | 政策文件 | 主要内容 |
|---|---|---|
| 2022 年 2 月 | 教育部 2022 年工作要点 | 提出继续重视"双减"工作推进，提高中小学作业设计、课后服务和课堂教学水平，同时加大校外培训治理。加快完善德智体美劳全面培养的育人体系，促进学生健康成长全面发展。 |

# 第四节　学业负担政策文本的价值分析

学业负担政策的价值在于减轻学生负担，还学生全面发展的比较轻松的教育环境，亦在于减轻家长负担，改变固有的教育观念。在高荷的应试文化氛围下，教育生态价值显得尤为重要，考虑到政策下发的合法性基础性更要考虑其合理性。所以教育减负政策要多管齐下，标本兼治，破除教育功利化，回归教育本质。

减负政策力求减轻学生负担：义务教育阶段突出的问题仍然是学生过重学业负担，体育锻炼时间少，这将会导致一些高近视，学生身体健康不佳等恶性状况。而减负政策的出台将保证学生有更多的时间进行体育锻炼，增强体质，使学生的身体不会一直处于极度疲劳状态。许多报道指出许多学生严重睡眠不足，患有神经衰弱等症状，甚至因为过重的学习压力令学生精神崩溃出现自杀现象。中小学负担过重严重影响学生的心理健康导致学生学习缺乏兴趣与动力。目前的一些情况如学生的各科成绩比较高，但对任何事物都提不起兴趣，缺乏足够的创新能力。一定程度上这将严重影响学生未来的职业选择，并不会对学生的未来的生存就业等现实性活动产生积极影响。减负政策可以保障学生拥有足够追求学习兴趣的时间,化被动学习为主动学习,提高学习的效率,真正做到学生的学习是他们的权利,才会真正推动教育事业的巨大改变。

减负政策促进教师教育再思考:减负政策的下发对教师教学质量以及专业素质要求更高,教师的教学工作都会发生改变,不能继续顺着"老路子"走下去。减负政策坚持以人为本,促进学生的全面发展,所以部分教师应该改变以往的教学方式,坚持立德树人为主导思想,还孩子们快乐活泼的课堂,为社会主义培养可堪大任的时代新人。尊师重道固然重要,更重要的是学生可以问难与拒师,有积极学习的态度,解决困境的勇气和信心。

减负政策加大家校合作力度:如今整个社会各行各业都有一种"内卷"现象,所以优质资源的获得给家长带来了很大的精神压力和物质压力,孩子的辅导费用甚至在家庭开销中占据很大的份额。而减负确实可以逐级消除这一现象,减轻家长的焦虑。条件好的家庭会争取到更多的优质资源,造成"精英出精英,糟粕更糟粕"。而对于一些"寒门"来说,寄希望于家门出贵子越来越难。因为这一本质就是只能寄希望于分数,不断给自己的孩子施压。一旦不控制这种情况,社会矛盾会更加突出。应该更加加大力度,避免整个社会呈现出"校内减负,校外补习"的现象。不能让学校为了积极响应国家号召的同时,响应国家"减负令"减少校内学习的时间、家庭作业量,但却开辟了强大的课外辅导机构市场。学校负担减轻了,但社会却对个人的负担加重了;教师的负担减轻了,家长的负担变重了,所有的家庭、学校以及社区都需要互补,各司其职,共同助力学生们的健康成长。

双减的主要作用就是减轻义务教育时期的负担,但这归根结底本来就是一件天经地义的事情,教育的作用就是帮助学生快乐地成长并且积极地适应未来社会的挑战。考试的用意确实是为国举才,这是中国文化在不断的社会流动中所体现出来的古人的智慧,用这种方式来选拔人才,并且能很好地体现社会的公平性。学校里所面临的一个重要的教育难题是:学生们自己不能理解自己所受教育的目的性,对未来的生活感到很迷茫。这不仅是一个教育工作者所要考虑的最现实最紧急的问题,也应该作为学生成才道路上最有效的催化剂。

## 参考文献

[1] 项贤明.七十年来我国两轮"减负"教育改革的历史透视[J].华东师范大学学报(教育科学版),2019,37(05):67—79.

[2] 娄立志.关于学生学业负担的理性思考[J].教育理论与实践,1999(09):21—26.

[3] 黄首晶.学生学业负担过重的理论缘由探析[J].教育探索,2011(02):14—17.

[4] 王定华.新时代我国教育改革发展的新方向新要求——学习习近平总书记在全国教育大会上的重要讲话[J].教育研究,2018,39(10):4—11+56.

[5] 周洪宇,齐彦磊."双减"政策落地:焦点、难点与建议[J].新疆师范大学学报(哲学社会科学版),2022,43(01):69—78.

[6] 编者.论制约我国职业教育发展的主要矛盾[J].职教论坛,2017(31):50.

[7] 闫广芬,曹莉艳.中国职业教育的产生及其启示——基于近代人才观念的变迁[J].天津大学学报(社会科学版),2011,13(05):429—434.

[8] 徐苏燕."三方协同"模式下卓越教师培养的实践研究[J].课程·教材·教法,2017,37(08):104—109.

[9] 方超.义务教育改革、教育收益率与农村劳动力的工资差异——基于劳动力市场的教育政策效果评估[J].南京农业大学学报(社会科学版),2021,21(02):159—170.

[10] 王定华.新时代我国教育改革发展的新方向新要求——学习习近平总书记在

全国教育大会上的重要讲话[J].教育研究,2018,39(10):4—11+56.

[11] 做党和人民满意的好老师——习近平同北京师范大学师生代表座谈时的讲话[N].人民日报,2014,09,10(2).

[12] 杨柳,张旭.新中国成立以来我国"减负"政策的历史回溯与反思[J].教育科学研究,2019(02):13—21.

[13] 殷玉新,郝健健.新中国成立70年来我国学业负担政策的演进历程与未来展望[J].首都师范大学学报(社会科学版),2019(06):172—179.

[14] 王毓珣,刘健.改革开放四十年中小学减负政策变迁及走向分析[J].教育理论与实践,2018,38(31):17—23.

[15] 孟宪云,罗生全.改革开放以来学业负担政策文本的内容分析[J].上海教育科研,2014(07):25—29.

# 第三章　学业负担理论基础

## 第一节　报偿理论

### 一、报偿的理解

#### （一）法律层面

罗马法中有一条法谚，"获得利益的人负担危险"，即"利之所在，损之所归"，报偿理论即源于此。根据利益报偿理论，基于当事人同意产生的物之所有权与物之占有、使用相分离的情况下，受物件利用行为之利益者，应当负担物件所生之损害。即谁在活动中获得利益，谁就承担与之相伴的风险。[1]我国《民法通则》第一百二十六条规定："建筑物或者其他设施以及建筑物上的搁置物、悬挂物发生倒塌、脱落、坠落造成他人损害的，它的所有人或者管理人应当承担民事责任，但能够证明自己没有过错的除外"。其法律精神即源自利益报偿理论，负责管理某物的管理者既要享受该物带来的收益，也要承担管理该物带来的风险。

### (二) 经济层面

报偿价值应是经济学的基础和核心概念之一。选择在某种意义上说,就相当于是交换,选中的和放弃的相交换。而选中了什么、又放弃了什么,这取决于人们的价值判断。因做出某一选择所获得的,叫所得;而因此放弃的,叫成本。正如常言道,"舍得舍得,有舍才会有得",便是这个意思,以"放弃"换来"所得"。所得除以成本,就是人的选择行为或交换行为的报偿价值[2]。报偿价值是行为之所得与所投入之比,是个相对概念。预期报偿价值须大于1,行为是有利的,人类才会从事经济活动。通过比较各类行为、各类活动的报偿价值,选择报偿价值较大的行为和活动,稀缺资源才能得到较好的配置和利用。基于报偿价值的经济逻辑是:较高的报偿价值是经济行为的目的和重心;交换(广义交换,创新和生产也是交换)是实现较高报偿价值的途径和形式。[3]

### (三) 道德层面

道德报偿是源于对日常生活世界中这样一种道德信念和社会良性秩序的理论确证,即美德应该得到报答,而恶行应得惩罚。亚当·斯密在《道德情操论》中指出"报偿理论"强调的是道德美德与道德报偿,即有着较高道德和美德的人,能得到一定的道德报偿和回馈,主要是强调伦理学的报偿[4]。

在人们的日常道德意识中,应得的观念总是以这样或那样的方式存在着,总是确信一个人因其所行而获得其所应得是好的,即使其所应得的是惩罚,如老话所说:"一报还一报"。而因他强调[5],"报答,就是为,这是以恶报恶。"[6]那么,就特定对象因其行为而作出应得判分的依据而言,什么样的行为应得报答或应得惩罚? 在他看来,由于没有一种情感像感激和愤恨那样,能直接地引起我们对他人苦乐的关切,因此,"谁表现为合宜而又公认的感激对象;谁表现为合宜而又公认的愤恨对象,谁就显然要遭到惩罚。"显然,亚当·斯密基于激情而对应得的判断作出的断言,既容易在我们的情感表达和日常道德判断的实践中获得一种价值认同,但我们却往往疏于从理论层面去分析和确证其中所包含的内在逻辑与伦理意义。应当说,正是亚当·斯密在仁慈与正义美德作出区分和比较的语境中,基于行为的功过及其应得的赏罚而表达的这一观点,既蕴涵着谁之应得、何种应得、为何应得的内在逻辑,同时也为阐释应得观念与正义的关系提供了一种伦理分析范例。[7]

　　通过对道德进行一定的思考,人们得出一个基本的真理:美德应得幸福,而恶行就应得惩罚,无辜的伤害和痛苦则应该得到同情和补偿。这种观念已经成为人们的共识,在人们的精神世界中根深蒂固,以此规范和约束着人们的日常生活与实践,另一方面,这一道德报偿的观念也成为道德哲学家们长期以来不断思辨与确证的主题。在亚当·斯密的伦理学理论中,基于人类情感的"反应性态度",既彰显了人类对于美德的追求所体现的卓越,因而善应善报的生活秩序原理也揭示了恶行应得惩罚的情感逻辑与实践法则。在功过与赏罚、应得与正义的伦理语境中,既辨析出不同行为类型的道德价值及其社会效用之间的因果联系,也明确了这一应然的道德律对于一个充满激情与欲望的世俗生活世界的意义。[8]

## 二、教育中报偿的种类

　　依据亚当·斯密的美德报偿论,可推知在教育领域中的报偿主要指教育付出会收到一定的教育回报或者通过教育补偿来弥补教育中的不足。总之,在教育领域的报偿是一种付出与获得的教育利害关系。

　　对于报偿来说,一般可以分为经济报偿、社会报偿、心理报偿等几种。[9]具体而言:第一,经济报偿。经济报偿主要是指从经济层面上能得到很好的回报,即进行了一定的教育付出和教育投入,就能很好地得到经济回报和酬劳。比如学生参加额外的补习班或者兴趣班,那么,开设此类班级的教师就能获得一定的经济回报或者说经济报偿。第二,社会报偿。社会报偿主要是指通过教育付出和教育投入,能使主体得到社会方面的回报,如学生通过努力学习,学生的学习成绩得到肯定,并在学生中的声望得到提高等。第三,心理报偿。心理报偿主要是指通过教育投入和教育付出,能使主体得到心理上的平衡和心理安慰,如有些学生家长都送自己的小孩去参加兴趣班或者去补习班,某家长看自己的孩子不去参加课外补习就感觉心理不平衡,于是送自己的孩子去上补习班,从而达到一种心理报偿。

### 三、报偿对教育减负的影响

报偿是一把"双刃剑",通过对报偿的理解,我们知道,一方面报偿在教育过程中起着重要的激励作用,激发教师和学生积极地工作和学习,可见报偿能正面引导我们去学习和工作,对我们的教育事业是有利的,从而发挥着正向作用;另一方面,报偿也发挥着负向作用,使得一部分人为了得到报偿而不惜代价去违背中小学教育原则甚至教育规律去从事教育活动。

（一）正向作用

在教育减负过程中,如果报偿理论的价值能在教育减负中得以充分应用,我们可以通过"报偿"理论对教育减负的主体——教育行政人员、学校等,以及教育减负的客体——教师、学生、家长等进行正向引导,使之形成正确的教育减负价值观。同时,报偿理论在教育减负中的负向价值也不能被忽视,需要让社会上更多的人,包括教育系统内部的人士和教育系统以外的人士,能够充分认识到教育减负并非最终目的,而是一种手段。通过教育减负实现教育增效的目的,从而推进素质教育,实现整个国民素质的提高。

(二) 负向作用

忽视报偿的作用会对教育减负产生负面影响。报偿就像一只无形的手,无时无刻不在教育活动中发挥着作用。首先,学校方面认为,通过更多的"教育付出",学校能获得更多的社会声望和社会荣誉等社会报偿。其次,教师方面认为,现在是一个竞争的时代,学生多读书、多做作业、多学习,能获得更多的知识和技能,在未来的竞争中也能获得更多的竞争优势。于是认为通过更多的教育投入和教育付出,学生既能获得经济上的报偿,也能获得社会报偿,还能获得教师自身的心理报偿。再次,学生家长方面认为,社会上的家长都将小孩送到补习班去学习,去学习这样或者那样的知识与技能,如果自己的小孩不送去学习就会有被落伍或者淘汰的可能。于是,为获得心理报偿将小孩送到学校去补习或者让其做更多的作业。在这样的报偿面前,学校、教师、家长等都不能避免地陷入了"报偿"的深渊不能自拔。

考试分数作为一种报偿所起的作用过大。在 1300 多年科举制的影响下考试作为一种评价文化根深蒂固,尽管在没有科举制的今天,考试仍然被看作是一种重要的评价方式,甚至是唯一的评价方式。在 2001 年的新课程改革之初,就倡导"改变课程评价过分强调甄别与选拔的功能,发挥评价促进学生发展、教师提高和改进教学实践的功能"。但是,考试分数依然在学校、教师、家长心中具有非常大的影响,以至于出现"素质教育轰轰烈烈,应试教育扎扎实实"的局面。

## 四、报偿理论对教育减负问题的启示

（一）充分认识到报偿在教育减负中的价值

在教育减负过程中,我们需要认识到报偿在教育减负中的正向作用,通过"报偿"对教育减负的主体和教育减负的客体进行积极引导,让他们有一个正确的教育减负价值观。对于社会上一些家长送孩子上一些家教和补课学校,家长需要保持一颗平常心,并不是每个孩子都适合去参加这些高负荷的训练和学习。因此,家长需要给予教育减负以支持的态度,配合学校去进行教育减负,改变那种给孩子找家教和培训班的做法,扭转那种让孩子一个星期下来一天不能休息的局面,改变那种认为"参加培训班越多越好"的想法,从而做到教育减负增效。

与此同时,也需要认识到报偿在教育减负中的消极作用,让更多的人能够认识到教育减负的主要目的在于通过教育减负实现教育增效,从而推进素质教育,实现整个国民素质的提高。提高国民的整体素质是一个国家教育的公共责任。当我们国民整体素质提高之后,社会上就不会有那么多的人去片面地追求考试分数,而是追求学生的综合素质,并强调和重视学生的创新精神和实践能力。这样一来,那种"奥赛班""培优班"就会自然逐渐退出市场,学校中学生的学业负担也自然而然地得到减轻。

（二）改革学校评价机制

在教育评价的操作过程中,我们往往过多拘泥于"考试作为唯一的学校评价尺度"。于是,考试成为评价的"代名词"。因为只是剩下"考试"这一唯一的评价手段,那么就必然会出现以考试为核心价值观的教育活动。这样一来,增加学生的负担也就理所当然了。因此,将来在教育减负过程当中,改革学校的评价机制需要被提上学校教育改革日程。一方面,在评价学校的好与坏过程中,以往以考试分数和升学率作为评价学校的唯一标准,这一评价标准需要改变。另一方面,以学生的考试分数作为评价教师教学质量和学生学习成绩优劣的唯一指标的做法也需改变。这样一来,学生的学业负担就会降低,教育减负的路途也将更加平坦。而且,教育减负不仅是减学业负担,更是通过评价手段的改变来减学生的"心理负担",学生的心情得到了放松,学习上就会变得更加主动。

# 第二节　博弈理论

## 一、博弈论的含义

按《现代汉语词典》的解释:"博"指代的是丰富、广泛的意思,而"弈"则指对弈、赌胜等游戏,因而"博弈"也被称为丰富的对抗性游戏。博弈在新华字典里的基本解释是下棋的意思,古语有云,世事如棋。博弈就是两方或是多方的一个棋局中,每一个谨慎的棋手都以揣测对方的行为为先而决定自己的策略布子,因此棋局中的每一个人都是相互牵扯、相互制约的,都是以最终赢下棋局为目的而相互较理性、有逻辑的较量。博弈即一些个人或组织对其他个人或其他组织,面对一定的环境条件,在一定的规则下,同时或先后,一次或多次,从各自允许选择的行为或策略中进行选择并加以实施,各自取得相应结果的过程,博弈论是研究互动决策的理论。[10]博弈可以分析自己与对手的利弊关系,从而确立自己在博弈中的优势。

在西方,博弈论(Game Theory)起源于冯·诺依曼(Von Neumann)和摩根斯坦恩(Morgenstern)于 1944 年出版的著作

《博弈理论与经济行为》(The Theory of Games Economic Behavior)中，又称"对策论"或"赛局理论"，是研究当某一博弈参与者的决策受到其他参与者决策的影响时，该参与者的相关决策反过来又影响其他参与者决策选择的决策和均衡问题[11]。总体的逻辑是博弈参与者在自身掌握的博弈信息基础上，出于自身利益最大化的目的进行决策选择；且其决策选择会影响其他博弈参与者的决策选择，并产生动态的决策改进，最终实现各博弈参与者利益最大化的最优策略组合。博弈论的应用假设前提是各个参与者是理性人，即各参与者在进行决策时，根据所掌握的信息、其他参与者的决策反馈，能够作出合乎理性的决定以实现自己利益的最大化。博弈论是解决博弈参与者在有限理性的情况下，如何找到最优决策的分析方法。该方法综合考虑各个参与者的个体预测行为和实际行为，并研究各参与者间的决策策略，尤其是对具有竞争性现象的解释，具有较强分析能力。

博弈论最开始在数学领域内被引入，随着其实践性强的特性被人了解，博弈论越来越广泛地应用到各个领域内，包括经济学、生物学、国际关系学、政治学和其他很多学科中。而在社会生活中，博弈论的具体实践也是随处可见的，在整个社会制度的制约和影响下，作为理性的行为人自主选择自己的行为方式，他们在获取对方的信息，夸大自己的信息量后，考虑综合因素并权衡利弊，然后实施选择行为，所有的选择行为都有固定的目的和利益，而且最终无论博弈策略是否有效，都会有个博弈对抗的结果。

## 二、博弈论的基本要素

博弈论的基本要素有博弈参与者(player)、博弈信息(information)、博弈策略(strategies)、博弈收益(payoff)和博弈均衡

(equilibrium)。博弈参与者是指每一个有决策权的行为主体;博弈信息是指可为决策的作出提供依据的各种信息;博弈策略是指每个博弈参与者可选择的、实际可行的、完整的行动方案;博弈收益是指博弈参与者在博弈结束时的得失,其得失不仅与自身选择有关,还与其他人的选择相关;当博弈对手不改变策略时,当下的策略的收益最好,这种决策组合被称为博弈均衡。上述五个要素是定义一个博弈的关键,博弈论就是分析上述要素界定下有限理性的合理决策选择的结果。[12]博弈过程中涉及"策略空间",即博弈主体作为"理性参与者"面临着在多个策略中进行[13]。在不同决策选择时的不同效果,力争实现最优策略选择,使博弈参与者的利益最大化。

上述基本要素中最重要的是博弈中的参与者或者说是局中人,即博弈活动中的"理性行为人",也可被认定为"自主的决策制定人",它可能是个人、组织,在某些情况下还包括自然本身。根据不同数量的局中人还可将博弈分为三种:只有一个局中人的博弈为技能博弈,但由于此博弈中并没有人与唯一的局中人相互牵制,只以此一局中人的本身技能应对自己可能出现的状况,所以严格意义上来说,它并不算是博弈。而有一名局中人和自然的博弈被称为几率博弈,由于自然因素的介入,使得唯一的局中人不得不根据自然因素的改变而改变自己的策略,但即使如此,自然的影响往往占据主动地位。而策略博弈,是真正意义上的博弈,它是指除自然之外,涉及两名或更多局中人的博弈。各个局中人不能确定最终所得结果的概率,但每个人的选择行为都有可能产生该局中人所希望的结果,因此此类博弈有较大的不确定性。但如果局中人的利益一致,则被称为合作博弈,反之,如果局中人的利益互相冲突则被称为零和博弈。[14]

### 三、囚徒困境

博弈论里的经典案例囚徒困境（prisoner's dilemma），讲的是两个被捕的囚徒之间的一种特殊博弈，说明了为什么甚至在合作对双方都有利时，保持合作也是困难的。经典的囚徒困境如下：警方逮捕甲、乙两名嫌疑犯，但没有足够证据指控二人入罪。于是警方分开囚禁嫌疑犯，分别和二人见面，并向双方提供以下相同的选择：若一人认罪并做证检控对方（相关术语称"背叛"对方），而对方保持沉默，此人将即时获释，沉默者将判监 10 年。若二人都保持沉默（即，互相"合作"），则二人同样判监 1 年。若二人都互相检举（即，互相"背叛"），则二人同样判监 8 年。如果同伙沉默、自己认罪的话则能获得释放，不认罪的话判一年，背叛比合作好；如果同伙认罪、自己认罪的话判八年，同伙认罪而自己沉默的话判十年，背叛还是比合作好。如果两人都沉默，各判一年，显然这个对双方来说是最好的。但谁也不敢保证对方不会背叛自己，且二人均为理性的个人，只追求自己个人利益，所以不管同伙选择什么，每个囚徒的最优选择都是认罪，即背叛。结果，两个嫌疑犯都选择背叛，各判刑八年，反而对双方都不利。目前，中小学学生减负也面临上述同样难题。[15]

### 四、基础教育中的各个主体的博弈分析

在素质教育实施过程中存在着国家政府、学校、教师、家长及学生自身多个利益相关者，家长与家长之间，学校与学校之间以及学校与家长之间在这个问题上存在着激烈的博弈，这些参与者们会考虑各项决策的收益（可能为正或负），基于"趋利避害"特点，从中剖析做出最优选择。非合作博弈状态中的利益相关者努力寻求

一种均衡状态,即纳什均衡,以期实现最大程度的"共赢"。[16]在基础教育的博弈中,涉及的局中人有学校、教师、家长和学生。也就是说,基础教育的博弈是学生与学生之间、家长与家长之间、教师与教师之间、学校与学校之间的博弈。[16]对于究竟是实施素质教育还是应试教育,对学生是"增负"还是"减负",这是博弈中的两种不同的策略。"减负"即素质教育,意味着要给学生更多自由的空间来学习课本以外的知识,发展自己的兴趣爱好,但学生难以获得高分;"增负"即应试教育,意味着学生要花大量的时间来巩固课本所规定的知识,没有足够的时间学习课本以外的知识,但却可以获得高分。

首先我们假定,在现行的教育体制下,教育资源不均衡。优秀的教育资源是稀缺的,并且绝大多数学生都要经历中考和高考,考试分数直接决定了学生们能否进入理想的高中或大学。其次,学校、家长都是理性的人,他们追求自身利益的最大化,即升学率、成绩或考入重点学校。

学校要争取更多的学生,要提高自己的知名度,最重要的还是升学率,直接来说就是提高学生的考试成绩。虽然学校最应该积极响应素质教育的号召,但在竞争如此激烈的社会环境中,考试分数才是学校能够达到自己目的的最有效手段。于是减负自然而然地被学校忽视,补课成了最佳的选择。所以,在这样的博弈结构下,现在我们假定有 A、B 两所水平相当的学校。他们都有两种可供选择的策略:"减负"和"增负"。学校追求的目标往往是增强学校的影响力、树立品牌以保证和扩大生源,而学校的影响力和学校的品牌则又取决于学生的成绩和升学率。共有 10 个升学机会可供他们争夺,当他们都采取减负策略时,两校学生平分升学机会,用(5,5)表示;当他们都采取增负策略时,仍然是平分升学机会,也用(5,5)表示；当 A 学校减负而 B 学校增负时，A 校学生的升学机会被 B 校学生所挤占，用(2,8)表示；相反，当 A 学校增负而 B 学校减负时，A 校学生可挤占 B 校学生的升学机会，用(8,2)表示。学校 A 补课，学校 B 自然也不会示弱。对于信息未完全公开的学校来说，为了争取自己的最大利益，最稳妥的办法就是选择补课。[17]因此，每个学校都不得不选取"增负"策略，走上应试教育之路。

同样，学生或家长追求的目标往往也是成绩和考重点学校。中国教育评定制度依然是单纯的分数评定，其中能够检测学生创造性等能力的方面微乎其微。一考定终身，以至于学校、学生、家长等只能不断采取各种措施来提高学生的成绩。其中就包括忽视国家减负政策而不断补课的行为。减负固然可以使学生学习起来轻松愉快，并有助于他们的个性发展，但减负却很容易使得学生在考试中获得低分。同时，补课又是使学生快速获得高分的一个最有效的方法。如此一来，在对教育资源的竞争越来越激烈的情况下，博弈中的各个主体为了使自己获得最大的收益，不得不在信息非完全公开的情况下，选择自己认为对自己最好的策略。如果家长都为孩子选择补课，则两者之间升学机会均等，但孩子压力变大，个性发展时间变少甚至没有。即补课所带来的机会均等是以牺牲学生的个性发展等为代价的。如果家长 A 为孩子选择补课，而家长 B 则选择不补课，则学生 A 的升学机会大于学生 B 的。在升学竞争如此激烈的情况下，很可能就意味着学生 B 无法获得更好的教育资源，这在望子成龙的家长看来，是无法忍受的。如果家长 A 与家长 B 都不为孩子选择补课，那么学生 A 与学生 B 的升学机会也是均等的，且他们压力不大，有更大的空间全面发展。家长 A 与家长 B 都选择不补课时双方受益最大，对学生来说也是最好的选择。然而,在现实生活中,由于家长之间信息不沟通,或者即使沟通也无法完全相信对方,为了确保自己的孩子有更大机会接受更好的教育,他们只能选择对自己来说最保守的策略——进行补课。如果自己选择补课,那么不管别人如何选择,他们的升学机会都会是最大的。而自己不补课的话,就无法保证自己的升学机会。所以在信息未完全公开的情况下,家长与家长之间产生了激烈的博弈,无论别人采取怎样的策略,最终采取"增负"的策略都是最优选择。当所有学校、教师、学生及学生家长都这样想时,素质教育的推行便陷入了一种困境,即囚徒困境。[18]

只要现行的以分数定成败的考试制度、教育资源不均衡的现状没有改变,那么最终社会整体还是会呈现出"增负"即应试教育这种状态。或者说"减负"的状态是不稳定的,"增负"的状态是稳定的。[19]

## 五、博弈论结果对教育减负的启示

站在博弈论的视角看,想要破除基础教育减负博弈困境的方法就是要改变博弈结构。彼此信息不对称是非合作博弈产生的条件之一,可以通过增加信息的透明度,让博弈者彼此了解对方的选择策略,提高决策者的选择精度;共同利益博弈,可通过对学生家长们的教育,使他们认识到一味地追求高分对其子女的危害性,进而使他们在和教育资源的提供者们进行合谋时,对自己的行为能有一个清醒的认识。

但这只是对博弈结构的局部调整,并不能完全改变博弈态势,因为基础教育减负陷于博弈困境的根源不在于此,而是当前我国高等教育资源分配制度、就业环境、教育评价制度等诸多因素共同作用的结果。

（一）现行的高等教育资源分配制度不利于基础教育减负工作

我国现有的高等教育资源还不能满足人们的需求,所以通过一些竞争机制进行分配是比较合理的。但仅通过高考,并以考试分数多少把学生分成不同等级,进而使其享受不同的高等教育资源是不合理的。为此有学者呼吁各高校可以采取自主招生政策。不同特色的学校招收不同类型的学生,通过授予学校招生自主权,不用一条标准来衡量学生,才能使具有不同特色的学校招收到自己满意的学生,不同类型的学生都有机会进入能够施展其才华的学校。这对那些办学条件优越、声誉好的学校来说,不失为一种避免高考弊端的好办法。不过为防政策"一放就乱,一收就死"的局面出现,需要各高校不仅要定好自己的位,办出自己的特色,还必须有能力对瞬息万变的市场需求做出反应。[20]

（二）严重的就业压力不利于基础教育减负工作

斯宾塞提出的信号传递理论在就业领域中的应用揭示,企业在信息不对称情况下,是靠文凭、学位或大学综合实力为有效信号来判断劳动力素质高低的。因此能不能读大学、读什么样的大学直接关系到学生未来的就业方向、工资级别甚至职业发展。为了能够得到那些优秀企业的青睐,将来能有一个好职业、好收入和好的发展机会,出现各种各样的增负现象也就不足为怪了。信号传递理论之所以在这里生效,一是由于我国高等教育才刚刚从精英教育过渡到大众化,还不能满足所有人的上学愿望,从而使受过高等教育的学生成为了一种稀缺资源。二是由于我国的就业市场还不完善,就业观念还比较保守,而使高等教育从大众化阶段过渡到普及化阶段,绝非近期所能及。[21]所以只有通过完善市场就业机制,构筑市场信息共享平台,更新就业观念,鼓励不同层次的人才自主创业,大力发展第三产业,才会缓解就业压力,从而有利于基础教育减负的顺利推行。

（三）教育考核评价体系不能有效运作影响减负工作

基础教育减负工作没受到应有的监控，让本来很好的评价体系都倾斜到了考试成绩、录取比例等加重学生学习负担的项目上。用考试成绩、升学率考核学校固然管理成本低、容易操作且效率最高，但办教育不同于办工厂，我们要培养的是具有不同个性、不同特长、不同层次的学生，我们既需要培养"高、精、尖"的一流人才，也需要培养无数娴熟的技工。对学校的评价不可用一个标准，而要进行不同层次、不同类别的划分，然后全面地考核其绩效。不可用"宁为玉碎、不为瓦全"的思想来指导教育，人的智力、能力各不相同，如果他符合做玉，能把它铸造为世界上最美的玉，符合做瓦，能使他成为国家建设大厦不可或缺的一块，这样的学校都是好学校。

总之，基础教育减负是一个系统工程，在现有的高等教育资源分配制度、就业环境和教育评价体系之下，仅通过教育部门的红头文件是不可能使其立竿见影的，还需要通过国家、社会和个人多方面的参与，对高等教育资源分配方式进行新的调整，对当前的教育价值观、就业价值观进行新的探索，对教育评价考核标准进行新的设计，对其实施进一步加强督导，使教育不再是生存的博弈时，才有可能切实落实基础教育减负工作，推进素质教育。

## 六、从博弈论结果看解决教育困境的办法

（一）提高各个教育主体的理性水平

这种个体理性水平提高的一个核心内容就是教育观念的转变，也就是要形成合乎时代发展需要和可能的学生观、人才观、知识观、教育观等等。从囚徒困境来看，每个人都是从最大化自己的

利益出发，做出对于自己是最优解的"理性"选择。"增负"选择似乎使自己更为安全，但长远来看并没有使博弈对局者实现自己利益的最大化。如果学生和家长都能真正理性地考虑到教育的意义不只是在于短期内较高的分数和成绩，而更是在于长期的发展，那么"教育减负"的口号才会真正地落到实处。

观念的转变涉及的不仅是新的认知、方法的获得，而且还要克服已有观念的阻碍。新知的获得需要改变人的认知结构和思维方式，而已有观念不仅驱动人自觉或不自觉地维护着某一地域或某一社会阶层由于复杂的经济、社会、历史关系等形成的类似的心理习惯、思维模式以及处世原则等，而且也平衡着享有这样的已有观念既得利益获得者的关系，倾向于维持现状和既得利益。而一旦转变观念，就要打破各个体的惯常思维方式、生活方式、心理预期和利益平衡，所以，观念转变是有条件的。它需要个体的勇气和智慧，而不是说变就能变的。而人能否自我否定和自我超越，还需要勇气。人对自我的定位，对自我的突破，对既得利益的舍得，对内外部压力的抗衡等等，都需要突破的勇气和智慧。只有勇气和智慧的有机结合、相辅相成，才能真正面对观念转变的障碍，实现观念的转变。所以各教育主体个人理性的提高、教育观念的转变还需要智慧和勇气。

（二）变革和创新教育制度

在上述博弈分析中，"教育减负"导致增负博弈结局的产生是建立在教育资源短缺和教育评价唯分数的基础上的。由于参与教育活动的教育主体都是理性的人，能够冷静计量自己的教育利益，因此，对于学生、家长以及教师来说，教育增负在现有的教育制度和实际中都有可能获得更大的利益，那么，自己在"减负"与"增负"策略的选择中，实际上别无选择。因为在面对现有的教育实际状况下,只有"增负"是能实现自身利益最大化的最优策略。所以,走出教育博弈的"囚徒困境"一方面需要提高各个博弈主体的理性水平,另一方面,还需要教育制度的变革和创新。

教育制度的创新和变革,实际上是打破一种现有利益格局的分配和调节。而利益决定立场,任何制度的改革和创新都不可避免要有利益的角逐,所以说不是所有的改革都能得到人们的赞成和支持。每个人都是自己利益的最好判断者,对于改革的支持是有条件的,这个条件就在于支持改革给他的预期收益要超过他为支持改革可能付出的预期成本,"如果预期的净收益超过预期的成本,一项制度安排就会被创新"[22]。

人们对教育制度的创新和变革同样也是如此,所以,教育制度的创新和变革,必须解决好集体与个人之间的利益关系问题。为此,我们可以借鉴奥尔森教授设计的"选择性激励"[23],并同时制定出一套使个人行为与集体利益相一致的规章制度,对违背的予以惩罚等。这样可以防止那些想破坏规则的人,也可以使自愿遵从者确信其他人也遵从。

# 第三节　认知压力理论

认知负荷理论是探讨学习者在学习过程中心理因素的教学与学习理论。学习为什么会受到阻碍? 认知负荷理论就是从这一学习的抑制机制着手,提出有效学习应该避免的问题,即认知负荷。这一理论的提出为学习和问题解决过程中认知的相关处理提供了一种新的理论框架,对教学活动具有极其重要的指导意义。从认知负荷的视角看,学业负担是中小学生在学习过程中所投入的心理资源总量的主观感受和体验,主要包括认知资源投入与情绪资本投入等。减负的关键在于减轻学生学习过程中的内在认知负荷和外在认知负荷,优化学习中的有效认知负荷。

## 一、认知负荷的概念

美国心理学家米勒(Miller)从 1956 年开始进行脑力负荷和心理负荷方面的研究,并从信息加工角度提出了工作记忆容量的有限性。[24]之后,随着布鲁纳对人类思维的研究、皮亚杰图式理论的兴起以及奈瑟《认知心理学》的出版等,认知心理学得到了极大的关注。20 世纪 80 年代末,澳大利亚心理学家约翰·斯威勒(John Sweller)以信息加工理论为背景,以资源有限论和图式理论为基础较为系统地阐述了认知负荷理论(Cognitive Load)[25],即施加到工作记忆中的待处理信息的总量。在学生学习方面,它是指学生在完成特定学习任务过程中所消耗的心理资源的总量。

诸多研究证明,认知负荷理论为教学设计提供了新的理论框架,为教学实践提供了积极有效的指导。由此,认知负荷理论逐步成为指导教学的一种重要的心理学理论。认知负荷是指外部信息进入个体工作记忆中所需的心理活动总量。人类的记忆主要包含工作记忆和长时记忆,工作记忆是信息加工的主要场所,在面对新信息时,其容量是非常有限的,一般能接收、处理或贮存 7±2 个信息组块;长时记忆以图式为基本单元,图式具有复杂性,并且可以自动化,其中的信息被调用到工作记忆时,所调用到的所有信息仅作为一个组块进行加工处理。[26]因为工作记忆的容量有限,学习者进行认知加工活动要消耗心理活动总量和相应的认知资源,当任务需要消耗的心理活动总量超出学习者自身的心理活动总量时,就会导致认知超负荷。超出部分的任务将不会被学习者有效加工。为避免出现认知超负荷,应设法促使学习者头脑中图式的构建及自动化的形成。学习者一旦形成了图式结构,经过训练后便可实现自动化,从而省去任务的加工过程,突破工作记忆有效性的限制,实现降低认知负荷的效果。[27]

## 二、认知负荷的分类

现在学术界一般都赞成认知负荷三分法,即按照其来源及其特点分为内在认知负荷、外在认知负荷和相关认知负荷,[28]也有分作原生性认知负荷、无关性认知负荷和相关性认知负荷的说法,它们与学习者在学习过程中的信息理解息息相关。认知负荷具有可加性的特点,三种认知负荷相加后的总和就是认知负荷总量,它决定了需要处理信息加工所必要的工作记忆资源的大小。[29]

内在认知负荷,即原生性认知负荷(Intrinsic Cognitive Load)取决于知识本身的抽象或深奥程度以及与之相联系的学习者先前的经验,是由学习材料的内在特征施加给个体工作记忆的负荷,它与知识是如何呈现的或学习者以何种方式学习以及如何达到学习的最佳化无关。一般来说,学习材料越为抽象与深奥,学习者觉得越难,所引起的内在认知负荷也就越高。当然,学习材料的抽象与深奥程度具有相对性,即使针对同样难度的材料,不同学习者的体验是不同的,因为他们的先前经验有差异。如果学习者所涉及的领域众多,专业知识较为广博,那么他所感受到的内在认知负荷也就较低;反之,他们就会感到内在认知负荷较高。对于一个指定的学习任务和指定的学习者知识水平来讲,内在认知负荷是固定的,不可改变的。只有当已有知识被扩展或处在学习过程中时,内在认知负荷才会改变。[30]也就是说,当某一课题选定时,对于特定阶段的某个学习者来讲,其内在认知负荷就已经被确定了,想要降低内在认知负荷,要从学习者能力提升方面或间接降低选题难度方面着手。

与学习材料的内在特征一样,学习材料的组织与呈现方式也能给工作记忆带来负荷,这种负荷就是外在认知负荷,即无关性认知负荷(Extraneous Ineffective Cognitive Load)。设计不当的教学过程会给工作记忆带来额外的负荷,对学习目标来说是不必要的和多余的,是一种无效的认知负荷,这部分负荷就是外在认知负荷。外在认知负荷与学习材料元素间互动的关系很紧密。在实际教学过程中,一些教学程序需要学习者加工大量的互动元素,如果这些元素与大脑中获得的图式不直接相关,则会增加学习者的外在认识负荷;如果教学程序呈现方式与学习者获得信息的方式或大脑的认知加工机制相一致,就能降低元素间的互动性,也就能减少学习者的外在认知负荷。采用何种技术来降低外在认知负荷是认知负荷理论首要关心的问题。[31]根据学习内容的不同,采用适宜的方法会促进学习者的学习,减少外在认知负荷,而设计不良的多媒体课件会占用学习者大量的工作记忆去处理与课程内容无关的事务,使本就不长的教学时间更加紧张。所以在教学课件设计过程中,降低外在认知负荷起着非常重要的作用。

与内在和外在认知负荷不同的是,相关性认知负荷(Germane Effective Cognitive Load)并不是由学习材料本身引起的,它是学生的图式建构和自动化过程所占用工作记忆的资源,是学习者在完成某一任务过程中,把未用完的剩余的认知资源用到与学习直接相关的加工时所产生的认知负荷[32],这些加工主要包括对学习材料进行搜寻、图式构建、提取和自动化等认知活动,是对学习材料进行的深层次加工,所以必然会产生认知负荷。无关性认知负荷妨碍学习,与此相反,相关性认知负荷有利于学习效果的提高,因此也被称为有效的认知负荷。在教学设计过程中,要给相关性认知负荷留有一定的空间,不能让同时出现的学习内容过多,否则会妨碍学习者构建长时记忆图式,进而影响教学效果。

另外除了上述 Sweller 在 20 世纪 80 年代建立认知负荷理论时提出的三种认知负荷外,2002 年,心理学家瓦尔克(Valcke)在元认知与认知负荷理论的基础上提出了元认知负荷的概念[33]。一般认为元认知负荷是关联认知负荷中的一部分,元认知负荷也是与学习直接相关的,能促进学习,因而也是一种有效的认知负荷,那二者的区分在哪里?瓦尔克认为,元认知负荷主要是由元认知活动引起的,即学习者在元认知体验和元认知监控等活动过程中耗费的心理资源。我们知道构建存储自动化图式时引发的是关联认知负荷,学习者在构建图式时还需要进行监督,这就引发了元认知负荷,而把它单列出来,是表达对其的重视。这一概念的提出大大拓展了认知负荷的内涵和结构,为研究优化有效负荷的教学策略提供了一个新的方向,具有较为重要的理论和教学意义。

认知负荷的四种成分是处于动态变化中的,即此消彼长,总量不变的关系。人的认知资源总量一定,若内在负荷很大,那么关联负荷和元认知负荷就会相应减小,这时,若外在负荷增大,就影响学习效果。若内在负荷较小,外在负荷就不是太重要,因为有足够的认知资源提供给关联和元认知负荷。因而,我们在进行学习活动时,应注意合理优化四种认知负荷,即尽可能减小内、外负荷,尽可能增加关联和元认知负荷,从而提高学习效果。

## 三、认知负荷视域下的学业负担

学业负担的产生至少有两个要素:一是造成学业负担的客观存在,二是伴随着这种客观存在而产生的主观感受与体验。这两个要素是缺一不可的,缺少一个要素都不能产生学业负担。一方面,中小学生在学校学习中需要承担各个科目的学习任务,包括平时作业、测验、期中期末考试及需要完成的其他学习目标等,此外,在学习过程中还要承担大量的认知加工任务,有大量的材料需要阅读理解,有大量的内容需要记忆、思维与推理,有大量的练习需要动手与动脑操作,这些都是对学生施加的统一的可以量化的客观物,也就是能引起学生学业负担的客观存在。另一方面,由于学生之间存在个性差异,每一位学生的知识基础与学习能力都不尽相同,学生对上述客观存在所产生的主观感受与体验也不一样。这种主观体验和学习任务对学生而言的难度和所投入的心理努力程度和学习时间有关,也和学生的学习意愿、学习能力尤其是他们的学习效果密不可分。[34] 所以,学业负担是多样的、不断变化的和不可直接测量的[35]。

（一）认知资源投入

认知资源投入是指学生在各种学习任务、学习过程或认知过程中投入的精力和付出的心理努力等,包括学生在学习中所投入的注意、感知、记忆、思维、想象和创造思维等认知成分以及所付出的意志努力的程度。如学生把注意力集中到学习上所付出的心理努力、在课堂听讲时所投入的精力、对概念之间的关系进行判断推理所花费的精力、对学习内容上进行深度思考所投入的精力等都属于认知资源投入。由于前期知识经验、学习内容、学习方法与个人兴趣等因素的不同,中小学生在学习过程或学习任务中投入的认知资源成分也不尽相同,如有的学生投入的感知成分多一些,有的记忆成分多一些,有的则在想象上下的功夫大一些。即使是同一门课程不同的学生所投入的认知资源成分也是有差异的,如有的学生在课堂上专心致志,而有的学生则容易走神,这里投入的注意资源是不一样的;有的学生对学习内容更强调记忆,有的学生更强调理解,这里投入的记忆与思维的资源也是不一样的。认知资源的投入量还与学科的性质有一定关系,如数理化需要逻辑推理的知识多些,政史地与英语需要记忆的知识多些,作文需要想象的知识多些,美术需要更多的创造性新思维。根据认知负荷理论,学生学习过程中投入的认知资源成分与分量的差异,会给学生带来高低不同的认知负荷,也会给学生带来对学业负担的不同感受与体验。[36]

(二)情绪资本投入

情绪资本投入是指学生在各种学习任务与学习过程中所投入的情绪和情感资源,既包括积极的情绪情感,如积极、向上、乐观、热情、高兴、好奇和兴趣等,也包括消极的情绪情感,如厌倦、愤怒、沮丧、焦虑和恐惧等,还包括学生在学习过程中控制不良情绪、调节不良心情上所花费的心理努力和精力等,如想办法克服学习中的紧张与恐惧心理,使自己的情绪一直保持平和,避免有较大的波动,调整学习中的后悔和内疚心理等。国内学者赵俊峰等人在访谈研究中发现,学生在学习过程中需要投入大量的情绪资本,学生个人情绪体验不同,对情绪的管理也不尽相同,所体验的学业负担也会有一定差异。[37]有的学生要花费很大的努力来管理自己的情绪,如不断调节自己的身心状态,想方设法压抑或缓解自己的消极情绪,防止或减轻消极情绪对学习带来的不利影响,尽量使自己始终保持积极乐观的情绪来促进学习,这自然会影响学生对学业负担的感受和体验。此外,研究还表明,学生情绪的稳定性、对学习的兴趣、考试前的情绪体验、遭遇挫折后情绪调节的快与慢等因素对学业负担均有显著影响。从整个历程上看,学生的认知资源投入和情绪资本投入都需要消耗一定的时间,学生对时间的知觉以及所感受到的时间压力也会影响到学生对学业负担的主观体验。总的来说，以往从教育学和社会学等角度所揭示的学业负担大都属于压力观或任务观，即把学业负担看作是一种生理与心理压力和承担的各种学习任务等，更多地体现出学业负担消极的和被动的意义，而从心理学角度所揭示的学业负担更多地趋向于一种投资观。在认知负荷视域下，学生的学业负担可以看作是一种投资，是以学生的认知负荷作为资本对学习活动的投资，除了经济上和物质上的成本之外，学生对学习过程中投入的认知资源、情绪资本与时间知觉等都属于认知负荷的成本。从经济学的观点看，心理资本投资和其他投资一样，都要追求利益最大化，即尽量降低外在认知负荷，管理内在认知负荷，极力扩大相关认知负荷和元认知负荷，这样才能促进学习，才能提高学习效率，才能使学习更加符合经济学的原则。因此，从认知负荷的角度看学业负担，可以使我们更多地看到学业负担的积极意义，从而为我们正确和全面地理解学业负担提供了一个较为全面的视角。

## 四、认知负荷视域下的"减负"策略

### （一）认知负荷视阈下的教师行为改变策略

教师作为学生在学习中的主要引导者，在学生接受知识时起着至关重要的作用。学生都具有向师性。因此，我们首先要从教师的行为出发，采取措施降低学生的内在认知负荷和外在认知负荷，从而减少学生对学业负担的感受。

### 1.教学设计多样化

从降低外在认知负荷的角度来说，多样化教学设计的主要目的是通过改变学习材料的组织和呈现方式来帮助降低学生的外在认知负荷。根据中小学生心理发展的阶段特征，从童年期到少年期是学生抽象思维逐渐成熟的阶段。但是直到青年期之前,这种抽象思维都需要一定具体形象的支撑。因此在备课过程中要做到备教材、备学生、备教法,打造多样化的教学设计。在备教材过程中,要保证最大限度利用教材,深入挖掘教材内容,预测课堂中可能出现的问题以及解决办法,有效组织教学内容。在备学生过程中,要了解学生自身学习水平,以学习目标和作业的形式引导学生获得知识并深入学习。在备教法过程中,要结合以上两点选择合适的教学呈现方式,要注重生成性知识的产生,激发学生更多的学习兴趣和学科兴趣。此外,教学中要保证课堂的有效性,师生间的互动要保证主体平等、机会平等、形式多样的特点。通过互动将书本上的知识以另外一种方式呈现,在增加课堂趣味的同时,也降低了学生理解知识的难度。将知识的呈现方式立体化、多维化,有助于降低学生的外在认知负荷。

2. 引导学生构建图式

从降低内在认知负荷的角度来说,教师应该有效引导学生构建图式。学生的图式水平极大地影响着学生接受新知识的难易度,进一步影响着学生的认知负荷。虽然图式构建是学生自主构建的学习行为,但是中小学生由于受到心智水平的限制,还不具备完整的图式建构能力。如果学生建构的图式较为简单与单一,则不利于今后知识的输入、加工、储存与提取。对于学生来说最重要的图式构建是思维导图的构建。这是一个学生是否能有良好的学习方法、阅读方法的标志。因此,教师在日常教学活动中要有意识地引导学生进行图式构建,帮助学生将碎片化的信息进行整理、融合和吸收,为降低学生内在认知负荷提供可能。新课改课程结构的变化,要求中小学教师从原来的知识复制者转变为学生自主学习的促进者,要求教师注重培养学生构建图式的能力与各种学习能力。如果学生可以合理地将知识进行构建,那么对于今后的学习将会轻松许多,感受到的学业负担也会减轻许多。

（二）认知负荷视域下的学生行为改变策略

学生是学习的主体,学业负担在本质上是学生的一种主观感受。由于学生个体之间存在差异,不同的学生对学业负担的感受也有所不同。所以,学生是"减负"的内因,我们还需要从学生的角度探讨"减负"策略。

1.改变学生的学习方式

传统教学模式下,学生以接受学习为主,过于强调机械训练。这种学习方式导致学生对学习缺乏兴趣,不能对知识加以灵活运用,容易造成比较高的认知负荷,学生感受到的学业负担也比较重。我们可以通过改变学生学习方式,培养学生学习兴趣,以便降低学生的无效认知负荷,提高有效认知负荷,进而减少学生对学业负担的感受。其一,我们可以鼓励学生个性化学习。小学生处于学习的懵懂阶段,面对不同智力发展水平、不同优势的学生,可以鼓励其个性化的学习方式。其二,注重学生的非正式与偶发学习[38]。学生在课堂上学习的时间、空间毕竟有限,我们应鼓励学生进行更多的非正式与偶发学习,来获取个性化知识,建构独特的知识结构,培养个人兴趣与特长。学生一旦掌握了学习主动权,就很容易对学习产生兴趣,减少对学习的抵触情绪,这就有利于降低认知负荷,减少对学习负担的感受。

2.鼓励和引导学生自主扩大涉猎范围

内在认知负荷主要受学习者先前知识的影响。为降低学生的内在认知负荷,促进学生学习的兴趣与动机,我们在教材的内容设置上要更加贴近学生的生活,使学生能感受到学有所用、学有所值。同时,还要注意不同年级、不同学科之间知识的横向、纵向联系。如小学的健康教育课程增加一些生长发育、青春期保健、健康行为与生活方式的知识,就可以为将来中学里生物课程的学习做一些铺垫。教材方面做出的改变只是外因,内因决定外因,所以真正能使得学生的认知负荷降低的是来自学生的内因,即学生的知识基础。为扩大学生的涉猎范围,主要从以下几方面入手:首先,家长应从小培养孩子多方面的兴趣,发现孩子的兴趣点,鼓励孩子善于发现生活中的知识。其次,学习不应只局限于学校和家庭,像书店、博物馆、科技馆等地方也是扩大孩子知识面的理想地点。再次,学生的读书范围要多样化,除了教材以外,还要阅读大量的课外读物。这样不但能激发学生的学习兴趣,还可以为学校学习做一些基础性的知识铺垫。学生通过扩大涉猎范围,不但可以开阔视野,弥补学校课程的不足,丰富其知识储备与先前的知识经验,还有利于学习过程中知识与图式的建构,不至于在学习新知识时感受到负担。

## 参考文献

[1] 王利明.民商法研究[M].北京:中国人民大学出版社,2020.

[2] 张丰羽,张国忠.基于报偿价值的经济金融逻辑[J].金融理论与教学,2021(01):48—52.

[3][4] 费尚军."作为一个公民"的伦理——道德报偿与公民伦理建构秩序图景的省思[J].学习与实践,2019(05):124—130.

[5] 亚当·斯密.道德情操论[M].北京:华夏出版社,2014.

[6][7] 费尚军.论亚当·斯密的道德报偿理论[J].华中科技大学学报(社会科学版),2013,27(02):33—38.

[8] 洪颢.论义务教育减负的失效:基于报偿视角的思考[J].现代中小学教育,2015,31(01):1—3.

[9][10] 范如国.博弈论[M].武汉:武汉大学出版社,2011.

[11] 罗云峰.博弈论教程[M].北京:清华大学出版社.2007.

[12] 谢识予.经济博弈论[M].上海:复旦大学出版社,2002.

[13] 孙璐露.基于博弈理论的医院工作场所暴力防范研究[D].长春:吉林大学,2014.

[14] 朱德镜,朱晓青.中小学学生减负与"囚徒困境博弈"论[J].教育科学,2002,18(4):11—13.

[15] 文雪,廖中平.从博弈论的角度看"教育减负"[J].中国教育学刊,2007,(1):22—24.

[16] 任子雄.基础教育减负的博弈分析[J].教育科学,2008(04):17—20.

[17] 董华华,喻帅,英李兰.补课与减负的博弈论分析[J].亚太教育,2016(12):288—289.

[18] 刁仁德."囚徒困境"与中小学生负担[J].上海市经济管理干部学院学报,2005(06):64—65.

[19] 曹海燕.小学"减负"政策执行现状与问题的研究[D].南京:南京师范大学,2011.

[20] 肖玲.我国义务教育阶段影子教育治理的政策研究[D].金华:浙江师范大学,2015.

[21] 于海波.以博弈论角度关注"教育减负"问题[J].现代商贸工业,2018,39(09):156—157.

[22] 诺斯.制度变迁的理论:概念与原因[M].诺斯,科斯,阿尔钦.财产权利与制度变迁.刘守英,译.上海:上海三联书店,上海人民出版社,1994:274.

[23] 奥尔森.集体行动的逻辑[M].陈郁,郭宇峰,李崇新,译.上海:上海三联书店,上海人民出版社,1995.

[24] 孙天义,许远理.认知负荷的理论及主要模型[J].心理研究,2012,5(2):93—96.

[25] Sweller J . Cognitive Load During Problem Solving: Effects on Learning [J]. Cognitive Science, 2010, 12(2):257—285.

[26] 曹宝龙,刘慧娟,林崇德.认知负荷对工作记忆资源分配策略的影响[J].心理发展与教育,2005,21(1):7.

[27] Mayerre,Morenor. Nine Waysto Reduce Cognitive Loadin Multimedia Learning[J]. Educational Psychologist(S0046—1520),2003,38(1):43—52.

[28] 孙天义,许远理.认知负荷的理论及主要模型[J].心理研究,2012,5(2):93—96.

[29][32] John Sweller. Element Inter activity and Intrinsic,Extraneous,and Germane Cognitive Load[J]. Educ Psychology Rev,2010,(22):123—138.

[30] Graham Cooper. Research into cognitive load theory and instructional design[J]. Retrieved August,1998.

[31] 庞维国.认知负荷理论及其教学涵义[J].当代教育科学,2011,(12):23—28.

[33] 陈巧芬.认知负荷理论及其发展[J].现代教育技术,2007,17(9):16—19.

[34] 艾兴.中小学生学业负担:概念、归因与对策—基于当前基础教育课程改革的背景[J].西南大学学报:社会科学版,2015,41(4):93—97.

[35] 孙崇勇.从认知负荷的视角看中小学生学业负担[J].教育探索,2016(04):31—35.

[36] 王安全.论学生学业负担过重的不确定性[J].内蒙古师范大学学报:教育科学版,2006,19(8):24—26.

[37] 赵俊峰.解密学业负担:学习过程中的认知负荷研究[M].北京:科学出版社,2011.

[38] 曾李红,高志敏.非正式学习与偶发性学习初探[J].成人教育,2006,26(3):3—7.

# 第四章 学业负担现状调查

　　学生学业负担一直是我国社会广泛关注的问题,学业负担不仅指学生为了完成作业等学习任务所花费的时间等外在客观因素,还指学生在学习中的情绪体验等内心主观感受。学生学业负担过重一直是教育领域的热点话题,是关系到能否培养具有创新精神和实践能力人才的艰巨问题,合理的学业负担可以促进义务教育阶段学生素质教育的全面发展,而逾越学生承受能力的过重负担则会影响学生的身心健康发育。从我国建国60多年来教育的发展史不难看出,虽然早已引起党和国家领导人以及教育界各方专家学者的关注,但是学生学业负担的形成是一个不断反复的历史过程。中小学生的学业负担关系着我国基础教育阶段素质教育的实施和学生的全面发展,因此有必要了解中小学生目前的学业负担状况。对学生的学业负担现状进行调查,充分了解其学业负担的来源,对于学生心理健康成长具有重要的意义。

　　学业负担是指学生在学习过程中所承受的各种压力和负担,包括学习任务的数量、难度、时间等方面。学业负担的表现形式多种多样,主要包括客观学业负担、主观学业负担以及学生的身体负担。所谓的客观学业负担,主要指学生实际完成的学习任务量,如作业量、考试次数、课程安排等。例如,张媛和薛海平在研究课外补习对我国初中生减负的影响时提到,参加课外补习增加学生的客观学业负担[1]。主观学业负担是指学生对学习压力的主观感受,包括心理压力、焦虑程度等。有研究发现,参加课外补习虽然增加了学生的客观学业负担,但却减轻了学生的主观学业负担[2]。学生的身体负担也是值得社会关注的一个热点问题,长时间的学习可能导致学生身体疲劳、视力下降等问题。国际研究表明,学业负担过重会对学生的身体产生负面影响,如出现身体疲劳、睡眠不足等症状[3][4]。

此外,不同教育阶段学业负担也各不相同。在小学阶段,学业负担主要来自学校的课程安排和家庭作业。虽然国家不断呼吁减轻学生学业负担,但仍有部分小学生面临较大的作业压力。咸阳地区中小学生学业负担态度调查研究显示,小学生在学业负担压力感知上相对较小,但学业负担各维度及总均分在各年级之间存在显著差异[4]。初中阶段的学业负担相对较重。学生不仅要面对更多的学科和更难的知识,还要面临中考的压力。课外补习对我国初中生学业负担的影响研究表明,个人因素对学生主观学业负担和校内客观负担的影响程度最大,课外补习对学生校外客观负担的影响程度最大,是造成学生校外客观负担较重的主要原因[5]。国际视角下的基础教育学业倦怠研究指出,基础教育学业倦怠在全球范围内不同程度地普遍存在,中国中小学的情况尤为严重。学业负担过重会导致学生出现身体和心理症状、行为和态度症状以及学业倦怠症状[6][7]。在我国,高中阶段是学业负担最重的阶段。学生面临高考的巨大压力,学习任务繁重,每日的学习时间较长,考试频繁,学生、家长包括老师都面临着升学的压力。目前关于高中阶段学业负担现状的研究相对较多,但具体情况因地区和学校而异。一般来说,高中学生的作业量和考试压力较大,睡眠时间不足,容易出现焦虑、抑郁等心理问题。

不同地区学业负担现状也有所差异。城市地区的学生通常面临更多的竞争压力,学业负担相对较重。家长对孩子的教育期望较高,往往会为孩子报各种课外辅导班,增加了学生的学习负担。例如,在一些大城市,学生的课外补习现象非常普遍,这不仅增加了学生的学习时间和任务量,也给学生带来了更大的心理压力。而农村地区的学业负担则相对较轻,但也存在一些问题。由于教育资源相对匮乏,农村学生可能在学习条件和教学质量方面面临一定的困难。咸阳地区中小学生学业负担态度调查研究表明,咸阳地区城乡教育资源差异在逐步缩小,但初中生在学业负担压力感知上大于小学生[8]。

学生学业负担的影响因素主要包括教育政策和学校管理、家庭因素和学生自身因素。国家的教育政策对学业负担有重要影响。近年来,我国不断出台减负政策,但在实际执行过程中,仍存在一些问题。例如,一些学校为了提高升学率,可能会增加学生的学习任务量,非但没有达到减负的理想效果,反而越减学生的压力越大。此外,学校的管理方式也会影响学业负担,如果学校的课程安排不合理、考试频繁,也会无形中给学生带来较大的压力。家庭因素是极易被社会忽视的一个重要因素,学生每天大部分的时间都是在学校和家庭中度过的,因此家庭的生长环境、家长的教育观念和期望都对孩子的学业负担有着很大影响。一些家长过于注重孩子的学习成绩,给孩子报各种课外辅导班,增加了孩子的学习负担。家庭经济状况也可能影响学业负担。一些家庭经济条件较好的家长可能会为孩子提供更多的学习资源和机会,但这也可能会给孩子带来更大的压力。

另外,学生的学习能力、学习态度和学习方法等因素也会影响学业负担。学习能力较强的学生可能会觉得学习任务相对轻松,而学习能力较弱的学生可能会感到压力较大。学生的学习态度也很重要。如果学生对学习有积极的态度,可能会更愿意承受一定的学习压力;如果学生对学习缺乏兴趣,可能会觉得学习负担很重。

综上所述,学业负担是一个复杂的问题,涉及教育政策、学校管理、家庭因素和学生自身等多个方面。目前,我国学生的学业负担仍然较重,尤其是在初中和高中阶段。为了减轻学生的学业负担,需要政府、学校、家庭和社会共同努力。政府应加强教育政策的制定和执行,规范学校的办学行为;学校应优化课程设置,提高教学质量,减少考试次数;家长应树立正确的教育观念,关注孩子的身心健康;学生应提高学习能力,掌握科学的学习方法,积极应对学习压力。只有通过各方的共同努力,才能有效地减轻学生的学业负担,促进学生的全面发展。

# 第一节　问卷设计

学业负担问题一直是教育领域关注的焦点,准确了解学业负担现状对于制定合理的教育政策和改进教学方法至关重要。而问卷设计是进行学业负担现状调查的关键环节,科学合理的问卷能够有效地收集到准确、全面的信息。在调查中,问卷设计的过程一般包括建立理论框架和设计问题两个基本步骤。问卷设计的第一步就是建立理论框架,根据调查研究课题,确定调查的变量或概念。只有设计一个科学、准确的理论框架,提出问题才会具有针对性,从而保证问卷的科学性和客观性。第二步是根据变量设计问题,调查问卷的理论框架建立以后,也就是所要调查的变量确定以后,就要根据这些变量设计问题。在设计具体问题时,要注意设计的问题与所反映的变量的操作定义的性质一致。

## 一、问卷设计的原则

问卷问题设计应遵循必要性原则、可能性原则、自愿性原则、具体性原则、准确性原则、简明性原则、客观性原则、非否定性原则和问题序列原则。问卷答案设计应遵循相关性原则、同层性原则、完整性原则、互斥性原则和可能性原则。

首先要明确调查目的,在设计问卷之前,必须明确学业负担现状调查的具体目的。例如,是要了解学生的学习时间、作业量、考试压力等方面的情况,还是要探究学业负担对学生身心健康的影响[9]。只有明确了调查目的,才能设计出有针对性的问卷问题。其次要确保问题的合理性,问题应具有合理性和逻辑性,避免模糊、歧义或引导性的问题。例如,不能问"你觉得学业负担很重,对吗?"这样的问题会引导被调查者的回答。问题应该简洁明了,易于理解,如"你每天花在完成作业上的时间大约是多少?[10]"。再者,问题的全面性也很重要,问卷应涵盖学业负担的各个方面,包括学习时间、作业量、考试压力、课外辅导、学习兴趣等。同时,还应考虑不同群体的特点,如不同年级、不同学科、不同性别等,以确保调查结果的全面性[11]。此外,问卷的可操作性也是问卷是否有效的关键点,问卷的问题应易于回答,避免过于复杂或需要专业知识才能回答的问题。同时,问卷的长度也应适中,不宜过长,以免被调查者产生厌烦情绪[12],不能很好地填写问卷。

## 二、问卷的结构

一份完整的问卷应包括标题、前言、指导语、问题及答案和结束语。标题部分要简洁明了,能够准确反映问卷的主题。例如,"学业负担现状调查问卷"。前言部分应简要介绍调查的目的、意义和方法,以及对被调查者的感谢和保密承诺。主体部分是问卷的核心内容,包括问题和答案。问题可以分为封闭式问题和开放式问题。封闭式问题提供了固定的答案,被调查者只需从中选择一个或多个答案;开放式问题则要求被调查者根据自身情况自己填写答案。在设计问题时,还应注意问题的顺序,一般来说,应将一些简单的问题放在问卷的前部分进行提问,逐渐过渡到复杂的问题[13]。最后的结束语部分应再次感谢被调查者的参与,并提供联系方式,以便被调查者在有疑问时可以咨询。

## 三、问卷的预测试

在正式发放问卷之前,应进行预测试,以检验问卷的合理性和可操作性。预测试可以选择一小部分被调查者进行,收集他们的反馈意见,对问卷进行修改和完善。预测试主要包括检查问题的清晰度,检查问题是否简洁明了,易于理解。还应对选项的合理性进行测试,检查选项是否全面、合理,是否存在遗漏或重复的选项。此外,问卷的长度和逻辑顺序也值得关注,检查问卷的长度是否适中,是否会让被调查者产生厌烦情绪以及检查问卷的问题顺序是否合理,是否符合被调查者的思维习惯,这些注意事项都有利于问卷的有效填写。

## 四、问卷的发放与回收

问卷的发放分为线上和线下两种方式,线上发放可以利用问卷调查平台,如问卷星、腾讯问卷等,方便快捷,成本低;线下发放可以通过学校、社区等渠道,发放纸质问卷,适合对特定群体进行调查[14]。问卷的回收可以通过线上问卷进行自动回收,统计分析也比较方便;线下问卷则需要人工回收,统计分析相对较麻烦。但是无论采用哪种方式,都应确保问卷的回收率,一般来说,问卷的回收率应在70%以上,这样才能保证调查结果的可靠性[15]。

### 五、问卷的数据分析

将回收的问卷进行数据录入,可以使用 Excel、SPSS 等软件进行数据录入和管理。对收集的数据分析则应根据调查目的和问题类型,选择合适的数据分析方法。常用的数据分析方法有描述性统计分析、相关性分析、因子分析等。例如,可以通过描述性统计分析了解学生的学业负担现状,通过相关性分析探究学业负担与学生身心健康的关系[16]。最终将数据分析结果以图表、表格等形式呈现出来,使结果更加直观、清晰。同时,还应对结果进行解释和分析,提出相应的建议和对策。

学业负担现状调查的问卷设计是一项复杂而重要的工作,需要遵循明确的原则,合理设计问卷结构和问题类型,进行预测试,选择合适的发放和回收方式,并进行科学的数据分析。只有这样,才能设计出高质量的问卷,为学业负担现状调查提供准确、全面的信息,为教育决策和教学改进提供有力的支持。

# 第二节　调查实施

学业负担问题一直是教育领域备受关注的热点问题。过重的学业负担严重影响学生的身心健康,阻碍学生综合素质的全面发展。通过对学业负担现状进行调查,可以深入了解学生、家长和教师对学业负担的实际感受和认知,为制定科学合理的"减负"策略提供依据[17]。首先要明确调查对象的多样性,在学业负担现状调查中,确保调查对象的代表性至关重要。我们要明确调查对象应涵盖不同类型的学生,包括不同性别、不同年级、不同地域(城市、乡镇、农村)的学生。例如,在咸阳地区中小学生学业负担态度调查研究中,对1026名中小学生进行调查,涵盖了不同年级和性别,发现学业负担行为策略在性别上存在显著差异,学业负担各维度及总均分在各年级之间存在显著差异[18]。同时,还应考虑学生的学习能力、家庭背景等因素。对于学习能力不同的学生,其感受到的学业负担可能会有所不同。家庭背景方面,家庭经济状况、父母教育程度等也可能影响学生的学业负担感受。

　　样本数量的确定需要考虑多个因素,包括总体规模、调查的精度要求、抽样方法等。一般来说,总体规模越大,所需的样本数量也越多;调查的精度要求越高,样本数量也需要相应增加。因此,我们可以通过统计学方法合理确定样本数量。例如,可以使用样本量计算公式,根据总体规模、置信水平、允许误差等参数来计算所需的样本数量,还可以参考类似调查的样本数量来确定本次研究所需的样本数量。如果已有相关的学业负担调查研究,也可以参考其样本数量,结合本次调查的具体情况进行适当调整。

## 一、调查对象的选择

### (一)学生

　　学生又可以分为不同学段的学生和不同地区的学生。学生应涵盖小学、初中、高中等不同学段的学生,因为不同学段的学生学业负担特点可能有所不同。例如,小学生可能面临作业量大、休息锻炼时间少等问题[19];初中生可能在竞争压力、学业压力与情绪健康的关系等方面表现出独特性[20];高中生可能面临高考压力,学业负担更为繁重。还应考虑不同地区的教育资源、教学水平和文化背景差异,选择具有代表性的地区进行调查。这样可以确保调查结果能够反映出不同地区学业负担的实际情况。

（二）家长

家长作为学生的监护人,对学生的学业负担有着直接的感受和认知。通过调查家长,可以了解他们对学生学业负担的看法、对学校教育的期望以及在学生学业负担形成过程中的作用。家长的教育观念、家庭环境等因素也会对学生的学业负担产生影响。例如,一些家长过分追求孩子的学业成绩,给孩子报过多的课外辅导班,加重了学生的学业负担[21]。

（三）教师

教师是教育教学的实施者,对学生的学业负担有着重要的影响。调查教师可以了解他们在教学过程中对学生学业负担的认识、教学方法和作业布置情况等。另外,教师的教学压力、职业发展等因素也可能影响学生的学业负担。例如,教师为了提高学生的考试成绩,可能会增加作业量和考试频率,加重学生的学业负担[22]。

## 二、调查方法的运用

调查方法一般分为问卷调查和访谈法。想要设计出一份合理的问卷应涵盖学生的学习时间、作业量、考试频率、课外辅导情况、学习压力感受等方面的内容。对于家长和教师的问卷,还应包括对学生学业负担的看法、教育观念、对学校教育的期望等方面的问题。问卷的设计应具有科学性、合理性和可操作性,确保能够准确反映学业负担的实际情况。为了确保调查结果的代表性和可靠性,还应尽可能广泛地采集样本。可以通过学校、社区、网络等渠道发放问卷,提高问卷的回收率和有效率。问卷回收并不是最终目的,能够对收集到的问卷进行数据分析才能更好地了解现实中存在的问题,并找到适当的方法去解决问题。因此,数据分析至关重要,对问卷数据进行统计分析,可以采用描述性统计、相关性分析、回归分析等方法,深入挖掘数据背后的信息。例如,可以分析不同学段、不同地区学生的学业负担差异,以及学业负担与学生身心健康、学习成绩等因素的关系[23][24][25]。

访谈法则需要确定访谈对象,选择一些具有代表性的学生、家长和教师进行访谈。可以根据问卷调查的结果,选取学业负担较重或较轻的学生、对学业负担有不同看法的家长和教师进行访谈,以深入了解他们的真实感受和想法。此外,还需要制定访谈提纲,访谈提纲应围绕学业负担的现状、原因和对策等方面展开,包括学生的学习生活情况、家长的教育方式、教师的教学方法等问题。访谈提纲应具有针对性和开放性,以便引导访谈对象充分表达自己的观点和意见。在访谈过程中,我们应该营造一种轻松、信任的氛围,让访谈对象能够畅所欲言。访谈者也应该认真倾听访谈对象的回答,及时追问和澄清问题,以确保获取更加准确、详细的信息。在访谈结束后,访谈者还需及时整理访谈记录,对访谈内容进行分析和总结[26]。

## 三、调查实施过程中的注意事项

调查过程中应避免主观偏见和先入为主的观念,确保调查结果能够真实反映学业负担的实际情况,确保调查的客观性和公正性。调查人员应严格遵守调查的规范和程序,确保调查数据的准确性和可靠性。在调查过程中,还应严格保护调查对象的个人隐私,不得泄露调查对象的个人信息。问卷和访谈内容应进行匿名处理,确保调查对象能够放心地表达自己的真实想法和感受。在调查结束后,应及时向调查对象反馈调查结果,让他们了解学业负担的现状和问题。此外,还可以通过学校、社区、网络等渠道公布调查结果,以引起社会各界对学业负担问题的关注和重视。学业负担现状调查的实施需要综合考虑调查对象的选择、调查方法的运用以及调查实施过程中的注意事项等方面。通过科学合理的调查实施,可以深入了解学业负担的现状和问题,为制定有效的"减负"策略提供依据。

# 第三节　数据分析

学业负担一直是教育领域的热点问题,对学业负担现状进行调查并进行数据分析,具有极其重要的意义。首先,它可以为教育政策的制定提供依据。通过了解学生的学业负担情况,政府可以有针对性地制定减负政策,促进教育的公平与质量提升。其次,有助于学校和教师调整教学方法和课程设置。如果数据分析显示学生在某些学科或方面负担过重,学校可以考虑优化课程安排,教师也可以改进教学方法,提高教学效率,从而减轻学生的学业负担。最后,对于家长来说,了解学生学业负担现状可以更好地关注孩子的身心健康,合理安排孩子的学习和生活[27][28],促进孩子身心健康的良性发展。

## 一、学业负担现状调查的数据分析方法

### （一）问卷调查法

在学业负担现状调查中，问卷调查法是常用的方法之一。例如，有研究设计了针对小学生数学压力的问卷，并对问卷的可靠性和有效性进行了测试。通过问卷调查，可以收集学生、家长和教师对学业负担的看法和感受，了解学生完成作业的时间、睡眠情况等方面的信息[29][30][31]。

### （二）回归分析

回归分析也是一种重要的数据分析方法。有研究利用回归分析考察了物理活动、屏幕时间、学业负担与中国青少年健康之间的关系。通过回归分析，可以确定各个因素对学业负担的影响程度，以及学业负担与其他因素之间的相关性[32]。

### （三）聚类分析

聚类分析可以将具有相似特征的对象归为一类。在学业负担现状调查中，可以利用聚类分析研究不同群体学生的学业负担特点。例如，可以根据学生的家庭社会经济地位、参加课外补习情况等因素进行聚类分析，了解不同群体学生的学业负担差异[33]。

### （四）卡方检验和 ordinal 回归分析

在研究课外补习对我国初中生学业负担的影响时，采用了卡方检验、ordinal 回归分析和 shapley 分解法。这些方法可以分析课外补习对学生主观学业负担和客观学业负担的影响差异和影响程度[34]。

## 二、当前学业负担现状调查数据分析方法的不足

### （一）数据收集方法单一

目前，很多学业负担现状调查主要采用问卷调查的方式收集

数据,这种方法虽然简单易行,但容易受到被调查者主观因素的影响,导致数据的真实性和可靠性受到一定程度的影响[35]。例如,学生可能会因为担心老师或家长的看法而隐瞒自己的真实感受,或者对问题的理解存在偏差,从而给出不准确的答案。

（二）数据分析指标不全面

在对学业负担进行数据分析时,往往只关注学生的学习时间、作业量等客观指标,而忽视了学生的主观感受、学习动力等重要因素[36]。例如,仅仅统计学生每天完成作业的时间,并不能完全反映学生的学业负担情况,因为有些学生可能虽然学习时间较长,但并不觉得负担过重,而有些学生则可能因为对学习缺乏兴趣或压力过大而感到负担沉重。

（三）缺乏对不同群体的差异分析

学业负担在不同年级、性别、地区等群体之间可能存在较大差异,但目前的数据分析方法往往没有充分考虑这些因素,导致分析结果缺乏针对性[37]。例如,初中生和小学生的学业负担特点可能不同,男生和女生对学业负担的感受也可能存在差异,如果不进行细分分析,就难以制定出符合不同群体需求的减负政策。

因此,应对学业负担现状调查数据分析方法进行优化。可以采用多元化的数据收集方法,结合问卷调查、访谈、观察等多种方法收集数据,以提高数据的真实性和可靠性。例如,可以对学生、家长、老师进行访谈,深入了解他们对学业负担的看法和感受[38];同时,观察学生在课堂上的表现、作业完成情况等,获取更直观的信息。利用大数据技术收集学生的学习行为数据,如在线学习时间、作业提交情况、考试成绩等。通过对这些数据的分析,可以更全面地了解学生的学业负担情况,同时也可以避免被调查者主观因素的影响。还可以通过构建全面的数据分析指标体系来获得更加有效的结论,除了学习时间、作业量等客观指标外,还应纳入学生的主观感受、学习动力、心理健康等指标[39]。例如,可以通过问卷调查了解学生对学习的兴趣、压力感受、睡眠质量等情况,通过心理测试评估学生的心理健康水平。还应考虑学业负担对学生全面发展的影响,如身体素质、社交能力、创新能力等。可以通过体育测试、社交活动参与情况调查、创新作品评估等方式收集相关数据,分析学业负担与学生全面发展之间的关系。

此外,我们应加强对不同群体的差异分析,对不同年级、性别、地区等群体进行细分分析,了解不同群体学业负担的特点和差异[40]。例如,分析小学生和初中生在学业负担方面的差异,男生和女生对学业负担的不同感受,城市和农村学生学业负担的区别等。根据不同群体的特点和需求,制定有针对性的减负政策。例如,对于小学生,可以适当减少作业量,增加课外活动时间;对于女生,可以关注她们的心理健康,提供更多的心理支持;对于农村学生,可以加强教育资源的均衡配置,提高教学质量,减轻学业负担。

由此可见,优化学生学业负担现状调查的数据分析方法,对于准确了解学生学业负担情况、制定科学合理的减负政策具有重要意义。通过采用多元化的数据收集方法、构建全面的数据分析指标体系、加强对不同群体的差异分析等措施,可以提高数据分析的准确性和针对性,为解决学业负担问题提供有力的支持。在未来的研究中,还可以进一步探索新的数据分析方法和技术,不断完善学业负担现状调查的数据分析体系,为推动教育改革和学生的全面发展做出更大的贡献。

# 第四节　建议对策

## 一、政府层面

政府应健全政策法规和治理机制,进一步健全关于学业负担治理的政策法规,明确各方面的责任和义务。制定科学合理的教育评价体系,减少对学生成绩的过度依赖,引导学校、家庭和社会树立正确的教育观念[41]。例如,在升学考试中,加大对学生综合素质的考查比重,降低单纯以成绩论英雄的局面。同时,建立健全监督机制,加强对学校办学行为和校外培训机构的监管,确保减负政策的有效落实。政府还应加大对教育资源的投入,尤其是在农村地区和薄弱学校。提高学校的硬件设施水平,如改善教学设备、图书馆资源等,为学生提供更好的学习环境。同时,加强师资队伍建设,提高教师的专业素养和教学水平,通过培训和激励机制,吸引优秀教师到农村和薄弱学校任教,缩小城乡教育差距,减少因教育资源不均衡导致的学业负担过重问题[42]。

## 二、学校层面

学校作为学生学习的重要场所,应优化课程设置和教学方法,应根据学生的年龄特点和发展需求,优化课程设置,减少不必要的课程内容和重复教学。注重培养学生的兴趣爱好和特长,开设丰富多彩的选修课程和社团活动,为学生提供更多的发展空间。在教学方法上,教师应采用多样化的教学手段,如小组合作学习、探究式学习等,激发学生的学习兴趣和主动性,提高教学效率,减少学生的学习时间和负担[43][44][45]。学校还应建立科学合理的作业管理制度,严格控制作业量和作业难度。教师要精心设计作业,注重作业的针对性和有效性,避免布置重复性、机械性的作业。教师可以根据学生的学习情况分层布置作业,满足不同层次学生的需求。同时,学校要加强对作业的检查和监督,确保作业质量和数量符合要求[46][47][48]。此外,学校还应重视提高教师减负主动性和能动性。学校要加强对教师的培训和引导,提高教师对减负工作的认识和理解,增强教师的责任感和使命感,鼓励教师积极探索创新教学方法和手段,提高教学质量和效率。学校须建立教师激励机制,对在减负工作中表现突出的教师进行表彰和奖励,激发教师的工作积极性和创造性[49][50]。

### 三、教师层面

作为教师要不断提升自己的专业素养和教学能力,深入研究教材和教学方法,提高课堂教学效率。精心备课,准确把握教学重点和难点,采用生动有趣的教学方式,吸引学生的注意力,让学生在课堂上就能掌握所学知识,减轻课后的学习负担[51][52]。教师还要关注学生的个体差异,尊重学生的个性发展。根据学生的学习能力、兴趣爱好等特点,因材施教,为每个学生制订个性化的学习计划和辅导方案。对于学习困难的学生教师要给予更多的关心和帮助,及时发现问题并解决问题,避免学生因学习困难而产生过重的学业负担[53][54][55]。

### 四、家长层面

家长要转变传统的教育观念和成才观,不要过分追求孩子的成绩和升学。要认识到孩子的全面发展才是最重要的,注重培养孩子的品德、能力和综合素质。尊重孩子的兴趣爱好和选择,鼓励孩子发展自己的特长,为孩子的未来发展奠定坚实的基础[56][57][58]。家长需加强与学校的沟通和合作,了解孩子的学习情况和在校表现,积极配合学校的教育教学工作。作为家长还应注重家校合作与教师共同关注孩子的成长,形成教育合力。同时,家长要合理安排孩子的课余时间,避免给孩子报过多的课外辅导班和兴趣班,让孩子有足够的时间休息和娱乐,减轻孩子的学业负担[59][60][61]。

### 五、社会层面

社会要加强对校外培训机构的治理,规范培训机构的办学行为。严格审批培训机构的资质,加强对培训内容和培训时间的监管,避免培训机构超纲教学、提前教学和增加学生的学习负担。引导培训机构转型发展,开展素质教育和兴趣培养等方面的培训,为学生提供多样化的教育服务[62]。社会各界要共同营造良好的教育氛围,宣传正确的教育观念和成才观。媒体也要发挥舆论导向作用,多宣传素质教育的成功案例和先进经验,引导社会树立正确的教育价值观。同时,社区、企业等社会组织也要积极参与教育活动,为学生提供社会实践和志愿服务的机会,丰富学生的课余生活,促进学生的全面发展[63][64][65]。

此外,学业负担治理政策法规面临着一定的挑战。宏观减负政策科学化水平有待提升,当前,在学业负担治理方面,政府制定的宏观减负政策在科学化水平上仍存在一定的提升空间。这主要表现在政策的制定过程中,可能对学生学业负担的成因和影响因素的分析不够全面和深入。例如,对不同地区、不同学校、不同家庭背景下学生学业负担的差异认识不足,导致政策的针对性不强。同时,政策的实施效果评估机制不够完善,难以准确判断政策是否真正达到了减轻学业负担的目的。

部分地方治理机制也不够成熟,各地在落实学业负担治理政策时,面临着地方治理机制不成熟的挑战。一方面,地方政府在制定具体的实施细则时,可能存在与实际情况脱节的情况。例如,某些地区在规定学生作业量和考试次数时,没有充分考虑到当地的教育资源和教学实际,导致政策难以执行。另一方面,地方政府在协调各部门共同参与学业负担治理方面的能力不足。学业负担治理涉及教育、工商、文化等多个部门,需要各部门之间密切配合,但在实际操作中,部门之间的职责划分不够明确,协调机制不健全,影响了治理效果。

学校与教师减负主动性和能动性不足也影响着学生"减负"的真正落实。学校和教师是学业负担治理的重要主体,但在实际工作中,他们的减负主动性和能动性往往不足。对于学校来说,一方面,由于受到升学压力的影响,学校可能会在执行减负政策时打折扣,担心减少学生学业负担会影响学校的升学率和声誉。另一方面,学校在课程设置、教学方法改革等方面的创新能力不足,难以找到既减轻学生学业负担又保证教学质量的有效途径。对于教师来说,他们可能习惯于传统的教学方式,对新的教学理念和方法接受度不高,导致在教学过程中难以真正做到减负增效。

家长和校外培训机构也是影响学业负担治理的重要因素。一些家长存在错误的教育观念,过分看重孩子的考试成绩和升学机会,因此会主动给孩子增加课外辅导和作业量,从而抵消了学校减负的效果[66]。此外,校外培训机构为了追求经济利益,不断推出各种培训课程,吸引学生参加,加重了学生的学业负担。政府在监管校外培训机构方面面临着诸多困难,如培训机构数量众多、分布广泛,监管难度大;一些培训机构存在违规经营行为,但查处力度不够等。

因此,我们要提高宏观减负政策科学化水平。政府应加强对学生学业负担的研究,深入分析其成因和影响因素,提高政策制定的科学性和针对性。可以通过开展大规模的调查研究,了解不同地区、不同学校、不同家庭背景下学生学业负担的实际情况,为政策制定提供依据。同时,建立健全政策实施效果评估机制,定期对减负政策的执行情况进行评估,及时调整和完善政策。地方政府应结合本地实际情况,完善地方治理机制,制定切实可行的学业负担治理实施细则。在制定细则时,要充分考虑当地的教育资源、教学实际和学生需求,确保政策能够落地实施。同时,要明确各部门在学业负担治理中的职责,建立健全协调机制,加强部门之间的沟通与合作,形成工作合力。

政府应加强对学校和教师的培训和引导,提高他们对减负政策的认识和理解,激发学校与教师减负的主动性和能动性,增强他们的减负意识和责任感。可以通过组织专题培训、开展教学研讨等活动,推广先进的教学理念和方法,鼓励学校和教师积极探索减负增效的途径。同时,要建立健全激励机制,对在学业负担治理方面表现突出的学校和教师进行表彰和奖励,激发他们的工作积极性。政府还应通过多种渠道,加强对家长的教育引导,转变他们的教育观念,让他们认识到孩子的全面发展比单纯的考试成绩更重要。可以通过举办家长学校、开展家庭教育讲座等活动,提高家长的教育素养。同时,要加大对校外培训机构的监管力度,严格规范培训机构的办学行为。通过建立健全培训机构审批、监管制度,加强对培训机构的日常检查和专项整治,对违规经营的培训机构依法进行查处。

教师作为学生成长道路上的引路人,学校管理者应给予教师充分地信任和支持,让教师感受到自己的价值和重要性。学校管理者应落实以人为本理念,合理认识教师的工作和贡献。尊重教师的专业自主权,鼓励教师发挥自己的创造力和创新精神。同时,学校管理者也应关注教师的职业发展需求,为教师提供晋升和发展的机会。学校管理者还应相信教师的专业能力和职业道德,给予教师充分的信任和自主权。在教学工作中,学校管理者可以减少对教师的过多干预,让教师能够自主地开展教学活动。同时,学校管理者也应鼓励教师尝试新的教学方法和手段,为教师提供创新的空间和支持。

综上所述,学校可以通过合理安排教师工作任务、提供人性化的考勤制度、提升教师专业技能和时间管理能力、营造良好的学校氛围以及给予教师充分的信任和支持等方式,更好地激发教师在减负工作中的积极性。只有让教师感受到学校的关怀和支持,才能让教师更加积极地投入到教学工作中,为学生的成长和发展做出更大的贡献。

## 参考文献

[1][2][5][21][24][27][31][34] 张媛,薛海平. 课外补习对我国初中生减负的影响研究——基于中国教育追踪调查(CEPS)2015 数据分析[J]. 基础教育,2020,17(02):33—44.

[3][6]SongzhuMei,Zhen-yuanZhu,PingLeng."Burden from International Per-spective."CONVERTER(2021).

[4][7]SongzhuMei,ZhengxinZhu,PingLeng."Researchon Academic Burden from International Perspective."CONVERTER(2021).

[8][18]安龙,马莹,陈小萍,等.咸阳地区中小学生学业负担态度调查研究[J].咸阳师范学院学报,2020,35(06):98—102.

[9]张萱,仇士颖,杨镇宇,等.我国高校自然科学类与人文社科类专业学生学业

负重情况调查——以江苏省属高校为例[J].新教育时代电子杂志(学生版),2019,(048):1—2.

[10][29][47][54] LiWang. The Analysis of Mathematics Academic Burden for Primary School Students Basedon PISA Data Analysis[J]. Frontiersin Psychology,2021(12).

[11] SamuelScott,MaryJaneDeSouza, Karsten Koehler, Laura EMurray-Kolb. Combined Iron Deficiency and Low Aerobic Fitness Doubly Burden Academic Performance among Women Attending University[J]. The Journal of Nutrition1,2017(147).

[12][17][22][23][26][28][35][38][43][46][53][59][63] 文璇璇.中学生学业负担的现状及"减负"策略研究——以 X 中学为个案[J].炫动漫, 2022(2):0241—0243.

[13] 袁伟民.协调各科关系,减轻学业负担——关于"学生课业状况的调查问卷"结果的思考[J].中国校外教育,2020(14):2.

[14] 张彤.线上教学背景下大学生学业压力现状的调查报告[R]. Advancesin Social Sciences,2023(7).

[15] Taherdoost H . Designing a Questionnaire for a Research Paper:A Comprehensive Guide to Design and Develop an Effective Questionnaire[J]. Post-Print,2022(11):8—16.

[16] Heron M , Gravett K , Yakovchuk N. Publishing and Flourishing:Writing for Desire in Higher Education[J]. Higher Education Research and Development,2020(40):1—14.

[19] 严芳,冯帮.减负背景下小学生学业负担现状调查研究——以湖北省 H 市为例[J].教育与教学研究,2015,29(1):6.

[20][25] 梁艳芳."双减"背景下的初中生学业压力现状与教育对策[J].中小学心理健康教育,2023.

[30] 孙慧敏,薛海平.学业负担对我国初中生睡眠时长的影响研究——基于中国教育追踪调查(CEPS)2015 数据分析[J].现代中小学教育,2022,38(5):52—56.

［32］［33］YitingE，JiankeYang，YifeiShen，XiaojuanQuan．Physical Activity，Screen Time，and Academic Burden：ACross-Sectional Analysis of Healthamong Chinese Adolescents［J］．International Journal of Environmental Research and Public Health，2023(20)．

［36］［39］马婷.小学生学业负担来源，影响及减负对策分析［J］.考试研究，2019，15(6)：14.

［37］［40］孙美荣.初中生学业负担与学业成绩的关系研究——基于 C 市 4210 名学生的调查分析［J］.现代中小学教育，2017，33(11)：5.

［41］［44］［49］［51］［56］［64］［66］雷亮，刘军，欧阳前春.我国中小学生学业负担治理的历程回溯与困境突破［J］.教育与教学研究，2023，37(9)：77—92.

［42］［48］［60］张鸿义.农村小学学业负担治理对策研究——课堂教学减负增效促成长［J］.数学学习与研究，2023，(06)：153—155.

［45］［50］［52］［55］［57］［61］［65］陈玉玲，邵艳红.中小学学业负担治理的基本特征与优化策略［J］.新华文摘，2022(20)：184—184.

［58］［62］JinmingLiu，PingHuang．Evaluation and Analysis of Student Academic Burden：A Global Perspective［J］．Social Science Electronic Publishing，2022 (15)：114—134.

# 第五章 学业负担的危害与体现

## 第一节 身体伤害

多项证据表明,学业负担过重的显性结果即导致多种身体疾病。基拉斯皮尔(David F. Gillespiea,1982)通过量化分析得出学业负担与身体健康的相关系数在-0.16到-0.44之间。洪克尼勒(Teija Honkonena,2006)认为学业负担长期侵蚀人体健康,可导致骨骼肌肉疾病、心血管疾病、呼吸系统疾病、特异反应、过敏反应等问题。然而,开希尔(Sophia Kahill,1988)认为将一般性身体疾病完全归咎于学业负担的证据显然不够充分,只有诸如失眠、噩梦、头痛、胃痛、肠道紊乱、疲劳、体力枯竭等身体症状与学业负担的关联性较强。此外,繁重冗长的学习负担剥夺了学生的运动和休息时间,可能造成其体能素质每况愈下、视力水平大幅下降,以及体重的急剧变化,这在多则新闻报道中已有体现。基于已有研究,发现学业负担过重对学生们的身体影响主要体现在以下三个方面,分别是睡眠和运动不足,以及较为严重的眼部健康问题。

## 一、睡眠不足

大量研究表明,学业负担过重导致学生的睡眠时间严重不足。根据美国国立卫生研究院(NIH)的研究,青少年每天应保证至少8—10小时的睡眠时间。然而,由于繁重的课业和考试压力,许多学生实际的睡眠时间远低于这一标准。长期睡眠不足会导致免疫功能下降、记忆力减退和反应迟钝等生理问题。睡眠不足对学生的情绪调节、认知功能、生理健康甚至自身的社会行为都有较为消极的影响。

(一) 情绪调节与心理健康

根据《睡眠》(Sleep)杂志的一项研究,睡眠不足会影响大脑中负责情绪调节的区域,如前额皮质和杏仁核的功能。这些区域的功能受损会导致情绪反应过度和情绪调节能力减弱,增加抑郁和焦虑症状的风险。另一项发表于《美国医学会精神病学杂志》(JAMA Psychiatry)的研究指出,睡眠不足与青少年自杀念头和自杀行为的发生率增加有显著关联。因此,保障青少年的充足睡眠对于预防心理健康问题至关重要。

(二) 认知功能与学习能力

充足的睡眠对认知功能和学习能力的维持至关重要。《自然神经科学》(Nature Neuroscience)上的研究表明,深度睡眠在记忆巩固和信息处理过程中起着关键作用。睡眠不足会干扰大脑海马区的功能,导致信息处理效率降低,影响学习效果和学术表现。研究还显示,缺乏睡眠会削弱注意力、延迟反应时间和降低决策能力,这些都直接影响学生在课堂上的表现和考试成绩。

(三) 生理健康与长远影响

长期睡眠不足不仅对青少年的即时健康造成影响,还会对其长远健康带来潜在风险。根据《新英格兰医学杂志》(The New England Journal of Medicine)的一项研究,睡眠不足与代谢紊乱、肥胖、高血压和心血管疾病的发病率增加密切相关。睡眠不足会影响内分泌系统,导致胰岛素抵抗和糖代谢异常,增加糖尿病的风险。此外,长期缺乏睡眠还会导致慢性疲劳综合征,严重影响生活质量。

(四) 社会和行为问题

睡眠不足还会导致一系列社会和行为问题。研究表明,青少年在睡眠不足的情况下更容易出现冲动行为、攻击性行为和社会退缩等问题。《青少年健康杂志》(Journal of Adolescent Health)上的一项研究指出,睡眠不足会影响青少年的社会认知能力,导致人际关系紧张和社交困难。这些行为问题不仅影响个人的发展,还可能导致家庭和社会问题的加剧。

## 二、眼部健康问题

眼部健康问题:长时间的学习和使用电子设备会严重影响学生的眼部健康。世界卫生组织(WHO)的一项报告指出,近视率在青少年中的快速上升与过度用眼有密切关系。学业压力大导致学生每天长时间近距离用眼,造成眼睛疲劳、视力下降等问题。学业负担对眼部健康的影响主要通过延长近距离用眼时间、增加视觉负荷、减少眼部休息时间等途径实现。持续的高强度视觉负荷会导致眼部调节能力下降,从而引发视力问题和眼部不适。此外,学业负担带来的心理压力也可能通过生理途径影响眼部健康,表现为应激性眼疲劳等症状。

## 三、运动不足

繁重的学习任务使学生缺乏足够的时间进行体育锻炼。美国心脏协会（AHA）建议青少年每天应进行至少60分钟的中等到高强度运动，但由于学业负担，大多数学生难以达到这一标准。运动不足不仅会导致肥胖、心血管疾病等问题，还会影响学生的整体体能和健康水平。学业负担过重直接导致学生的日常体力活动的减少：如步行、跑步等日常运动的减少。这也造成了体育锻炼参与度的降低的消极局面：学生参与体育课和课外体育活动的频率和强度降低。长时间的缺乏锻炼将造成学生身体健康问题的增加：如肥胖、心血管疾病风险增加等问题。

# 第二节　心理障碍

全球10—19岁青少年中，约1/7存在精神障碍，占该年龄段总疾病负担的13％，新冠病毒感染疫情可能使原本就呈上升趋势的青少年心理健康问题进一步恶化[1—2]，心理健康问题会降低生活质量，甚至可能延续至成年时期，对青少年产生深远持久的影响。"教育压力源假说"认为教育的扩张和向知识经济的转变使得青少年的生活前景更加依赖于教育成绩，从而产生更多的学习压力，进而引发心理健康问题[3]。有研究称，多数中国学生感到学业压力大，非常担心考试，觉得作业量大难以应对，每周参加两门及以上的校外辅导课程，害怕被老师和家长惩罚[4—6]，这些压力都与抑郁症状和身心症状密切相关[7—8]。

学术研究表明，过重的学业负担可能导致学生出现多种心理障碍，包括焦虑、抑郁、压力、自我效能感下降等心理问题。这些心理障碍不仅影响学生的学业表现，还可能对他们的整体发展产生长期的不利影响。

## 一、抑郁

偏重的学业负荷长期作用于学生,会直接影响其精神和情绪,造成经常性、持续性、激烈的心理反应,进而形成抑郁。常见的抑郁表现为哭、烦乱、易怒、暗自悲伤、悲观主义、内疚自责、自我讨厌、自我批判、自杀念头、失去兴趣、犹豫不决、身体疲惫、精力不够、睡眠障碍、胃口变化、失败感、惩罚感、毫无价值感、无法集中注意力[9]。汉密尔顿(Max Hamilton,1960)将抑郁表现描述为心情沮丧、犯罪感、迟钝、烦乱、焦虑、躯体症状、生殖器症状、疑病症(Hypochondriasis)、视力下降、体重下降、人格分裂、偏执狂、强迫症,等[10]。引起抑郁的因素有很多,主要分为两类:一是生物因素,如脑化学、荷尔蒙、阈下刺激(Sub-threshold Stimulation)、基因、脑神经失调、药物作用;二是社会心理因素,如环境压力和重大生活事件。当学生难以承受学业负荷或迫于外界的巨大压力时,其生物体征会发生应激反应,伴随着强烈的心理作用,进而产生了抑郁症状。

## 二、焦虑

焦虑是学业负担所引起的另一类心理症状,它不同于抑郁,却有多处相似。弗洛伊德(Sigmund Freud,1936)认为焦虑是一种感知存在的情绪状态,表现为恐惧、担心、紧张、不安,甚至伴随着生理唤起;从达尔文进化论的角度来看,焦虑是一种激励行为,可以帮助个体适应和应对外来威胁[11]。面对高负荷的学业负担,如果学生不具有处理这些负担的策略和能力,势必会引起焦虑。焦虑也存在两种表现:一是生理焦虑,表现为紧张不安、无所适从,严重者会出现身体流汗、心跳加速、躯体颤抖、呼吸急促等生理现象;

二是认知焦虑,即由于担心外界不良评价或害怕惩罚而产生认知偏失,甚至出现引以为耻的极端思想[12]。学业负担可以同时引起两方面的焦虑,对于自我要求较高、外界期望较大、心理承受能力和适应能力较差的学生来说,更容易遭受此类困扰。

## 三、压力

学业负担作为外来刺激形式之一,与学生的学习和生活交互作用,产生伴随着焦虑和担心的感觉体验和情感状态,进而形成有形或无形的压力。赛利(Hans Selye,1936)认为压力(Stress)是身体对于任何改变需求的非具体性反应,常指个体在面对不愉快的情境或对象时所产生的负面作用,压力既是本身,也是压力的原因,还是压力的结果[13]。漫长的学业压力会让学生始终处于紧张和焦虑的状态,并因为担心表现不佳而瞻前顾后,患得患失。长此以往,则会形成慢性的心理疲劳和心理压力,不但会滋生诸多的身体疾病,如心悸、胸痛、心梗、头痛、盗汗、溃疡,还会导致精神错乱和行为失常,如情绪障碍、焦虑障碍、自杀倾向、物质使用障碍、饮食障碍、单极抑郁、双向精神障碍、精神分裂等[14]。压力症状是学业负担的典型结果,学业压力始终存在,只是不同的个体对其感受程度不一样而已。

## 四、社会交往能力下降

学业负担过重还可能导致学生的社会交往能力下降。由于大量时间被用于学习,学生可能缺乏与同伴交流和互动的机会,这不仅限制了他们的社交技能发展,还可能导致孤独感和社交焦虑的增加。研究显示,缺乏社交支持的学生更容易产生心理问题,如焦虑和抑郁。

# 第三节 情感倦怠

## 一、倦怠概念的内涵

倦怠,迄今为止没有统一的、标准化定义。最为权威的定义当属马斯拉奇(Maslach,1982)将其界定为"在人力或其他工作情境中的个体所具有的一种情感枯竭、人格分裂、自我成就感降低的症状"[15]。她进一步解释道,倦怠可能会导致工作士气低落、工作质量下降、失眠、体力耗竭,甚至引起婚姻和家庭崩裂[16]。马斯拉奇倦怠量表共三个维度:情感枯竭(Emotional Exhaustion)、人格分裂(Depersonalization)、个人成就(Personal Accomplishment)[17]。情感枯竭是倦怠最基本的、最显著的个人压力维度[18]。人格分裂,有时又称为犬儒主义(Cynicism),代表了倦怠的交互情境维度,表现为回避、远离、玩世不恭等消极反应。个人成就使用反向量尺来表示,即降低的效能或个人表现,代表了倦怠的个人评价维度。通常,慢性的超常要求会引发情感枯竭和人格分裂,进而腐蚀一个人的工作效能[19]。此外,倦怠与抑郁和焦虑关系密切已成共识,但是它们之间也有区别,倦怠通常与具体的工作和情境相关,而抑郁和焦虑在日常生活中更具有普遍的存在性[20]。

除了马斯拉奇的倦怠定义,还有学者将倦怠理解为对慢性情感和交互压力源的延迟反应[21],或由于长期处于某种情感需求的情境而导致身体、情感和精神的耗竭状态[22]。此两种定义固然简洁,却未能表达出倦怠的内涵和外延,因而没有被广泛采纳。不同的倦怠定义虽然表述有所区别,但是观点极为相似:思想和情感的枯竭、身体疲惫、精神抑郁是倦怠的典型症状,倦怠与工作类型及工作环境相关，倦怠会导致工作效率与表现的下降[23]。

## 二、倦怠的后果

倦怠是一种综合症候群，其直接后果就是工作表现的下降——工作投入不够充分，工作满意度不高，有意逃避或缺勤，工作时颠三倒四，进而导致工作效率低下、集体归属感缺失[24]。倦怠的另一后果就是健康问题，包括身体、心理两个方面。倦怠在身体方面的影响表现为免疫力受损、肾上腺失调、慢性疲劳综合征、纤维肌痛、调整障碍，尤其是睡眠障碍、饮食障碍。倦怠与精神健康的关系比较复杂，BigFive 个性研究认为那些典型的 A 型行为（如激励竞争、过分控制）可能导致神经质或神经衰弱等精神倦怠问题。倦怠在认知和情感方面表现为抑郁、焦虑、自尊心下降，甚至出现情感枯竭、感情分离、愤世嫉俗、人格分裂的症状，如丧失同情、刻板教条、偏执僵化、毫无耐心、妄加指责、丧失信任、孤立无助。倦怠还会在行为方面造成拖延、酗酒、抽烟、药物依赖、沾染毒品、过度活跃、烦躁易怒、颠三倒四、逃避集体，在动机方面表现为动机减弱或丧失，对工作或生活不满，工作效率和工作绩效均下降[25]。此外，倦怠还会造成自负、敌意、多疑、偏执等不良情绪，进而导致人际关系恶化、家庭冲突，甚至产生离职意愿。

## 三、学业负担与情感倦怠之间的学理关系

随着教育竞争的加剧，学生面临的学业负担不断增加，心理倦怠现象日益严重。学业负担指的是学生在学业过程中所感受到的压力和负担，它包括学习时间的长短、作业量的多少、考试的频率及难度等。心理倦怠是一种由长期压力和过度劳累引起的情感、认知和行为的综合症状，表现为情绪低落、学习兴趣下降、注意力

不集中等。从理论上,依据压力-反应模型和需求-资源模型两种模型可以具体分析出学生的学业负担与其情感倦怠之间的学理关系。

压力-反应模型解释压力源(如学业负担)会引发个体的心理和生理反应,长期的高压状态可能导致心理倦怠。压力-反应模型源于压力研究领域中的经典理论,最早由心理学家汉斯·赛里(HansSelye)提出。他通过对应激反应的研究,提出个体在面对压力源时会经历一系列的生理和心理反应,最终可能引发负面后果。在教育情境下,学业负担作为一种重要的压力源,其对学生的心理健康影响尤为突出。在压力-反应模型中,压力源(即压力的诱发因素)引发了个体的应激反应。这种应激反应可以分为三个阶段,即警觉反应阶段、抵抗阶段和衰竭阶段。在警觉反应阶段,个体初次面对压力源时,身体会自动启动"战斗或逃跑"的反应机制,表现为心跳加速、呼吸急促等生理反应,同时心理上会出现焦虑、紧张等情绪。在抵抗阶段,如果压力源持续存在,个体会动员身体和心理资源进行应对,以维持生理和心理的平衡。然而,长期的压力会导致资源耗竭,个体逐渐无法有效应对压力,进入衰竭阶段。此时,个体的生理功能可能受损,心理上则可能表现为情绪枯竭、成就感下降等心理倦怠的症状。

具体到学业负担与心理倦怠的关系,长期处于高压状态的学生,因持续面对大量的作业、考试压力以及激烈的学业竞争,可能会经历上述的应激反应过程。在衰竭阶段,学生的心理和生理资源被过度消耗,表现为情感枯竭、学习动力下降、对学业任务的冷漠等。这些表现正是心理倦怠的典型特征。压力-反应模型不仅解释了学业负担如何通过心理和生理反应导致心理倦怠,还强调了个体和环境因素在这一过程中的重要作用。这一理论模型为教育干预提供了指导，提示教育工作者应注重帮助学生发展有效的应对策略，提供足够的社会支持，从而预防和缓解心理倦怠的发生。

需求-资源模型主要认为学生的需求（如成就需求、自我实现需求）与资源（如时间、精力、支持）之间的不平衡会导致心理倦怠。需求-资源模型（Demand-ResourceModel）的理论基础源于工作压力领域的研究，最初由荷兰学者 Arnold Bakker 和 Evangelia Demerouti 在 21 世纪初提出。这一模型是他们在研究工作倦怠（burnout）时发展起来的，用于解释在工作环境中个体面临的需求与可用资源之间的平衡或失衡如何影响心理健康。需求-资源模型是一个用于理解工作压力和心理倦怠的理论框架。它提出，个体的需求和资源之间的平衡是保持心理健康的关键。当需求（如成就需求、自我实现需求）超过了个体的资源（如时间、精力、社会支持），而无法得到足够的补偿时，个体会感受到压力，进而产生心理倦怠。

依据理论对实际问题的分析需要对理论模型的两个关键要素进行拆解，即分析出需求与资源的构成。需求是指学生在学业过程中面临的需求包括学术成就的要求、自我实现的追求、家长和教师的期望等。而资源则主要包含学生所能调配的资源包括学习时间、身体精力、心理承受能力、社会支持系统（如家长、教师和同伴的支持）等。而基于已有的现实困境，学生的需求与资源的调配无法达到动态平衡，主要困境是学生需求的增加以及现有资源的匮乏。在高度竞争的教育环境中，学生的需求通常表现形式，一是高成就需求，即学生需达到优异的学术成绩，以满足自我期望和外部期望（如家长、教师、同伴）。第二是自我实现需求，即学生渴望在学业上展现自我价值，追求个人成长和发展。这些需求往往由于教育系统的设计和社会的高期待而被不断加剧,导致学生在学业上付出更多的时间和精力。而在应对上述需求的过程中,学生所能依赖的资源往往不足,如时间资源不足:学生的学习时间被课业、补习班等占据,难以获得充足的休息和放松时间。精力资源不足:长时间的高强度学习消耗了学生的精力,导致其难以应对持续的学业压力。社会支持不够:虽然家长和教师期望高,但实际提供的支持(如情感支持、学习帮助)可能有限,导致学生感到孤立无援。

需求-资源不平衡的后果是导致学生心理倦怠的一个重要因素。当学生的学业需求超过其可用资源时,可能出现以下后果:

情感耗竭:学生由于长期的高强度学习和压力,感到情感上筋疲力尽,缺乏对学业的兴趣和动力。

学业冷漠:学生可能会对学业产生冷漠和逃避的情绪,不再积极参与学习活动,导致成绩下降。

低效能感:在资源不足的情况下,学生可能觉得自己无论多努力都无法达到预期目标,导致自我效能感下降,进一步加剧心理倦怠。

# 第四节　行为异常

学业负担充斥着学生生活的始终,不仅影响其思想和身体健康,还影响到行为、态度以及学业表现[26]。生活方面,生活习惯会因此发生改变,如熬夜、嗜睡,日常活动颠三倒四、虎头蛇尾、漫不经心、优柔寡断,甚至出现极端行为,如酗酒、吸烟、绝食、暴饮暴食、药物依赖、沾染毒品。学业方面,经常会迟到、早退、旷课、懒散、注意力不集中、表现下降。人际交往方面,如自闭、孤僻、冷漠、残忍、非人道、大喊大叫、破坏物品,甚至出现自残、自杀的倾向。价值观方面,自我否定、自我矛盾、自我贬低,甚至悲观、厌世、绝望、自我防御、麻木不仁、去人性化、玩世不恭、犬儒主义、逃避人群、疏离集体[27]。这些行为和态度症状在某一个体身上不一定会同时存在,但是作为饱受学业压力的群体而言,此类现象时常会发生,甚至同一个体在相同时段内拥有似乎矛盾的多种症状表现。

# 第五节　学业倦怠

　　学业负担过重的另一不良后果就是学业倦怠。学业倦怠是指由于慢性的学业压力和课业负担,与学生的学习需求背离,所造成的心理枯竭、愤世嫉俗以及表现力的下降[28]。学业倦怠肇始于职业倦怠框架,认为情感枯竭、愤世嫉俗和效能下降是所有学生普遍存在的问题,在学生职业生涯的起点便有倦怠症状的存在,并会影响到未来的职业工作。当前,国际范围内学业倦怠研究的对象多为大学生,对于中小学生的学业倦怠研究普遍不够。已有研究成果表明,拥有较高自尊和自我鉴定的群体不易形成学业倦怠[29],学业倦怠随着学生年龄的增加而增加[30]。学生情感枯竭很大程度上是由于当前的学业要求与预期效用、预期效能之间产生分离,进而导致对于学习的愤世嫉俗和学习效能低下[31]。由于学生个体差异及所受社会支持的不同,学业负担所造成的身体症状、心理症状,以及行为态度症状往往并非必然,或者不够明显。但是,学业负担所引起的学业倦怠现象几乎是普遍存在的。因此,国外学者的研究焦点更多是集中于学业倦怠,试图寻找测量和评估学倦怠的科学工具，以及外在干预对于学业倦怠的影响的证据。

## 参考文献

［1］Unicef. Adolescent Mental Health［EB/OL］. https://www. unicef. cn/media/ 20001/fle/ADOLESCENT％20MENTAL920HEALTH,2021—05—03.

［2］Dagostinoa, Gritties, Gagliardic. ：Generation COVID—19 and Bodily Disorders： Hyperbolic Narratives and a Developmental Psychopathology Perspective.［J］. Frontiers in Public Health,2022(10):1—7.

［3］West P ，Sweeting H . Fifteen,Female and Stressed： Changing Patterns of Psychological Distress Over time［J］. Journal of Child Psychology ＆. Psychiatry ＆. Allied Disciplines，2010,44(3):399—411.

［4］ Hogbergb. Educational Sressors and Secular Trends in school Stress and Mental Health Problems in Adolescents［J］. Social Science ＆. Medicine,2021, 270:113616.

［5］Ic, Zhangx, Chengx. Associations Among Academie Stress, Anx-iety, Extra Curricular Participation, and Aggression：An Examinationol the General Strain Theory in a Sample of Chinese a Dolescents［J］. CumPsychol,2023,42: 21351—21362.

［6］张笛. 校外培训对初中生课业负担的影响：以 W 市某初中一年级学生为例 ［D］. 武汉：华中师范大学,2020.

［7］ Zhanggd. The Impact of Private Supplementary on Junior High Schoo students'Academie Burden：Take the First Gradestudent of a Junior High School in W city as an Example［D］. Wuhan：Central China Normal University,2020. (in Chinese)

［8］ Fuy, Renw, Liangz. Perceived Academie Stress and Depression Symptoms Among Chinese a Dolescents：a Moderated Mediation Analysis of Overweight Status ［J］. Affect Disord,2022,296:224—232.

［9］DavidJ. A. Dozois,KeithS. Dobson,JamieL. Ahnberg. A Psychometric Evaluation of the Beck Depression Inventory-II[J]. Psychological Assessment,1998, 10(2):83—89.

[10] Max Hamilton. A Rating Scale for depression[J]. Journal of Neurology,Neurosurgery and Psychiatry,1960,23(56):56—61.

[11] Charles D. Spielberger. State-Trait Anxiety Inventory. In Corsine in cyclopedia of Psychology[EB/OL]. http://onlinelibrary. wiley. com/doi/10. 1002/ 9780470479216. corpsy0943/abstract,2015—12—2.

[12] P. F. Lovibond,S. H. Lovibond. The Structure of Negative Emotional States: Comparison of the Depression Anxiety Stress Scales(DASS) with the Beck Depression and Anxiety Inventories[J]. Behaviour Research and Therapy, 1995,33(3):335—343.

[13] The American Institute of Stress. What Is Stress? [EB/OL]. http:// www. stress. org/what-is-stress,2015—12—2.

[14] Jiandong Sun,Michael P Dunne,Xiang-Yu Hou. Academic Stress Among Adolescent sin China[J]. Australasian Epidemiologist,2012,19(1):9—12.

[15] Christina Maslach. Burnout:The Cost of Caring[M]. Englewood Cliffs,NJ: Prentice Hall,1982.

[16] Christina Maslach,Susan E. Jackson,Michael P. Leiter,etal. Maslach Burnout Inventory Manual(3rded. )[M]. Consulting Psychologists Press,PaloAlto: CA,1996.

[17] Christina Maslach. The Measurement of Experienced Burnout[J]. Journal of OccupationalBehaviour,1981(2):99—113.

[18] ArieShirom. BurnoutinWork Organizations. In International Review of Industrial and Organizational Psychology, ed. CLCooper, IRobertson[M]. New York:Wiley,1989.

[19] Barbara M. Byrne. Burnout:Testing for The Validity,Replication,and In variance of Causal Structure Across Elementary, Intermediate, and Secondary Teachers[J]. American Education Research Journal,1994,31(3):645—673.

[20] Arnold B. Bakker,Wilmar B. Schaufeli,Evangelia Demerouti,etal. Using Eq-

uity Theory to Examine the Difference Between Burnout and Depression [J]. Anxiety, Stress & Coping: An International Journal, 2000, 13 (3): 247—268.

[21] Yiqun Gan, ManshuYang, Yan Zhou, etal. The Two-factor Structure of Future-oriented Coping and Its Mediating Role in Student Engagement[J]. Personality and Individual Differences,2007(43):851—863.

[22] Ben J. Harrison. Are You Destined to BurnOut? [J]. Fund Raising Management,1999,30(3):25—27.

[23] Wilmar B. Schaufeli, Christina Maslach, Tadeusz Marek, Professional Burnout:Recent Developments in Theory and Research[M]. Washington, DC: Taylor&Francis,1993.

[24] Thomas A. Wright, Russell Cropanzano. Emotional Exhaustion as a Predictor of Job Performance and Voluntary Turnover[J]. Journal of Applied Psychology,1998,83(3):486—493.

[25] Nassar, Aussama Khalaf. Burnout Among Academic Clinicians As It Correlates With Workload and Demographic Varibles[D]. Hamilton, Ontario: Mc Master University,2014.

[26] Gary Felsten, Kathy Wilcox. Influences of Stress, Situation-specific Mastery Beliefs and Satisfaction with Social Support on Well-being and Academic Performance[J]. Psychological Reports,1992,70(1):219—303.

[27] Sophia Kahill. Symptoms of Professional Burnout:A Review of the Empirical Evidence[J]. Canadian Psychology,1988,29(3):284—297.

[28] Yiqun Gan,Jiayin Shang,Yiling Zhang. Coping Flexibility and Locus of Control As Predictors of Burnout Among Chinese College Students[J]. Social Behavior and Personality:An International Journal,2007,35(8):1087—1098.

[29] Jayoung Lee, Ana Puig, Young-Bin Kim, etal. Academic Burnout Profiles in Korean Adolescents[J]. Stress and Health,2010,26(5):404—416.

[30] JayoungLee, Ana Puig, Eunkyoung Lea, etal. Age-related Differences in Academic Burnout of Korean Adolescents[J]. Psychology in the Schools,2013,50

(10):1015—1031.

[31] Hyunkyung Noh,Hyojung Shin,Sang Min Lee. Developmental Process of Ac-
    ademic Burnout among Korean Middle School Students[J]. Learning and In-
    dividual Differences,2013,28(1):82—89.

# 第六章 学业负担成因与
# 影响因素分析

## 第一节 同群效应

同群效应（Peer Effects），也被称为社会学习或社会传染，它是指处在相似行业、相似组织或者具有其他相似特征的群体，群体内个体间互动行为所产生的交叉影响。即个体的行为不仅受到自身某些特征因素的影响，也会受到处在同一群组中的其他个体相关行为的影响。[1]同群效应具有社会放大器或滚雪球的效果，群体内某个个体的行为直接对群体中其他个体的行为产生影响时，这个小小的举动就会对整个群体产生较大的影响。

我国很早就有关于同群效应的描述：战国时期，赵国荀况在《荀子·劝学》中写道"蓬生麻中，不扶自直；白沙在涅，与之俱黑。"晋朝傅玄在《傅鹑觚集·太子少傅箴》提到"近朱者赤，近墨者黑。"这些古文利用事物间的相互影响形象表现了人与人之间的互动作用，说明了个体行为的表现和产出会受到其他个体行为的表现和产出的影响。个体在青少年时期，一般处于以班级为行政单位划分的群体,群体内的个体年龄相近,所处的时间较长,空间较为固定,有共同的目标和任务,他们有相同或相似的地位,相互之间既有合作关系也有竞争关系。不可否认的是,同伴在青少年的成长中扮演着重要角色,因此同群效应在青少年的成长过程中也影响极大,以独特的、重要的方式促进了儿童的社会化,从而进一步促进了儿童价值观、人生观、世界观的形成。青少年时期,青少年由于个体知识经验较少和认知能力发展不成熟等原因,对事物和现象的认识缺乏客观性,进而表现出随大流的盲目性特征,他人的行为和看法对其产生的影响较大,家庭、学校、同伴群体和大众传播媒介是青少年学习与建立人生观及价值观的主要渠道。

## 一、同群效应的作用

从行为是否良好的角度看,同群效应具有积极影响和消极影响。同伴行为的积极影响是指当同伴的行为处于正面时,会影响同伴学业成绩与学生学业成绩之间的关系,减少同伴行为的差异性,提高学生的成绩。同伴行为的消极影响是指当同伴的行为处于负面时,会对学生的学业成绩产生负面影响。例如,在控制某些因素不变的情况下,消极的同伴氛围会对课堂产生负面的影响,班级同伴学习氛围越弱,学生学习自主动机就会下降。从学生的能力看,众多实验表明,在高能力学生、中等能力学生和低能力学生中,低能力学生可以从高能力学生中受益,中等能力学生更容易受低能力学生的负面影响,高能力学生受中等能力和低能力学生的影响相对较小。从社会关系来看,当社会关系和谐时,学生受到同群效应的正向影响较大,反之亦然。也就是说,当学生处在一个关系和谐的班级时,学生更容易受到同伴的积极影响,学业成绩上升的可能性更大,若在一个关系不和谐的班级时,低能力学生更容易受到高能力学生和中等能力学生的排斥,学业成绩下降的可能性更大。并且同群效应往往会表现出时间累积效应,一个人在群体内待的时间越久,所受到的影响也就越大。此外,无论哪一能力水平的学生都受益于同质性同伴群体,不同学习能力的学生更倾向于与同自身学习能力水平相似的学生互动,同质性同伴群体更有利于个人学业成绩的提高。同伴能力同质性是指同伴间能力水平相当或同伴间能力差距较小。高能力学生受益于高水平的同群能力和较小的同伴差距,中、低能力学生得益于同伴水平差距较小和水平相当的同伴。[2]

## 二、同群效应与学业负担的关系

当学生处于学业负担过重、学习压力环境过于激烈时,学生易于受到同群效应的负向效应影响。当处于学业负担适中、学习压力相对较小的环境时,学生反而能从同群中获益,同群效应呈现正向效应。

## 三、同群效应对学业负担的影响

（一）同群效应的负面影响放大,学业负担加重

已有学者从此角度研究班级规模对学生成绩的影响,通过验证发现对男生的负面影响较显著（Argaw 和 Puhani,2017）。同时根据赵颖《同群效应如何影响学生的认知能力》的研究中可发现班级规模越大,过度竞争的可能性越大,从而放大了同群效应的负面影响[3]。在进一步考虑不同能力组依次与同群效应、不同能力组依次与同群效应和班级规模的交互项下,较大的班级规模可能对中等及低能力组的学生具有负面影响,而对高能力组的学生具有正面影响,这也证实了较大的班级规模存在过度竞争的现象,从而

放大了同群效应的负面影响，直接加重学生的学业负担。

# 第二节　传统文化观

　　中小学生的学业负担过重已是教育领域中的一种痼疾，病根之深广，可谓是处处皆有，以至于难以根除，减负成为历史性的老大难问题，但却很少遭到伦理和道德上的批评与质疑，反倒是得到社会广大人民的认同与支持，甚至于大张旗鼓，大喊"苦苦苦，不苦如何通今古""少壮不努力，老大徒伤悲""吃得苦中苦，方为人上人"等名言，纵容学业负担过重现象加深，学生闭门不出，沉迷题海，深夜学习等现象成为励志模板，这有必要对此展开伦理背景的思考与分析。

## 一、古代中国学子求学过程的世俗性和功利性

　　古代中国的学子求学历程的世俗性和功利性倾向较强，相较于古希腊、文艺复兴时期的博雅教育和西方中世纪的神学教育，英国历史上的绅士教育，差异明显，西方国家的教育更具神性和精神色彩，古西方的学子求学历程更多地追求神的步伐与个人精神生活的完善。当然，也有部分原因可能是西方的等级制度，较之于古代中国的等级制度，西方的等级制度更为森严，统治者的血统被认为尊贵无比，贵族永远都是贵族，而穷人注定生生世世都是贵族的奴仆，甚少给予穷人打破阶层的机会。因此古代中国学子的求学历程虽世俗性与功利性更强，但也应该承认其中的合理的功利主义价值取向。

　　1300 年的科举制度给予了平民百姓改变社会地位和自身命

运的唯一通道,它将读书、应考、做官和实现个人抱负紧密地联系起来,在这种情况下,古代中国学子自我强化自己的学业负担,增加学业负担或许不是最好的方法,但确实是有效的方法,增加负担的代价一般都是读书人所乐意承受的,而这份代价相对于可能的报偿来说也是必需的,是得大于失,或者得失相偿。显然,中国古代封建社会里自上而下的教育价值观和人生哲学对读书人的教诲主要是基于人生观和人生目的上的趋乐避苦、趋利避害的人性假设和生活学业过程中的苦行僧主义,是在利用人的求生存、求享受的普遍欲望并将其引向一个有利于统治者治人的境地。平民百姓出身的读书人之所以认同苦学,所说明的也不过是其在不自由的状态下追求着畸形的发展而已,那个条件下的苦学是真实的,乐学总体上不过是一种假象而已,对于多数人而言主要还是利害关系驱动的结果,更甚至赤裸裸表露个人对外在利益的价值追求,如"十载寒窗,一举成名,富贵荣华,锦衣玉食",范进中举等名言、事例。

## 二、中国教育传统中的错误观念——苦学观

中国教育历史源远流长,古代众多大家对于教育都有自己独特的看法,不乏有许多优秀的传统值得我们继承并发扬,但也存在着一些错误观念,从古影响至今,即苦学观。苦学观认为教学活动中学生的学习从本质上说是苦的观点。这种观点自古有之,远在先秦时期,孟子就曾明确地阐述过"苦学"观念,他说:"故天将降大任于是人也,必先苦其心志,劳其筋骨,饿其体肤,空乏其身,行拂乱其所为,所以动心忍性,曾益其所不能"(《孟子·告子下》)。教育历史长河中有"头悬梁、锥刺股"的苦学实践的范例,有"学海无涯苦作舟,书山有路勤为径"的苦学理念的诗句,有"苦苦苦,不苦

何以通今古"的苦学体验的感叹,这些事例、诗句等,不断被人们重复,当成努力学习的象征,自我强化的精神支柱。

无论是中国还是西方,苦学的历史渊源悠久,从关于苦学的文字考证就可证明。从我国古代的象形字上考证,似乎教学活动一开始就与苦学相联系。古代的"扑打",把上述字形的各部分综合起来,古代"教"的含义也就十分形象地展现在我们面前了:一边给孩子传授经典,一边手里拿着树枝扑打孩子。在这样的"教"的情境下,学生的苦学自不言而喻了。在希伯来语中"musar"同时有两个含义:一是"教学",二是"惩罚"。在犹太人的早期历史上,棍棒就是教导的象征。在《箴言》中也有这样的论述:"不忍用杖打孩子的,是恨恶他,疼爱孩子的,随时管教"。在古希腊时代,斯巴达的教学方法更是极其残酷的,孩子们经常被鞭挞,其目的不仅仅是为了惩罚,同时也是为了教学生忍受疼痛。在这种教学活动中,苦学也就成为理所当然之事。

中国教育两千多年来都在不断地倡导、强调这种"苦学观",其影响已然深入到教育的各个层面,并且在现实的教育活动中,甚少有人去质疑和诘难它,大量教师、家长都将苦学作为成功的必由之路,这种信念也从一代复制至下一代。在中国教育传统中错误观念的影响下,学校、教师不断给学生施加课业负担具有了合法合理合情的外衣,家长通常对这种现象表示支持和配合,甚至于家长要求学校给学生增加课业负担,并且"双减"政策施行下,面对不再"苦学"的现象,大多数家长反倒陷入了质疑、担忧的境况,甚至偷偷在家给学生增加课业。同时从当前出版的儿童读物、名人轶事、名言警句来看,错误的"苦学观"仍然在广为传播,"学习本是苦的,只有苦学才能成功"在人们的观念中扎根深固。这种状况无疑是人们利用传统文化中的一些不合理观念强化着某些违反教育规律的做法,并在一定程度上致使教育领域中学生课业负担过重现象得以延续。

### 三、学习过程重继承轻创造

中国古人在学习的过程中重视继承而轻视创新。自孔子开始的"述而不作,信而好古"(《论语·述而》),有学者认为孔子是谦虚、严谨——因不能超越前人而不值得作的表现,但这也许正反映了孔子在思维或者思想方面的一些缺陷,因为现代认知心理学告诉我们,人的记忆是很容易出现错误和混乱的。在孔子看来,先人的文化遗产已经是最优秀的了,只需要好好地整理、补全,编印成册以利于保存和传承下去就行了,很少去伪存真,也不用去过多思考有何不妥。最严重的在于孔子自身不仅不去反思和质疑,也不许学生去思考和质疑。自己不思考宇宙、人生、人的前生来世,更不许学生去思考,对颜回的批评"未知生,焉知死""未能事人,焉能事鬼"以及"子不语的怪力乱神",就是明证。这种重继承轻创新的后果就是,学习只需要死记硬背前人留下的知识就行了,因为前人总是比后人更有智慧、更有知识、更能看到事物的本质而后人不行,后人唯一可以做的就是不断地注释、补据或考证而已。而需要记忆的知识数不胜数,只有依靠"苦学""苦背"来进行。

同时,明朝在举行科举制时,要求考生严格按照八股文的格式参加考试。八股文就是指文章的八个部分,文体有固定格式:由破题、承题、起讲、入题、起股、中股、后股、束股八部分组成,题目一律出自四书五经中的原文。后四个部分每部分有两股排比对偶的文字,合起来共八股。八股文章就"四书五经"取题,内容必须用古人的语气,绝对不允许自由发挥,不能用风花雪月的典故亵渎圣人,而句子的长短、字的繁简、声调的高低等也都要相对成文,字数也有限制,这种制度更是提高了继承的要求,压制了人创造的欲望。

另外,记忆力的好坏也是我们评判一个人是否聪明的标准。好的记忆力成为了大多数家长育儿的追求,例如幼儿时期,家长会有意识地培养学生的记忆力,让学生自小背诵唐诗三百首,至于学生懂与不懂、理解不理解是不在考虑之内的,何况还有"熟读(苦背)唐诗三百首,不会写诗也会吟"的好处存在。学生学习时,教师也会要求学生进行背诵,如"好词好句"背诵,"数学公式"背诵等等,全然不管学生是否理解,是否能够有自己的创新,认为只要背下来了就万事大吉。考试重视关于"记忆力"的考查,记忆性的题目占了较大的比分,在这种导向下,教师、家长、学校怎能不重视背诵呢?

### 四、教育目的指向未来而忽视当下

我国古代的教育目的主要有以下几种:"学而优则仕"培养"大儒""大丈夫",它们的指向都不在当下的状态,而在未来中的理想状态,即如斯宾塞所认同的教育是为未来生活做准备,而不是当下的生活状态和生活过程[4]。那我们应该思考的是倘若当下的教育不是当下的生活,也不是当下的社会,那未来又应该是怎样的社会,未来的社会所需要的人是我们理想中的人吗? 我们要追问的是,倘若当下的教育不是当下的生活,未来的生活是一种什么样的生活? 现在的实时场景与未来的实时生活场景是有多大的相同,是一致的吗? 古人没有回答和解释,今天的人也无法回答和解释,最后只用了一句模糊的语句"书中自有黄金屋、书中自有颜如玉"来搪塞。这样的观点和情况在一个十分封闭、发展缓慢的小农经济社会里,十年、二十年甚至几十年变化都不可能大的情况下还情有可原,才需要未成年人尽可能多地去学习各种各类各式各样的所谓的前人的经验或知识,以便能应对那个不确定的未来,从而导致高负荷的"苦学"教育景象的诞生[5]。但是在当今社会,三个月知识总量就翻一番的知识经济时代、信息时代,你能穷尽知识吗?理论上大脑可以装进去,但事实上不可能。当下高中所盛行的"现在苦一苦,等上了大学就好了"言论,成为学生现在苦读的心理安慰,想象中的美好未来则是学生苦读下不断渲染的美好愿景。

### 五、"光宗耀祖、光耀门楣"的家庭观

家庭作为社会组成的最小单元,在中国有其特殊的意义存在。"三纲""五常""四维""八德"等儒家思想在每一个中国人的心里根深蒂固。在"利益文化"的驱使下,国人家庭观念极强,他们在任何情况下都试图维护家族利益,以其为中心,主张个人利益应服从家庭乃至家庭利益。该家庭观否认了学生个体的存在感,禁锢了学生的个性发展。最终促使学生从小就养成了"家庭至上,家外有家"的价值取向。在"利益文化"的驱使下,为了实现家族利益的最大化,"光宗耀祖""光耀门楣"是家族成员的最大愿望。作为中国式家庭中一员的中小学生,承担起家族成员对他们的殷切希望,是他们的首要任务。因此,我国的义务教育就陷入了怪圈,家长想尽全力为孩子提供最好的教育,竭尽所能让孩子进重点学校,入学后又想方设法让孩子进重点班,进入重点班后又要分数、要名次。家长明知孩子很苦,但他们更清楚,这一切都是为了孩子。为了让孩子明白他们的良苦用心,有些家长甚至在小学期间就带着孩子参加招聘会,他们想在人山人海中让自己的孩子有所触动,从而更加努力地学习。为了让孩子有一个美好的未来,家长们加强了对孩子的"关照",有些家长甚至为了更好地照顾孩子放弃了自己的事业。作为学生,他们深知"可怜天下父母心"的含义,为了不让父母

失望,他们加倍努力地学习,分秒必争,以求取得好成绩,考入好学校,找一个好的工作岗位,以回报父母。在"利益文化"禁锢下的求学观、苦学观和家庭观背景下,减负犹如天方夜谭。

# 第三节　传统人才观

## 一、重士轻工

造成高技能人才严重短缺的一个重要原因是传统人才观的误导,长期以来,人们一直"重仕轻工",重学历轻技能,似乎没有大学文凭就不是人才,没有正确地对待技术工人。加之在舆论导向上过分地、不恰当地渲染了脑体倒挂现象,把体力劳动和脑力劳动简单对立,致使社会的价值取向发生了偏差,重知识、轻技术,重学历、轻能力的观念根深蒂固,多数人仍然将学历和职称作为判定人才的标准。相较于西方对技能型人才的平等看待,中国人普遍认为技能人才的社会地位不高,不受尊重,不愿意把自己的孩子送到技校学习。因此,中国技校的生源难以得到保证,高技能人才后继乏人,从而导致了高技能人才的严重短缺。其次,从学生的理想中也可发现学生对于技能型人才的轻视,对高学历人才、光鲜亮丽的职业的向往,例如梦想成为科学家、设计师、建筑师、演员、外交官等职业,鲜少有梦想成为一名工人、厨师等技能型人才。

重士轻工的观念,让学生与家长陷入焦虑之中,他们的观念被束缚于"学习成绩好即可成为精英,学习成绩差则沦落到职校,日后成为一名普通的工人"。这种观念下描绘的不进则退的两难境地让学生和家长为持续加重学业负担,努力提高成绩,谋取窄化的光明未来增加了筹码。

## 二、人才"文凭"化

人才文凭化是指根据文凭的高低来判断人才价值的大小，文凭越高，价值越大；反之，价值就越小。在人才文凭化的错误观念中，我们犯了手段目的化的错误，即文凭只是提高人才价值的手段，但我们却把它当成了目标。人才文凭化是一种较为普遍的对人才认识的错误观念，文凭在许多场合都成了决定人才的关键要素，甚至被看成唯一因素。基于此，通过各种手段追求文凭成了国人衡量自身价值的重要坐标。也是诸多用人单位择才识人的重要标准，文凭热也因此经久不衰。正是因为这样一种错误的人才观，我们当初才难以理解为什么比尔·盖茨不读完大学而要去办公司。毋庸置疑，文凭和人的价值之间确实存在着非常密切的关系，即随着教育程度的递增，人在知识、视野、思维等方面都得到了较大的增长，这也是造成人才文凭化错误观念的主要原因。但是，这并不意味着文凭和人的价值之间是完全的正相关关系，有时候它们的相关性并不大，甚至呈现出负相关关系，如作为人的价值核心要素的能力，就与文凭无太大的必然逻辑。

"学历人才观"就是把学历看成衡量人才的唯一标准。学历是受教育的证明，教育与成才是间接关系，而不是直接关系，受教育更多不代表就是更高级的人才。"学历人才观"误把教育与成才的关系由间接相关性当成了直接相关性。这种人才观有可能对青年产生以下几方面的负面影响：

第一，以获取学历文凭为目标，成为滥竽充数的"假人才"。一方面是指持"学历人才观"的青年以通过考试和获取文凭为奋斗目标，忽视了自身综合素质提高，因而成为"假人才"，如高分低能、

"哑巴英语""纸上工程师"等。另一方面是指持"学历人才观"的青年迫于学历文凭的压力有意地"混文凭、捞文凭、买文凭、造假文凭"。靠这些手段获得了文凭也只能成为"假人才"。

第二，不愿贡献，只讲索取，成为学术"花瓶"。这是获得学历后的一种坐享其成的心态，认为有文凭就是人才，就应该得到社会的承认。这种心态不仅来自他们自身，也来自社会对高学历的盲目追求。一方面是所从事的工作根本就不需要这么高的学历。另一方面是在只要有文凭，做与不做一个样的情况下，他们具有做出创造性劳动的才能也不愿发挥出来。

第三，眼高手低，失去成才机会。他们往往把一纸文凭看得太重，认为有学历就是了不起的人才，不愿从小事做起，从基层做起，在就业过程中眼高手低，一方面由于就业压力找不到工作，但又不肯"低就"。在找到工作后又不能安心工作，不懂得向有实践经验的真人才学习。"这山望着那山高"，不讲诚信，不断跳槽等等。

第四，阻碍有潜力的人成才，埋没真正的人才。持"学历人才观"的青年人不顾自身的综合素质的提高，只注重获取学历和文凭，从而使有潜力成才的人被这种"病态"成才道路排挤出局，或者主动放弃通过教育的途径成才。在实际工作中，持这种"学历人才观"的人又排挤没有学历和低学历的人才，从而使真正有能力的人才无用武之地，造成人才埋没。

### 三、"智能"人才观

就是指把"智能"当作衡量人才的唯一标准。智能是人才内在素质的核心要素，它包括"识""才""学"三个方面的内容。除了智能之外，人才内在素质还有"德"和"体"两方面。如果把人才比作一辆汽车，"德"就是方向系统，智能就是动力系统，"体"就是汽车的车厢和轮胎，决定着载重量。"智能人才观"看到了人才的智能素质，但忽视了思想品德素质和身体素质两方面。这种人才观有可能对青年产生以下几方面的负面影响：

第一，忽视思想品德素质的提高。"智能人才观"没有把思想品德素质作为人才必须具备的重要素质，没有看到高智能既可以用来做好事，也可以用来干坏事。具有高智能但思想品德素质不过关的人会成为社会的"危险品"，而不是社会的人才。如现代社会越来越多的高科技犯罪现象就表现出"智能"与"品德"的脱离。

第二，忽视身体素质的提高。"智能人才观"强调智能的提高，而没有注意到身体素质也是人才的重要素质。青少年尤其要加强身体素质的锻炼，健康的身体是进行创造性劳动的基础。身体素质不行，智能再高也发挥不出来，到最后只能成为"废品"。

第三，智能素质的提高受到影响。"德""智""体"三方面素质构成了人才的素质系统。这三方面素质是相互联系、相互促进的。"智能人才观"注重智能的提高，但忽视其他两方面的素质，其结果会导致智能素质的提高也受到影响。思想品德素质中的理想、价值观等在人们智能提高中起着动力和导向作用，从而影响智能的提高。身体素质则通过产生充沛的精力，乐观的情绪等影响智能的提高。

第四，恃才傲物，看不起以其他素质见长的人才。进行创造性劳动既要有较高的智能，又要有一定的客观条件。持"智能人才观"的青年往往不注意与周边环境处理好关系，恃才傲物，结果得不到别人的支持，失去发挥才能的条件。由于把智能当作人才的唯一内在素质，所以看不起以其他素质见长的人才。

# 第四节　社会环境

在国际竞争激烈的背景下，教育先行战略成为大多数国家的共识，而在我国，更是如此，应试教育制度下，以分数为中心的场域迅速形成，并迅速席卷了学校、学生、家庭等。分数也在任何时期的学业中占据了较大比重，学生的文化课学习水平成了检验的唯一指标，此番根深蒂固的价值观深植于家长的脑海中，同时，随着优生优育的育儿理念深入人心，大多数家庭对孩子学业的关心放大数倍，孩子的未来发展成为了家长的心头大事。学业负担不仅产生于家庭，更来源于学校和社会这两个场域，学生的学业负担过重是三者相交互作用的结果。其中家庭和学校都被包含于社会场域之中，社会生活才是教育的起点和归宿，学生学业负担过重实际上是对社会现象和社会问题的折射和反映，其背后隐藏了深刻的社会根源。因此，社会场域通过"场域自主化"过程摆脱或超越了家庭场域和学校场域对学业负担的影响，成为学业负担存在的主场域。

## 一、教育万能论的社会认知

教育万能论强调人是教育的产物，通过教育可以解决社会中所产生的一切问题，这凸显了公众对教育所抱有的"乌托邦式情结"和过高的社会期望，期望通过教育可以解决社会中所有的问题和矛盾，相信通过教育，学生能够成为解决社会问题的一代栋梁，这实际上是一种工具主义，它将学生当作了解决问题的工具和手段。当教育未能解决社会问题和矛盾时，公众则会认为是教育出现了问题,但尽管如此,依旧无法抛弃教育具有万能的期望,继续期望通过教育的手段来解决问题。

教育万能论最早可以追溯到古希腊时期的柏拉图,柏拉图著作的《理想国》描绘了一个用教育所创建的正义和理想的国家,在书中,教育就像一个无形的大手,社会中的问题和矛盾,都能由教育一手解决。洛克提出"白板说"主张每个人都是一张白纸,人的心灵如同白板,观点和知识都来自后天,并由此得出天赋的智力人人平等。他说:"人心是白纸,没有一切特性,没有任何观念。"根据洛克的论述,既然人是一张白纸,那么环境和教育就是染料,由此教育亦是万能的。爱尔维修说:"我们在人与人之间所见到的精神上的差异是由于他们所处的不同的环境及不同的教育所致。"这个结论也强调教育的万能性,他认为有什么样的教育就有什么样的人。从柏拉图到洛克再到爱尔维修,他们给社会公众提供了"教育万能"的视域,引导公众形成片面甚至是极端的教育目的观,公众对于教育功能和价值的认知不仅夸大了教育对社会、对个人所起作用的力度和深度,还片面夸大了教育作用所具有的广度,认为教育会时时刻刻影响人的方方面面,认为社会中的所有事情、所有问题都可以靠教育来解决,把教育的功能夸大到"万能"。

实际上,社会对于"教育万能"的认知,使学校教育功能过度泛化,社会对学校的期望越来越大,学校的地位越来越高,所承受的压力也越来越大,为了满足社会对于"教育万能"的期望,学校向教师施压,教师不得不增加课程数量和学生的作业量,层层高压下学生的学业负担自然也就越来越重。教育不是万能的,不可能解决那么多的社会问题,它只能在一定的限度和范围内解决部分相应的社会问题和生存问题。当前,学校教育追求过多的教育功能,结果导致学校在发展的过程中,常常跟着社会的要求亦步亦趋。教育功能的泛化,特别是教育社会功能的过于强化,导致课程内容不断膨胀,课程门类不断增加,教学任务越来越多,学习科目越来越杂,这势必会给学生带来更重的学业负担。

## 二、人力资本论的社会诉求

人力资本理论认为,人力资本是一种重要的生产要素资本,是一切资源中最主要的资源,对生产起促进作用,是经济增长的源泉;在经济增长中,人力资本的作用大于物质资本的作用。[6]人力资本的投资与人的收入成正比,其中人力资本投资的核心是教育投资,教育可以给人带来丰厚的利润,一个人的受教育水平与其工资收入亦成正比,社会公众相信受教育水平越高,未来所获得的工资收入就越高,认为教育能够为社会培养人才,提高社会生产率和生产力,促进社会经济的发展。但人力资本理论片面强调教育的经济功能,将人当作获取利益的工具,将教育看作是利益增值的手段,弱化了教育的文化功能、社会功能,违背了教育的本质,忽视了人的自主能动性和自我价值的追求。同时,过于强调了劳动的能力专业化和单一化,忽视人在劳动中的自主性、创造性、选择性,使劳动从自由、主动的活动成为被迫的活动,使劳动异化为"效率主义"活动。

人力资本理论鼓吹,一个人的教育水平与其今后的工资、收入成正比,这会让社会和公众觉得只有接受高水平的教育、取得高学历才能获得高收入,其结果必然使社会出现"文凭膨胀"、教育资源供不应求等不良现象。[7]劳动型社会向知识型社会的转变,让很多家长深刻意识到了教育的重要性,故而对于人力资本理论深信不疑。网络的发达,让家长也深陷焦虑之中,为了孩子将来有一个好工作、金饭碗,想方设法给孩子报各种辅导班、请家教,把孩子的课余时间安排得"无缝衔接",即便是这些花费已经远远超过家庭经济的承受能力,家长也在所不惜,人力资本理论让他们深信只有现在的高投资,日后才能换来高回报。这种情形是对家长和孩子的双重加负,为学生过度报班辅导,给家长带来了沉重的经济负担,家长这种"投资于未来"的教育方式也给孩子带来了过重的学业负担。学生从小便被灌输了"知识改变命运"的思想,这种非此即彼的极端求学心理本质上讲是对教育经济功能的盲目追求与向往,会导致教育过程"只见资本不见人",是对教育本质、本性和功能的扭曲与异化。

### 三、优质教育资源分布不均衡引发竞争乱象

曾有学者指出优质教育资源短缺仍是当前中国教育第一问题,近年来,中国对教育领域的投入规模不断加大,城乡义务教育完全免费,职业教育、高等教育飞速发展,但我们也清楚地认识到由于历史形成的教育欠账,优质教育资源分布不均衡仍然是我国教育领域显著突出的问题之一。随着人们近年来的收入水平不断提高,人们对于教育尤其是优质教育资源的需求迅速提升,优质教育资源的稀缺与人们日益增长的教育需求之间的矛盾越来越明显。稀缺有限的优质教育资源引起了学校、家长各方的竞争与博弈,站在利己的角度而言,加大投入量,投入时间等是赢得竞争优势从而得到更多优质教育资源的最佳选择之一。学生的健康成长在优质教育资源的争夺下被掩盖,利用学生的现有精力争夺优质资源从而赢得所谓的光明未来,成为了学校家长的美好憧憬。这个美好憧憬也不断吸引家长陷入过重的竞争中,他们不断为自己洗脑"先苦后甜"也不断为学生灌输"长大了就好了"的念头,不断增加精力与财力的投入,涌入校外补习班,增加学生额外的学业任

务,不断加重学生的学业负担,形成了竞争乱象。

## 四、教育筛选功能过度放大

教育质的规定性在于培养人和发展人,这也决定了教育的本体功能是育人功能,但由于优质教育资源的短缺,能享受优质教育资源的人数有限,那么如何分配优质教育资源,如何决定谁来享受优质教育资源呢? 教育的筛选功能则在其中起了重要作用。教育的筛选功能既是决定了学生未来的职业发展方向也预设了学生未来可能的社会地位,筛选功能本是教育的一种附加功能,但当他与学生的未来发展有所牵连时,加倍放大了家长的焦虑,久而久之,教育的筛选功能一再掩盖了教育培养人和发展人的本体功能。因此学生为了能增加日后获得较高的社会地位和更多职业选择的可能性,不得不投入更多精力以获取竞争的优势。当筛选的标准指向分数时,而分数指向的又是不同等级的教育资源时,不同等级的教育资源又意味着将来的社会地位分配、职业收益、发展空间上的优势高低,这只会加剧竞争的激烈程度。这种刺激所带来的需求则是促生了巨大的教培市场,学生校外课余时间不断被挤压,学生的课外负担也随之加重。

## 五、社会评价机制的片面以及学业质量评价机制的影响

社会关于学校的评价对学校的生存和发展非常重要,因此学校十分关注社会对学校的评价标准。一般情况下,社会对学校的评价标准有两类:一是把评价的重点放在学校教育的结果上,它基本以升学率作为衡量学校办得是否成功的标准,二是把评价的重点放在学生身心全面发展上,它基本以学校采取的各种教育措施是否符合教育规律作为衡量学校办得好坏的标准。然而在现实的

教育活动中,前者成为社会评价学校成功与否的主流标准。例如,每年中考、高考结果出来后,许多学校都在门前张贴红榜,公布考取高一级学校的学生名单,此举充分说明社会评价标准在学校、教师、家长心目中占据的重要地位。如果学校、教师没有把提高升学率放在首要位置,那么既可能导致大量的学生转学,又可能使升学率下降从而危及学校的生存和发展。因此,学校为了发展,就会把强调升学率的社会评价标准转化为自身内部的评价指标。从而致使学校、教师的教育活动都围绕着升学率这一指标运转,而许多学校升学率的居高不下是依靠不断给学生增加课业负担实现的。可见,学校通过把社会评价标准内化的形式使学生课业负担过重现象得到了持续的强化。从而导致在社会评价与学校、教师、家长的行为关系链条中出现了恶性循环,即社会评价的片面性强化了学生课业负担过重的现象,而学生课业负担过重在一定程度上既提高升学率又强化了社会评价对升学率的重视。

建立学生学业质量评价机制的目的是发现学生学业中存在的问题并有针对性地加以解决,达到促进教育教学,使学生学业质量提高的目的。学业质量评价应遵循教育培养人和发展人的终极目的,并据此理念设计科学合理的指标体系,明确评价的范围,以真实客观地反映学生学业的实际情况。因此,评价的本质功能是为学校的教育教学服务,为学生的学业进步服务。但在现实中,这种关系却被人为地颠倒了,学业质量评价由"服务"变成了"被服务",评价反过来成了学校教育和教学的"指挥棒",学校的教育教学工作不是围绕如何更好地服务学生的发展需要,而是为了通过评价机制的考核,在评价过程中获取高的分数而取得社会、上级部门的认可。于是,围绕评价指标进行研究并以此指导教育教学成为地方教育行政部门和学校的重要工作。学校教育教学的导向在很大程度上被学业质量评价机制所左右。而学业质量评价机制自身却存在诸多问题,其在评价范围、指标体系的设计,各项指标的权重等方面往往缺乏科学的论证,评价主要集中在一些主要考试科目上,一些所谓副科的评价相对宽松甚至缺失,甚至有人认为,只有上级部门考试的学业才是学业,不考的或者没纳入选拔性评价的学业并非学业。导致在具体的学业质量的评价过程中评价主体往往偏重的是知识技能方面的科目测试,因为这方面的知识考核相对容易量化,便于测量,而对一些不易量化的指标如新课程提倡培养的学生的创新精神和实践能力测试相对忽视甚至无视,教育行政部门仍以及格率、优秀率、升学率等这些并不能真实反映学生学业质量的指标来评价学校和教师的优劣得失。而学校和教师迫于这些量化的评价指标考核的压力,不得不采用题海战术,从而不断加重中小学生的学业负担。

## 六、从众行为的推波助澜

从当前一些教师和家长的议论中可以看到,对学生课业负担过重现象的抱怨始终没有停止过,但是却很少有学生的家长或教师站出来拒绝给学生施加过重的课业负担。很多学生的家长或教师仅仅是在私下的议论中表达自己的抱怨,而在真实的教育活动中,为提高升学率而不断给学生施加课业负担的做法迅速掩盖了人们对课业负担过重的抱怨。为什么在对待学生课业负担过重问题上,人们总是处于"心共口敌"的状态呢? 从社会心理学的角度进行分析,可以看到教师、家长在对学生的教育问题上常常存在着很强烈的从众行为。从众行为是指个人的观念和行为由于群体或想象群体的引导和压力,而向与多数人相一致的方向变化的现象。学生课业负担过重是违反教育规律的,许多学校、教师、家长对此也有所认识。但是,当学生课业负担过重现象已经成为教育领域中的普遍现象,大量的学校、教师、家长都在这样做的时候,就形成了一种难以抗拒的力量,迫使那些持不同意见的教师、家长改变自己的主张。因为当个体的意见与多数人的意见和行为不一致时就会感到紧张,这种紧张来自对偏离的恐惧。他们认为,如果我们给自己的学生或孩子减负了,而别人的学生或孩子却没有减负,此种情况下我们的学生或孩子在竞争中失败了怎么办,学校的升学率降下来了怎么办。如果学生在竞争中失败了,无论是学生还是学校所付出的代价就太大了。因此,面对失败的可能他们也只有持保留意见而采取从众的做法。由于教育领域中从众行为的作用,助长了学生课业负担过重现象的存在与延续。

## 第五节　期望与幸福感

教育期望是学生学习的驱动力,学生为了达到既定期望而相应地承担一定的学习任务,因此学业负担源于教育期望。这种期望有多种来源,既有学生内在的,也有外部的,但主要来源于家长的教育期望。家长在特定社会心态的影响下形成了对子女的教育期望,并影响着学校及学生自我期望,从而转化成了学生具体的学业负担。

### 一、家长教育期望作用于学生学业负担的机制

学业负担是一种公共产品,存在"供给"和"需求"的关系,学业负担的需求者是学校、社会、家庭与学生,学业负担的提供者是家长、教育行政部门、学校和校外教育机构。学生既是学习的主体,

也是学业负担作用的对象,在学生身上体现了学业负担"供给关系"的联结。家长对子女的教育期望作用在学生身上,影响着他们对待学业负担的态度、行为与自我体验。这种作用方式有两种类型,即直接作用与间接作用。家长向子女传递教育期望,给予他们一定的学习压力与学业负担,这是直接形式的作用方式。家长通过向学校及教育行政部门表达对学业负担的诉求,从而影响他们制定学业负担的措施;家长寻求校外教育机构的帮助,让他们提供学业负担,这样就间接作用在子女学业负担的生成过程中。无论是直接形式,还是间接形式的学业负担,其根本动力都是家长刚性的教育期望,并最终作用在学生的学习过程中。

### 二、学生学业负担过重的根源:非理性的家长教育期望

家长教育期望直接影响着学生对学业负担的感受,在一定程度上符合"耶克斯—多德森"定律,即教育期望和学业负担之间并非简单的线性关系,而是一种"倒 U 形"曲线关系。家长教育期望若保持在适度的水平,其子女的学业负担也相应会维持适度的水平,也就能获得最佳的学习体验;当家长教育期望过低时,其子女的学业负担量偏少;而家长教育期望过高时,其子女的学业负担量也会过高。家长教育期望过高或过低都相应地会带来学业负担的变化,不利于学生学习活动的进行。至于什么程度的家长教育期望才是最合理的,目前尚无统一标准,应根据学生身心发展特征来灵活制定标准。

### 三、家庭结构变异导致父母对子女成功的超常期望

长期以来,"学而优则仕""万般皆下品,唯有读书高"等传统的教育和成才观念在我国家庭中根深蒂固,许许多多的家长在孩子

尚处在幼儿时期就在设计他们未来的教育,都不希望自己的孩子输在人生的起跑线上,要想尽一切办法让孩子上好学校,读名牌大学。在目前家长的心目中这不仅关系到孩子一生的前途,而且关系到一个家庭的荣辱乃至一个家庭的未来。随着中国当代社会的改革、进步与发展,现代家庭父母对子女教育成功的欲望达到了前所未有的超常状态。随着改革开放的深入和市场经济的发展,我国的家庭结构正发生着深刻的变革,当前家庭结构的变化主要表现为家庭规模的小型化,即传统的大家庭逐渐衰亡,小家庭日渐兴起,形成核心家庭。这种核心家庭,规模小,人口少,一般都是三口之家,父母加独生子(或女)。在目前的城市家庭中,独生子女家庭所占的比重越来越大,例如上海独生子女家庭已经超过 59%,独生子女已经进入第二代。较之在大家庭中成长起来的非独生子女而言,独生子女家庭中的孩子不仅担负着家庭维持和生命延续的使命,而且要独立地承担着一代人的所有责任和义务,家庭未来所有的希望都寄托在唯一的孩子身上,因此,独生子女成长质量和教育成功的水平对一个现代家庭来说事关重大,甚至对社会来说一代独生子女成长质量如何在一定意义上说也是事关重大。由于独生子女是家庭和父母长辈期望的唯一寄托,因此在独生子女教育上只能成功不能失败,教育在绝大多数家庭中都是最输不起的事情。

## 四、家长非理性教育期望的具体表征

作为社会成员的一部分,人的行为和观念总是受到特定时期社会环境的影响,具有一定的时代特征。家长的非理性教育期望也正是在历史、社会和群体等多种因素的共同作用下才得以形成,并表现为不同类型。

（一）传统观念熏染下的"为富为贵"期望

中国自古以来就有"学而优则仕"的观念,认为"万般皆下品,唯有读书高",把学习的终极目的窄化为步入仕途,成为社会精英。为此,儒家还提出了"书中自有颜如玉,书中自有黄金屋"等口号来激励学生学习,鼓励学生苦学儒家经典。受传统教育观念影响,家长们形成了一种庸俗、功利、短浅的教育价值观:接受教育的目的是"为富为贵",教育需要满足既得利益的维护、生活条件的改良和社会地位的升迁等外在目标,否则教育投入会被认为是一种"得不偿失"的举动。家长这种"为富为贵"的教育期望漠视儿童的自然天性,将他们从原有学习环境中剥离,纳入同质化的学习竞争中,让他们不得不牺牲锻炼、休闲、娱乐等时间来完成无休止的学习任务。儿童为了迎合家长的教育期望而长时间伏案学习,变得"四体不勤,五谷不分",严重缺乏生活常识,便也失去了生命的灵性。

（二）工具理性驱动下的"只接受成功"期望

经济学家缪尔达尔提出了"累积性因果循环"理论,认为社会经济各因素之间存在着循环累积的因果关系,系统中的某种变化将会引发累积因果效应[8]。在教育领域中也存在这种效应:如果不能进入好的幼儿园,就难以进入重点小学;不能进入重点小学,就难以进入好的中学;不能进入好的中学,就难以考上好的大学;如果没能进入好的大学,可能就与好工作失之交臂。教育被看作了一场单向度的竞赛,因此"不能让孩子输在起跑线上"成了家长们的共识。激烈的教育竞争伴随着儿童走向成年的不同阶段,家长们竭尽全力想为子女争取优质教育资源,不想让他们在残酷的竞争中遭遇失败。但矛盾在于,优质教育资源是极为有限的,难以满足全体人民不断增长的优质教育需求。教育竞争是残酷且不可避免的,只有少数人会在这场关乎教育、关乎人生的学业竞争中获得成功,这也意味着大部分人将沦为失败者。

随着近年来家庭少子化现象的加剧,家长教育期望也更加集中在独生子女身上。作为"唯一的希望",独生子女从一出生就成为整个家庭关注的中心和家庭未来的寄托,家庭生活的重心也开始向独生子女倾斜[9]。独生子女承载家庭所有的教育期望且无法分担,这种"唯一性"也意味着教育竞争中的风险加大。因为一旦子女在学业中遭受失败,就意味着家庭所有的前期教育投入都将化为乌有,所以家长们不能接受孩子在激烈的教育竞争中失败。因此,家长们明知过多的学业负担会造成子女的身心不适,但为了让孩子能在将来获得更好的工作、享受更优越的生活条件,他们宁愿牺牲子女的正常休息时间,而给他们施加更多学业负担。

(三) 同辈群体影响下的"盲目攀比"期望

子女接受教育本来是家庭内的事情,但在生活中子女的学习成绩、升学情况等往往成了家长们争相讨论与对比的话题,而家长们也习惯了用"别人家的孩子"作为案例来激励其子女努力学习。一些家长将子女当作自己的私有物,将他们优异的学习成绩看作赢得"面子"的工具。为了满足自己的虚荣心,家长们全然不顾及子女的意愿和感受,让他们投入无休止的学业任务中。家长们对于如何帮助子女学习并无明确计划,也不知道怎么采用科学的方法,不过是跟风式地给子女报辅导班、夏令营、兴趣班等活动,让子女和同龄人在学习形式上保持一致。而一些家长在遭遇不幸之后将自己认定为人生失败者,转而将所有的期望都寄托在子女身上,希望通过他们的教育成功来改变失意的人生。这种做法不过是这部分家长为了缓解自身的焦虑与不安,转嫁生活压力。

(四) 将孩子教育成功寄希望于学校

随着现代科技日新月异的发展和科学知识的迅速增长,许多家长在辅导孩子学习、培养兴趣爱好和一技之长，以应对现代社会、学校教育对人才选拔的挑战方面，多感力不从心，或者家长工作与生存压力不断增大，空闲时间较少，没有更多精力去教育和培养孩子。于是，一方面把教育孩子成功的任务寄托在专门传授文化知识的学校教育，特别是寄希望于那些以考试、竞赛分数高和升学率高的学校，近年来从孩子上幼儿园就开始的越来越强烈的择校（园）风，甚至不远千里、耗资数万甚至十几万元跨省寄读；家长们希望甚至要求学校全面负责承担对孩子的教育与发展的任务；另一方面，一部分（这一部分近年来变得越来越大）对孩子期望更高而又不满足于学校教育的家长们，在学校正规教育和家庭内部教育之外，鼓励、督促孩子参加各种各样的补习班、辅导班、特长培训班等。学校真要全面实施素质教育，减轻学生不合理的过重的课业负担，他们就担心会影响孩子的学习成绩或考试分数、影响孩子升学，因而有时甚至会反对学校合理的减负举措。

现代社会日益增长的"不确定性"增加了人们的焦虑与不安，在教育领域中则体现为对"教育改变人生"的质疑。教育天然具有社会分层的功能，在中国古代"朝为田舍郎，暮登天子堂"的说法，从侧面解释了教育对社会分层的重要作用。从当前媒体报道中也不难发现，"中国式父母"对子女教育的整体焦虑，实质暴露了他们对社会阶层固化的担忧。家长们将这种焦虑转化为了对子女教育的过度期望，子女的学习已经不单单是影响他们今后生活的因素，而是承载了整个家庭乃至家族的梦想。为了实现父母眼中的"宏大目标"，孩子们早早背负起了太多的情感压力，不得不在学习上耗费心力。为了实现父母非理性的期望，学业负担已经成为儿童身心发展阶段中的"不能承受之重"。

# 第六节　教学效能与学习效能

从学生学业负担的形成机制看,学业负担是学生个体学习效能感和一般学习效能以及教师个体教学效能和一般教学效能共同作用的结果。其中,学生的学习效能是最为关键和核心的要素,鉴于学生的学习体现为教师主导下学生的主体性活动,学生的学习离不开传统意义上教师对整个教学活动的主导作用,加上教育教学本身就体现为目的性和价值属性极强的一种意义活动,教师在日常教育教学过程中会自动形成一定的教育价值取向。这种教育价值取向会进一步影响教师的教育教学活动和教育观念。总之,学生的学习效能是影响学生学业负担的关键因素,而教师的教学效能则是影响学生学业负担的重要因素,从学习效能和教学效能两个角度来分析学业负担具有必要性。

## 一、学业负担与学习效能的关系

学生对学业负担的主体感知和客观担当是厘清学业负担与学习效能之间逻辑关系的重要因素,因此,优化学业负担的学习效能机理之关键在于找寻学生对学业负担主客分层及其相互作用关系。

（一）学业负担主观感知与学习效能自我认知的契合

学业负担是学生在学习过程中产生的生理和心理双重负担:生理负担表现为外在客观的学习时间过长、任务量过大或任务难度过重;心理负担是由外在的生理负担造成的内隐性心理创伤和精神极度危机,无论生理负担抑或心理负担都是学生作为学业主体基于自身的承受能力、认知能力、学习习惯和学习品质对其学习状况的主观感知。学习过程必然伴随不同主体对学业负担的不同感受和体验,如鱼饮水冷暖自知。从这个意义上讲,学生对学业负担的主观感知与其对自身个体学习效能感的自我认知是相互契合的,学习效能感强则感知到的学业负担在合理范围之内,反之会感觉学业负担过重,如此形成了学业负担与个体学习效能感的相依相促。客观地讲,学习本身就是一个苦乐兼备的旅程,而趋利避害、趋乐避苦是人的本性,那种只想通过快乐的学习活动转化、内化知识的观点和企图将学习活动从负担转化为纯粹的一种需要的观点,是一种试图消灭学业负担的空想,正所谓体验是主观的,消耗(时间、生理、心理)是客观的。[10]

（二）学业负担主体担当与学习效能客观存在的统一

学生学业负担是学生学习效能、教师教学效能以及学校领导效能共同作用的结果,虽然学生的学习离不开传统意义上教师对整个教学活动的主导作用,但学生的学习效能才是其中最为关键、直接和核心的要素。因为,学习这一"事件"最终是学生亲身经历的,必要的负担是学生学习科学文化知识和成长、成才所必需的。此外,学业负担是绝对与相对的统一。学业负担的客观存在是绝对的,只要有学习就必然有负担,学生成长需要合理的学业负担。然而,学业负担又是相对性的存在,它是个相对概念,本身就具有主体差异性、情景具体性和难以测量性。对待学业负担问题不能一概而论,应该根据具体情境、时间、科目和承受主体等的不同而作具体分析。

## 二、教学效能与学业负担的关系

基于过程思维,教学活动是一种过程性存在,教学效能正是在这一过程中形成并发挥作用的。这表明,教学效能与学业负担的关系存在于教学活动的过程之中,换言之,教学过程本身与学业负担相伴相行。本质上,教学过程是人与人的交流。"这种交流是相互启迪、相互激励的过程,是情绪情感相互濡染的过程,是人格相遇的过程,是思想精神相互贯通的过程,教学就是对交流引导的过程,就是交流不断深入、拓展的过程。"由此论之,在教学过程中,教师的教学认知、情绪、期望等主观因素和教学能力、策略、业绩、环境等客观现实必然会影响教学过程的推进与品性,进而触及学生学业活动的质量,此即学业负担生成的教学过程逻辑。因而,把教学效能置于教学过程中进行审视,正是研判教学过程与学业负担关系的应然之义。

（一）教学效能是影响学业负担水平变化的中介变量

通过对相关调查结果的分析,发现在小学和初中阶段,学生学业负担水平均随着其任课教师教学效能水平的提升而降低。而在高中阶段,当教师的教学效能水平处于中等程度时,学生学业负担水平最低,高教学效能水平的学生学业负担次之,低教学效能水平的学生学业负担最高。这种基于数据分析所得的学业负担与教学效能的关系,恰恰是此二者关系的数理逻辑。实际上,教学活动是教师与学生主体的精神相遇及其交往的过程,这一过程的开展深受教师教学哲学的影响。教师如何理解教学、如何定位自身、如何看待学生等,都直接影响教学的效能,而这种教学的效能将直接传导于学生——受教主体。从这个意义上讲,有什么样的教学就有什么样的学习,教学状态直接影响学生负担。或者说,有什么样的教学效能样态就有什么样的学业负担形态。总之,教师教学效能的水平会通过教学这一特殊活动作用于学业负担的价值承担主体——学生,从而影响学生担负何种程度的负担及确保负担处于何种水平与区间。教学效能是调控学业负担水平的中介,一定的教学效能水平将会确保学业负担处于合理的范围内。

(二) 教学效能是学业负担水平合理生成的关键动力

探讨教师教学与学生学业负担的关系,并不是只分析教学这种行为如何影响学业负担,重要的是分析教学这种行为的结果——教学效能与学业负担的关系。因此,确保学生学业负担是不是处于合理水平的关键因素便是教师的教学效能水平。然而,不同的教师拥有差异化的教学效能水平,其所教学生亦呈现出差异化的学业负担水平。与此同时,处于不同年级阶段的教师教学效能水平,其所对应的学生学业负担水平亦呈现出显著差异。具体而言,在小学和初中阶段,教师的教学效能水平越高,学生的学业负担水平则越低。在高中阶段,高教学效能的教师所对应学生的学业负担水平并不绝对为低,反而当教师处于中等教学效能水平的时候,学生的学业负担水平最低。这表明,学生的学业负担水平处于动态发展过程之中,学生的学业负担状态与其所处环境场域、文化境遇以及教师教学认知水平、教学情绪状态、教学期望水平、教学能力现状、教学策略水平等教学效能核心要素有密切关联。

### 三、学习效能表征对学业负担的影响

学习效能是学生个体对自己能否胜任学习任务的主观判断以及对自身学习效果的客观表征,包括主观上的个体学习效能感和客观的一般学习效能。将学生过重学业负担归因于其学习效能,是学生作为学业主体的应有思考,也是学业负担实现困境突围的可行选择。

(一) 学生个体学习效能感的主观图景

个体学习效能是学生对自己能够学好的一种信念,即学生认

为需要以什么样的心理状态投入学习才能学好。学生对个体学习效能感的主体认知是其对学习能力的自我信念以及在学习过程中的自我体验,也是学生据以认知自身学习状态和学业负担的内在坐标,它能够规范、激励和调节学生主体的学习活动。学生对自我身心的主体认知包括对学习态度、学习动机和学习期望的体认和觉察。

1. 学习态度——影响学业负担的前提要素

学习态度是指学习者对学习活动所具有的一种心理倾向,反映了学习者对待学习的一种有选择性的内部状态。它是由学习者的认知水平、情感体验和行为倾向共同组成的相互关联统一体。学习活动本身就极具挑战性又容易让人紧张焦虑并且很多时候略显枯燥乏味,需要学习者付之以良好的认知条件、积极的情感体验以及顽强的学习意志。因此,学习态度是表征学习效能的核心要素,只有当学生真切认识到学习是一件有趣并且有意义的事时,他才会主动自觉地学习,并且在学习过程中表现出极高的积极性、探索性和坚持性。所谓"知之者不如好之者,好之者不如乐之者",当学生没有以学为乐的学习态度时,其学业负担过重自然是应有之义。

2. 学习动机——影响学业负担的动力机制

学习动机是激发和维持学生的学习潜能和学习行为,并使学生的学习活动朝向某一学习目标的动力机制,是引导学生学习效能提高的内部原因,但它并不呈现为某种单一的结构,学生的学习活动是由多种不同动力因素组成的系统的集合,包括内部动机和外部动机。学习动机是表征学习效能的动力机制,毫无疑问,与学习动机较弱的学生相比,学习动机较强的学生更能坚持学习,更能直面学习过程中的难题,也更能取得较好的学业成就。因此,可以说学习动机与学习效能是一种相辅相成的互促关系。

3.学习期望——影响学业负担的价值诉求

学习期望是学生基于以往的学习经验和当前的学习刺激对今后学习活动所要达到何种学习目标以及教师专业发展到何种程度的意念和心向,包括学生对自我的期望和对教师的期望。学习期望是保证学生"学"的前提,而强烈的学习期望则是保证学生"学好"的必要条件。对教师的期望是指学生对教师在教学态度、教学方法及师生关系等方面所抱有的期望。学习期望是表征学习效能的重要指标,是优化学业负担的价值诉求。学生能对学习有所期望预示着其拥有学习的主观动力和心理动因,后者能够直接推动学生努力学习以达到某种学习目的,进而激发学习动机、改变学生学习态度,使学生由传统被动学习蜕变为主动学习,走出被动学习所造成的学业负担过重的泥潭。

(二) 学生一般学习效能的客观表征

一般学习效能是评价学生学习效能的客观指标体系,也是学生个体学习的外化表征,即学生从哪些方面判断并评价自己的学习,包括学生在学习过程中依存的学习环境、具备的学习能力和应用的学习策略。

1.学习环境——影响学业负担的场域依托

学习环境是学生学习赖以存在和进行的所有外部条件的总和,包括社会、学校等物化环境和以师师关系、师生关系为纽带的人际环境。而融洽的师生关系、和谐的生生关系既是学生有效学习的支撑条件,也是学生提高学习效能和学业成绩的价值诉求。物理环境和人际环境的存在并不以独立的方式影响学生学习,而是以相互影响、相互制约的方式共同作用于学生,任何一个场域的异化与错位都将以学业负担的形式反映在学生身上。学习环境是学生学习得以开展的前提条件,众多教育研究表明,在平等、民主、和谐、友好的师生关系和班级气氛中,学生才可能具有高度的学习热情和兴趣,才不会觉得学习是一种压力和负担。由此,建构适应时代发展需求和学习者需求的学习环境是提高学习效能的举措之一。

2.学习能力——影响学业负担的关键因素

学生是具有独特个性的差异个体,每个学生的学习能力也截然不同,一般来说,学习能力高的学生更能够有效、快捷地掌握教学内容和学习信息,并能及时将其吸收、内化为自身的能力,他们能紧跟甚至超过教师的教学进度,对复杂或较难的学习内容也能轻松驾驭。学习能力是表征学习效能的必要条件。毫无疑问,与那些盲目投入学习时间而学习能力较差的学生相比,学习能力较强的学生更注重学习的效率和效益,也拥有更高的学习效能,他们能很快理解并接受教学内容,并且能够将所学知识应用到现实生活中,达到融会贯通、举一反三并且"高效低耗"的完美学习境地。

3.学习策略——影响学业负担的重要因素

学习策略是指学习者为了提高学习效率和学习质量,根据切实的需要而有意识、有目的地对学习过程进行调整和安排,它是由学习过程中认知图式、信息加工方式及调控技能综合生成的,包括学习者的元认知策略、认知策略和资源管理策略。大量实证研究表明,学习策略的掌握与运用与学生学习效能感和学业成就之间存在显著正相关,众多研究者一致认为学生有效运用学习策略能够提高其学习效能和学业成就。[11]学习策略是提高学习效能的关键因子,是影响学习者学习效能的重要变量,也是学习者"学会学习"的重要外部表征,灵活多样的学习策略能够帮助学习者提高学习效率、缩短学习时间、减轻学业负担。

### 四、教学效能表征对学业负担的影响

教师的教学效能包括教师个体对自身影响学生程度的主观判断和教学能力的客观表征。教师的教学效能作为学生学业负担的度量衡,也兼备了教师个体主观认知的效能感图景和教师个体客观能力的效能指数。

（一）教师个体主观认知的效能感图景

1. 教学认知:影响学业负担问题解决的教学论基础

教学认知是教师对教育活动内在规律的根本认识和看法,也是教师对自身教育教学活动所持有的基本观念和态度。教学认知包括宏观和微观两个层面,从宏观层面看,它是指教师认为教育教学对学生有用或无用及作用的大与小。例如教师认为课堂教学是对学生影响最大的教育形式,相对于家庭教育、社会教育,教师的教学对学生影响最大。从微观层面看,教学认知是指教师认为自己的教学活动特别是课堂教学对学生影响力的大小,影响学生的整体发展还是部分发展,影响学生某一阶段的发展抑或是持续一生的发展。如教师认为自身的教学对学生的影响是有限的,相对于学生人格品行的养成,教学对学生的影响主要体现在知识增长方面。

2. 教学情绪:影响学业负担问题解决的价值内核

毋庸置疑,只有当教师带着饱满的精神和愉快的情绪进入课堂时,他才能给学生传递一种"正能量",也只有当教师怀着一种积极的情绪体验,认为给学生上课是一件有意思的事时,他才会主动投入无限的教育热情和情感。而教师积极的教学情绪会感染整个课堂气氛、带动学生的学习热情,学生有了愉悦的心情,才会拥有学习的兴趣,认真听讲、踊跃发言,就不会感觉学习是一种负担了。

因此,教师应该自觉地觉察自己的情绪体验和反应,及时调控自己的负面情绪;以免将消极的情绪传递给学生。教师除了要驾驭自己的情绪外,还应具备调控学生情绪反应的能力,当学生出现负面的情绪反应时,教师应及时觉察并疏导,引导学生产生积极的情绪体验。

**3. 教学期望:影响学业负担问题解决的动力机制**

教学期望即教师希望通过教学获得较好的物质待遇、提高生活质量、得到社会认可、实现人生价值和追求。只有当教师相信教学能够改善自身生活质量、实现人生价值时,他才会主动自觉地更新教育理念、创新教学方法、提高自身教学效能和教育质量。皮格马利翁的"期待效应"启示我们,教师的期望对学生有一种心理暗示作用,学生获得老师的期望、信任和表扬时就仿佛得到了一种奋发向上的能量和动力,学生会为了不让老师失望而认真学习、积极进取,此刻教师的期望已经幻化成学生学习的动力和源泉,学生有了学习动力自然不会认为学习是一种压力。

**(二) 教师个体客观能力的效能指数建构表征**

教师个体客观能力的教学效能指数体系,需要以教师的教学能力、教学策略和教学环境为基本维度设计,即建构起一套评价学生学业负担的教师教学效能的客观指标体系。

**1. 教学环境:影响学业负担的实践场域**

学生学习要以一定的教学环境为重要依托,良好的教学环境是学生学习得以正常进行的前提条件。广义的教学环境指影响学生学习的全部条件,包括学校的物化环境和人文环境。其中,人际环境特别是师生关系对学生的影响极大。毋庸置疑,师生关系融洽比师生关系紧张更有利于学生的学习,当学生认可某位老师时,也就会喜欢那位老师所教的科目,学生对学习有了兴趣就会认真听讲、主动求知,自然就不会觉得学习是一种压力。因此,为学生提供良好的教学环境是解决学生学业负担问题的实践场域,创建和谐、融洽的师生关系则是其中举足轻重的关键指标。

2.教学能力:影响学业负担的必要条件

教学能力是提高教师教学效能的基础,是教师进行有效教学、达成教学目标、提高教学质量的手段,也是解决学生学业负担问题的必要条件。它包括教师对教学目标和教学内容的设计能力、教学交往能力、对课堂秩序和突发事件的教学管理能力、教学评价与反思能力以及教学研究与创新能力。每个教师所具有的教学能力也千差万别,具有较高教学能力的教师能够制定清晰明确的教学目标、恰当地选择和组织教学内容、维持良好的课堂秩序、巧妙处理课堂突发事件、客观全面地评价学生并进行自我反思、较高的科研能力和创新能力。教师的教学效能是学生学习的外在条件,接受高效能教师的教育是学生重要的外部条件和学习平台,具有较高教学能力的教师能在最短的教学时间内传授给学生尽可能多的知识,把复杂、枯燥的教学内容简单化、趣味化,达到较高的教学效率、收获较高的教学效益。

3.教学策略:影响学业负担的重要因素

教师在具体的教学过程中,要根据学生的个体差异和特质不断反思和调节自己的教学策略。教师只有对所教学科的知识体系有着清晰明确的认识,安排好教学时间、掌控好教学节奏、灵活并充分运用各种教学方法和教学资源,才能取得较好的教学效益,达到"高效低耗"的理想教学效果,使教师"乐教"、学生"乐学"。从这个角度看,教师的教学策略是教学有效的前提条件,是提高教学效益和教学效果的重要途径,是提升学生学习成绩、减轻学业负担的有力保证。例如,面对学生的厌学情绪和逃学行为,教师一味地指责和批评只会让学生更叛逆,对问题的解决于事无补。相反,如果教师运用自己的教育智慧,选择最佳的教学策略让学生体会到学习的乐趣,自然就不会觉得学习是一种负担。

## 参考文献

[1] 崔静,冯玲.同群效应研究述评与未来展望[J].商业经济研究,2017(10):101—103.

[2] 张学敏,谭俊英.同群投入对初中生学习成绩的影响研究[J].教育与经济,2012(04):21—25.

[3] 赵颖.同群效应如何影响学生的认知能力[J].财贸经济,2019,40(08):33—49.

[4] 张楚廷.高等教育学导论[M].北京:人民教育出版社,2010.

[5] 李伟,王芳.快乐视域下"苦学"教育观盛行之根源与对策[J].教学与管理,2013(09):12—14.

[6][7] 罗生全,李红梅.学业负担的社会机制[J].教育发展研究,2014,33(24):45—50.

[8] 冈纳·缪尔达尔.亚洲的戏剧:对一些国家贫困问题的研究[M].谭力文,张卫东,译.北京:北京经济学院出版社,1992.

[9] 林晓珊."购买希望":城镇家庭中的儿童教育消费[J].社会学研究,2018,33(4):163—190+245.

[10] 肖建彬.学习负担:涵义、类型及合理性原理[J].教育研究,2001(5):53—55.

[11] 张林,张向葵.中学生学习策略应用、学习效能感、学习坚持性与学业成就关系研究[J].心理科学,2003(4):603—607.

# 第七章　学业负担量表

## 第一节　学业负担测量

　　过重学业负担对于个体的负面影响非常广泛,身体、心理、情感、认知、交际等方面都可能因此而受到伤害或阻碍。为了有效测量学业负担的影响层面及其程度,一些可操作的量表、问卷、诊断手册被开发出来。结构化的临床诊断和统计手册(Structured Clinical Interview for DSM-Ⅲ-R,Spitzer,1992)可以全面地对学生的各种障碍进行评估,包括精神障碍、情绪障碍、物质使用障碍、焦虑障碍、躯体障碍、饮食障碍、调整障碍、人格障碍[1]。躯体抱怨和倦怠量表(Somatic Complaints and Burnout,Kahill,1988)以及儿童身体症状量表(Children's Somatization Inventory,Garber,1991)可用以分析学业负担对于学生身体的影响。抑郁-焦虑-压力量表(Depression Anxiety Stress Scales,Antony,1998)可以同时测量学业负担所引发的抑郁、焦虑和压力三个方面,弥补了传统方法难以区分抑郁和焦虑的不足,详版 42 个项目,简版 21 个项目,后者比前者似乎更好[2]。

　　对于抑郁、焦虑和压力的测量,美国教育与心理学界还开发了诸多专项量表,比较权威且应用广泛的有汉密尔顿抑郁量表(Hamilton Rating Scales for Depression,Hamilton,1960)、贝克抑郁量表(Beck Depression Inventory,Beck,1961;Beck Depression Inventory-Ⅱ,Beck,1996)、抑郁自我陈述认知量表(Cognitive Self-Statements in Depression,Hollon,1980),以及儿童抑郁量表(Children's Depression Inventory,Saylor,1984)和同伴提名抑郁量表(Peer Nomination Inventory of Depression,Lefkowitz,1980)。这些抑郁量表在项目设置和结构组成上有所区别,可以相互补充,能够全面地测量学业负担给学生带来的抑郁症状。至于焦虑的测量,焦虑状态量表(Anxiety Status Inventory,Zung,1971)可以提供焦虑诊断标准,修订版显性焦虑量表(Revised Children's Manifest Anxiety Scale,Reynolds,1978)可以测量学业负担造成的显性焦虑症状,贝克焦虑量表(Beck Anxiety Inventory,Beck,1988)能够把同构和异构的焦虑群组从其他的精神群组中区分出来[3]。儿童多维焦虑量表(Multidimensional Anxiety Scale for Children,March,1997)从身体症状、社会焦虑、隔离焦虑、伤害避免四个维度进行测量[4]。儿童考试焦虑量表(Test Anxiety Inventory for Children and Adolescents,Lowe,2008)可以专门测量考试所形成的特定焦虑。压力,既是学业负担的诱因,也是结果,这已成共识。用来测评压力的工具有很多,学业压力问卷(Academic Stress Questionnaire,Linn,1984)、学业压力量表(Academic Stress Scale,Kohn,1986)、学生压力量表(Student Stress Inventory,Zeidner,1992)、学业压力问卷(Academic Stress Questionnaires,Abouserie,1994)可以从整体上测量学生的压力

状态,青少年学校压力源量表(School Stressors Inventory for Adolescents,Fanshawe,1991)、高中生压力源量表(High School Stressors Scale,Burnett,1997)可以用来测量学业压力的来源,学生生活压力量表(Student-Life Stress Inventory,Gadzella,1991)和儿童压力自我评价问卷(Stress in Children Questionnaire,Osika,2007)可以测量压力主体的主观反应,学业压力调查量表(Survey of Academic Stress,Bjorkman,2007)和压力反应量表(Lakaev Academic Stress Response Scale,Lakaev,2009)还可以测量与压力相关的社会因素。2011 年,青少年教育压力量表(Educational Stress Scale for Adolescents,Sun,2011)被开发出来,它将学业压力分为五个方面:学习压力、课业压力、担心成绩、自我期望压力、学习沮丧[5],较为全面地衡量了与学业负担相关联的压力。以上量表和问卷针对的学生群体有所差异,因此在使用的时候要加以选择或修正。

此外,美国教育研究领域还开发了一些综合量表,其中学习经验质量量表(Quality of Learning Experience,Neumann,1990)包含八个部分:资源、内容、学习灵活性、师生正式和非正式接触、学生参与、情感枯竭、学生能感知的成就、学生承诺[6],可以系统地测量学业负担与相关变量之间的关系。自我控制量表(Self-Control Schedule,Rosenbaum,1980)、担心负面评价量表(Brief Fear of Negative EvaluationScale,Leary,1983)、儿童绝望量表(Hopelessness Scale for Children,Kazdin,1986)、以及认知检查量表(Crandell Cognitions Inventory,Crandell,1986)、社会支持量表(Multidimensional Scale of Perceived Social Support,Zimet,1988)也可作为学业负担量表测量的有益补充。

马斯拉奇倦怠量表（Maslach Burnout Inventory，Maslach，1981）从情感枯竭、去人性化、个人成就降低三个维度来测量职业倦怠[7]。在此基础之上，马斯拉奇学生倦怠量表（MBI-SS）使用相同维度，共 15 个项目来测量学生的学习倦怠。该量表被转译成中文版，实证研究表明量表的内部一致性信度系数较为理想[8]。此外，奥尔登堡学生倦怠问卷（Oldenburg Burnout Inventory-Students，Demerouti，2003）将量表设置为枯竭（Exhaustion）和疏离（Disengagement）两个维度，解决了马斯拉奇学生倦怠量表赋值正负方向的问题[9]。学业自我规则问卷（Academic Self-Regulation Questionnaire，Ryan，1989）也可用来测量中小学生学业倦怠状况，该问卷包括外部规则、融合规则、鉴定规则、内在动机、缺乏动机 5 个维度，共 30 个项目[10]。在这些倦怠量表中，除了测量马斯拉奇倦怠量表的三个要素以外，还特别关注了性别、社会经济地位、负面人格特征、处理问题的灵活性、学习目标、社会支持、负面的校园氛围等因素对于学业倦怠的影响。

当前，在研究学业倦怠的同时，有学者开始关注倦怠的对立概念——沉浸（Engagement）。沉浸是组织成员自我工作角色的利用，在角色扮演中，个体在身体、认知和情感上使用和表达自我；疏离（Disengagement）是将自我从工作角色中脱离出来，在角色扮演过程中在身体、认知和情感方面表现出的撤退和防卫[11]。疏离是倦怠的一种应激反应，也是避免学业负担的消极表现之一。关于沉浸，已有学生沉浸量表（Utrecht Work Engagement Scale for Students，Schaufeli，2001）可以使用，该量表从活力、奉献、专注三个维度来测量学生沉浸[12]。

# 第二节 压力量表

## 一、学业压力概念

学业压力是指由学习引起的心理负担和紧张,来自外部环境因素或个体的自我期望。已有研究表明,学业压力是中国中学生最主要的压力源,在中小学生的日常生活压力中至少有 50% 以上来自学业方面。过度的学业压力会对中学生的心理健康产生一定的负面影响。例如,有研究发现,学业压力越大,青少年的抑郁水平越高;郑林科等发现,学业压力增大会导致学生的疲劳增加以及负面的情绪增多,比如抑郁、焦虑和悲伤等;严重时,甚至会选择自杀来逃避或解决学业压力。国外学者也得到过类似结论。因此,中学生学业压力受到了研究者的广泛关注,如何准确测量中学生学业压力,已成为一项重要的课题。[13]

## 二、学业压力量表①

(一) 基本资料

1.我的性别是?

　　1.男　　　　2.女

2.我所在的年级是?

　　1.高一　　　2.高二　　　3.高三

3.我的家庭居住于

　　1.农村　　　2.城市

---

① 学业压力量表来源于问卷星

4.是否独生子女

　　1.是　　　　　2.否

5.我的学科是

　　1.文科　　　　2.理科

（二）人际关系学业压力

填表注意事项:请仔细阅读每一条,把意思弄明白,然后根据您最近的实际感觉,在右侧适当的数字上画一个钩"√",表示:"非常符合"记5分,"有点符合"记4分,"不确定"记3分,"有点不符合"记2分,"很不符合"记1分。

| | 很不符合 | 有点不符合 | 不确定 | 有点符合 | 非常符合 |
|---|---|---|---|---|---|
| 6.父母经常对我唠叨,希望我成为一个出类拔萃的人。 | 1 | 2 | 3 | 4 | 5 |
| 7.即使是小错误,父母都会责怪我。 | 1 | 2 | 3 | 4 | 5 |
| 8.父母控制着我的兴趣和爱好。 | 1 | 2 | 3 | 4 | 5 |
| 9.考试成绩不佳父母就会恼火。 | 1 | 2 | 3 | 4 | 5 |
| 10.放学回家,父母问得最多的就是类似这样的话"最近考试没? 考多少名?" | 1 | 2 | 3 | 4 | 5 |
| 11.父母经常当着别人的面说我懒,不用功。 | 1 | 2 | 3 | 4 | 5 |
| 12.我认为升学是我唯一的出路。 | 1 | 2 | 3 | 4 | 5 |
| 13.如果我考试没考好,我会觉得对不起父母。 | 1 | 2 | 3 | 4 | 5 |
| 14.如果我考试成绩没达到优秀我会感到沮丧。 | 1 | 2 | 3 | 4 | 5 |
| 15.在成绩好的同学面前我会感到自卑。 | 1 | 2 | 3 | 4 | 5 |
| 16.我经常对我自己的考试成绩不满意。 | 1 | 2 | 3 | 4 | 5 |
| 17.我认为只有学习成绩好的人才能被别人看得起。 | 1 | 2 | 3 | 4 | 5 |
| 18.当我回答不上老师的问题时,老师会批评我。 | 1 | 2 | 3 | 4 | 5 |
| 19.我与老师的关系比较生疏。 | 1 | 2 | 3 | 4 | 5 |

（续表）

| | 很不符合 | 有点不符合 | 不确定 | 有点符合 | 非常符合 |
|---|---|---|---|---|---|
| 20. 老师对我不关心,几乎忽视了我的存在。 | 1 | 2 | 3 | 4 | 5 |
| 21. 老师喜欢将班上不好的事与成绩差的学生联系起来。 | 1 | 2 | 3 | 4 | 5 |
| 22. 老师喜欢提问成绩好的同学。 | 1 | 2 | 3 | 4 | 5 |
| 23. 我会经常向父母说起我在学校发生的事。 | 1 | 2 | 3 | 4 | 5 |
| 24. 即使是假期,我也喜欢一个人待在房间里,很少与父母交流。 | 1 | 2 | 3 | 4 | 5 |
| 25. 当我烦恼时,我觉得我没有一个知心的朋友可以诉说。 | 1 | 2 | 3 | 4 | 5 |
| 26. 我经常与父母发生冲突。 | 1 | 2 | 3 | 4 | 5 |

（三）自身学业压力

填表注意事项:请仔细阅读每一条,把意思弄明白,然后根据您最近的实际感觉,在右侧适当的数字上画一个钩"√"表示:"完全符合"记4分,"大部分符合"记3分,"部分符合"记2分,"有点不符合"记2分,"完全不符合"记1分。

| | 很不符合 | 有点不符合 | 不确定 | 有点符合 |
|---|---|---|---|---|
| 27. 我觉得很难让自己安静下来。 | 1 | 2 | 3 | 4 |
| 28. 我感到口干舌燥。 | 1 | 2 | 3 | 4 |
| 29. 我好像一点都没有感觉到愉快舒畅。 | 1 | 2 | 3 | 4 |
| 30. 我感到呼吸困难(例如:气喘或透不过气来)。 | 1 | 2 | 3 | 4 |
| 31. 我感到很难主动去开始工作。 | 1 | 2 | 3 | 4 |
| 32. 我对事情往往做出过敏反应。 | 1 | 2 | 3 | 4 |
| 33. 我感到颤抖(例如:手抖)。 | 1 | 2 | 3 | 4 |
| 34. 我觉得自己消耗了很多精力。 | 1 | 2 | 3 | 4 |
| 35. 我担心一些可能让自己恐慌或者出丑的场合。 | 1 | 2 | 3 | 4 |

（续表）

| | 很不符合 | 有点不符合 | 不确定 | 有点符合 |
|---|---|---|---|---|
| 36.我觉得对自己不久的将来没有什么可期盼的。 | 1 | 2 | 3 | 4 |
| 37.我感到忐忑不安。 | 1 | 2 | 3 | 4 |
| 38.我感到很难放松自己。 | 1 | 2 | 3 | 4 |
| 39.我感到忧郁沮丧。 | 1 | 2 | 3 | 4 |
| 40.我无法容忍任何阻碍我继续工作的事情。 | 1 | 2 | 3 | 4 |
| 41.我感到快要崩溃了。 | 1 | 2 | 3 | 4 |
| 42.我对任何事情都不能产生热情。 | 1 | 2 | 3 | 4 |
| 43.我觉得自己不配怎么做人。 | 1 | 2 | 3 | 4 |
| 44.我发觉自己很容易被触怒。 | 1 | 2 | 3 | 4 |
| 45.即使在没有明显的体力活动时,我也感到心律不正常。 | 1 | 2 | 3 | 4 |
| 46.我无缘无故地感到害怕。 | 1 | 2 | 3 | 4 |
| 47.我感到生命毫无意义。 | 1 | 2 | 3 | 4 |

# 第三节　焦虑量表

## 一、学业焦虑概念

学业情绪是指学生经历的与学术活动和成就结果直接相关的情绪(Pckrunctal.,2006),学业情绪影响着学生的学业满意度、学习策略和认知资源(Lewisetal.,2009;Yu&Dong,2007)。Pckrun(2006)将学业情绪划分为四个典型类别:愉快激活(如享受)、愉快抑制(如放松)、不愉快激活(如焦虑)和不愉快抑制(如无聊)情绪。积极情绪倾向于对学习产生积极影响,而消极情绪可能会阻碍学生的表现和成功(Dettmersetal.,2011;Trigwvelleta.,2012)。其中学业焦虑作为一种消极的学业情绪受到了最多的关注（Zhang，2022）。学业焦虑源于各种各样的焦虑如考试、数学和计算机焦虑（Pintrichetal. 1993）。学业焦虑包括任何类型的学校焦虑、学科相关焦虑、阅读焦虑和考试焦虑等（Cassady，2010）。那些因学校或父母施加的压力而感到担心、焦虑、紧张的学生更容易产生高水平的学业焦虑 lMathur&Khan，2011）。存在学业焦虑的学生的特点是精神状态受到不利影响，导致情绪、生理和智力变化失衡（Sahranavardetal.，2018）。关于学业焦虑的定义，一些研究者认为学业焦虑是一种在学术环境中，由于考试、作业等外部需求以及获得优异成绩的高压力而产生的一种普遍的紧张和焦虑感。Collie 等人（2017）提出学业焦虑是个体在学习过程中体验到紧张、焦虑等负面情绪的消极状态（Hufimanetal.，2013；Singhetal.，2013）。Situmorang（2021）认为学业焦虑是学生一种不愉快的思想和情感冲动，它是在学习过程中经常发生的焦虑情绪。Hasty 等人（2020）提出学业焦虑是指对与学校某一特定学科或学术领域相关活动所产生的恐惧情绪。我国学者程俊玲（1998）通过回顾以往研究将学业焦虑界定为个体对特定学习结果担忧的情绪反应，这种特定学习结果会在个体学习过程中对自我价值评价造成威胁。王爱平和车宏生（2005）认为学业焦虑是学生群体特定的紧张状态。黄杰等人（2018）认为学业焦虑是一种消极高唤醒的学业情绪，严重的学业焦虑会对学习生活产生消极影响，不利于学生身心健康。[14]

目前学业焦虑的概念尚未统一。本研究选取认可程度相对较高的概念，认为学业焦虑是学业情绪的一种，是学生在学习情境中所体验到的焦虑情绪，且对学业成就具有消极的作用（Collie，2017）。

## 二、学业焦虑量表

(一) 汉密顿焦虑量表

汉密顿焦虑量表①(Hamilton Anxiety Scale,HAMA)由 Hamilton 于 1959 年编制。它是精神科临床中常用的量表之一,包括 14 个项目。

【项目和评定标准】

HAMA 所有项目采用 0—4 分的 5 级评分法,各级的标准为:(0)为无症状;(1)轻;(2)中等;(3)重;(4)极重。

1. 焦虑心境:担心、担忧,感到有最坏的事情将要发生,容易激惹。

2. 紧张:紧张感、易疲劳、不能放松,情绪反应,易哭、颤抖、感到不安。

3. 害怕:害怕黑暗、陌生人、一人独处、动物、乘车或旅行及人多的场合。

4. 失眠:难以入睡、易醒、睡得不深、多梦、梦魇、夜惊、醒后感疲倦。

5. 认知功能:或称记忆、注意障碍。注意力不能集中,记忆力差。

6. 抑郁心境:丧失兴趣、对以往爱好缺乏快感、忧郁、早醒、昼重夜轻。

7. 肌肉系统症状:肌肉酸痛、活动不灵活、肌肉抽动、肢体抽动、牙齿打颤、声音发抖。

8. 感觉系统症状:视物模糊、发冷发热、软弱无力感、浑身刺痛。

9. 心血管系统症状:心动过速、心悸、胸痛、血管跳动感、昏倒感、心搏脱漏。

---

① 汉密顿焦虑量表量表来源心灵互助家园

10.呼吸系统症状:胸闷、窒息感、叹息、呼吸困难。

11.胃肠道症状主:吞咽困难、嗳气、消化不良(进食后腹痛、胃部烧灼痛、腹胀、恶心、胃部饱感)、肠鸣、腹泻、体重减轻、便秘。

12.生殖泌尿系统症状:尿意频数、尿急、停经、性冷淡、过早射精、勃起不能、阳痿。

13.自主神经系统症状:口干、潮红、苍白、易出汗、易起"鸡起疙瘩"、紧张性头痛、毛发竖起。

14.会谈时行为表现:(1)一般表现:紧张、不能松弛、忐忑不安、咬手指、紧紧握拳、摸弄手帕、面肌抽动、不停顿足、手发抖、皱眉、表情僵硬、肌张力高、叹息样呼吸、面色苍白;(2)生理表现:吞咽、打嗝、安静时心率快、呼吸快(20次/分以上)、腱反射亢进、震颤、瞳孔放大、眼睑跳动、易出汗、眼球突出。

## 汉密顿焦虑量表(HAMA)

| 填表注意事项:在最适合病人情况中画一个钩"√",所有项目采用0—4分的5级评分法,各级的标准为:(0)为无症状;(1)轻;(2)中等;(3)重;(4)极重。 | | | | | |
|---|---|---|---|---|---|
| | 无症状 | 轻 | 中等 | 重 | 极重 |
| 1.焦虑心境 | ☐ | ☐ | ☐ | ☐ | ☐ |
| 2.紧张 | ☐ | ☐ | ☐ | ☐ | ☐ |
| 3.害怕 | ☐ | ☐ | ☐ | ☐ | ☐ |
| 4.失眠 | ☐ | ☐ | ☐ | ☐ | ☐ |
| 5.记忆或注意障碍 | ☐ | ☐ | ☐ | ☐ | ☐ |
| 6.抑郁心境 | ☐ | ☐ | ☐ | ☐ | ☐ |
| 7.肌肉系统症状 | ☐ | ☐ | ☐ | ☐ | ☐ |
| 8.感觉系统症状 | ☐ | ☐ | ☐ | ☐ | ☐ |
| 9.心血管系统症状 | ☐ | ☐ | ☐ | ☐ | ☐ |
| 10.呼吸系统症状 | ☐ | ☐ | ☐ | ☐ | ☐ |
| 11.胃肠道症状 | ☐ | ☐ | ☐ | ☐ | ☐ |
| 12.生殖泌尿系症状 | ☐ | ☐ | ☐ | ☐ | ☐ |
| 13.自主神经症状 | ☐ | ☐ | ☐ | ☐ | ☐ |
| 14.会谈时行为表现 | ☐ | ☐ | ☐ | ☐ | ☐ |

【结果分析】

1. 总分：能较好地反映病情严重程度，量表协作组曾对 230 例不同亚型的神经症患者的 HAMA 总分进行比较，神经衰弱总分为 21.00，焦虑症为 29.25，抑郁性神经症为 23.87；因此，焦虑症状是焦虑症患者中的突出表现。该组病人为一组病情程度偏重的焦虑症。

2. 因子分析：HAMA 仅分为躯体性和精神性两大类因子结构。躯体性焦虑：由(7)躯体性焦虑，肌肉系统；(8)躯体性焦虑：感觉系统；(9)心血管系统症状；(10)呼吸症状；(11)胃肠道症状；(12)生殖泌尿系统症状；(13)自主神经系统症状等 7 项组成。通过因子分析，不仅可以具体反映病人的精神病理学特点，也可反映靶症状群的治疗结果。

3. 按照全国量表协作组提供的资料，总分超过 29 分，可能为严重焦虑；超过 21 分，肯定有明显焦虑；超过 14 分，肯定有焦虑；超过 7 分，可能有焦虑；如小于 6 分，病人就没有焦虑症状。一般划界分，HAMA14 项分界值为 14 分。

【应用评价】

1. 信度：评定者若经 10 次以上的系统训练后，可取得极好的一致性。我们曾对 19 例次的焦虑症患者做了联合检查。两评定员间的一致性相当好，其总分评定的信度系数 r 为 0.93，各单项症状评分的信度系数为 0.83—1.00，P 值均小于 0.01。

2. 效度：HAMA 总分能很好地反映焦虑状态的严重程度。我们对 36 例焦虑神经症的病情严重程度系数为 0.36（P<0.05）。

3. 实用性：本量表评定方法简便易行，可用于焦虑症，但不大宜于估计各种精神病时的焦虑状态。同时，与 HAMD 相比较，有些重复的项目，如抑郁心境，躯体性焦虑，胃肠道症状及失眠等，故对于焦虑症与抑郁症,HAMA 与 HAMD 一样,都不能很好地进行鉴别。

（二）焦虑自评量表

焦虑自评量表(Self-Rating Anxiety Scale SAS)由华裔教授Zung 编制(1971)。从量表构造的形式到具体评定的方法,都与抑郁自评量表(SDS)十分相似,是一种分析病人主观症状的相当简便的临床工具。由于焦虑是心理咨询门诊中较常见的一种情绪障碍,所以近年来 SAS 是咨询门诊中了解焦虑症状的常用量表。

### 焦虑自评量表（SAS）

填表注意事项:下面有 20 条文字,请仔细阅读每一条,把意思弄明白,然后根据您最近一星期的实际感觉,在右侧适当的数字上画一个钩"√",表示:"1"表示没有或很少时间有;"2"表示有时有;"3"表示大部分时间有;"4"表示绝大部分或全部时间都有。

| | 没有或很少有 | 有时有 | 大部分时间有 | 绝大部分时间有 | 工作人员评定 |
|---|---|---|---|---|---|
| 1.我觉得比平常容易紧张或着急 | 1 | 2 | 3 | 4 | 1□ |
| 2.我无缘无故地感到害怕 | 1 | 2 | 3 | 4 | 2□ |
| 3.我容易心里烦乱或觉得惊恐 | 1 | 2 | 3 | 4 | 3□ |
| 4.我觉得我可能将要发疯 | 1 | 2 | 3 | 4 | 4□ |
| ＊5.我觉得一切都很好,也不会发生什么不幸 | 4 | 3 | 2 | 1 | 5□ |
| 6.我手脚发抖打颤 | 1 | 2 | 3 | 4 | 6□ |
| 7.我因为头痛、颈痛和背痛而苦恼 | 1 | 2 | 3 | 4 | 7□ |
| 8.我感觉容易衰弱和疲乏 | 1 | 2 | 3 | 4 | 8□ |
| ＊9.我得心平气和,并且容易安静坐着 | 4 | 3 | 2 | 1 | 9□ |
| 10.我觉得心跳得很快 | 1 | 2 | 3 | 4 | 10□ |
| 11.我因为一阵阵头晕而苦恼 | 1 | 2 | 3 | 4 | 11□ |
| 12.我有晕倒发作,或觉得要晕倒似的 | 1 | 2 | 3 | 4 | 12□ |

（续表）

| | 没有或很少有 | 有时有 | 大部分时间有 | 绝大部分时间有 | 工作人员评定 |
|---|---|---|---|---|---|
| ＊13.我吸气呼气都感到很容易 | 4 | 3 | 2 | 1 | 13□ |
| 14.我的手脚麻木和刺痛 | 1 | 2 | 3 | 4 | 14□ |
| 15.我因为胃痛和消化不良而苦恼 | 1 | 2 | 3 | 4 | 15□ |
| 16.我常常要小便 | 1 | 2 | 3 | 4 | 16□ |
| ＊17.我的手脚常常是干燥温暖的 | 4 | 3 | 2 | 1 | 17□ |
| 18.我脸红发热 | 1 | 2 | 3 | 4 | 18□ |
| ＊19.我容易入睡并且一夜睡得很好 | 4 | 3 | 2 | 1 | 19□ |
| 20.我做噩梦 | 1 | 2 | 3 | 4 | 20□ |

【评分方法】

SAS采用4级评分,主要评定症状出现的频度,其标准为:"1"表示没有或很少时间有;"2"表示有时有;"3"表示大部分时间有;"4"表示绝大部分或全部时间都有。20个条目中有15项是用负性词陈述的,按上述1—4顺序评分。其余5项(第5,9,13,17,19)注＊号者,是用正性词陈述的,按4—1顺序反向计分。

【结果分析】

SAS的主要统计指标为总分。将20个项目的各个得分相加,即得粗分;用粗分乘以1.25以后取整数部分,就得到标准分。总粗分的正常上限为40分,标准分为50分。若您的标准分低于50分,说明您心理状况正常,若超过50分说明有焦虑症状,分值越高,说明您的焦虑症状越严重,需要接受心理咨询甚至需要在医生指导下服药。标准分(中国常模)(1)50—59分为轻度焦虑(2)60—69分为中度焦虑(3)70分以上为重度焦虑。

# 第四节　倦怠量表

## 一、倦怠量表发展

马斯拉奇倦怠量表（Maslach Burnout Iventory，MBI，Maslach，1981）制定之初是为了测量与顾客有直接关联的相关职业的倦怠。之后，随着研究群体的扩展，该量表被进一步修正和扩充，形成了测量教育工作人员的教育者倦怠量表（MBI-Educator Survey，1986），测量医疗人员的人力服务倦怠量表（MBI-Human Services Survey，MBI-HSS，1986），测量普通人群的一般倦怠量表（MBI-General Survey，MBI-GS，1996），以及学生倦怠量表（MBI-Students Survey，MBI-SS，2002）。在过去的三十多年里，马氏倦怠量表被多位研究者使用在不同领域，并多次比较了量表的信度、效度，以及量表项目的心理属性。不同版本之间的项目虽有轻微的调整，但仍集中于情感枯竭、人格分裂和个人成就降低三个维度。有学者曾建议将个人成就维度去除，因为它不能像另两个维度那样与倦怠产生持续的、可验证的关系[15]。然而，其他学者持对立意见，认为个人成就作为人格因素之一能够更好地、概念化地表征倦怠，而不仅仅满足于倦怠症状的描述[16]。因此，至今 MBI 仍保持原来的三个维度。

虽然马氏倦怠量表具有压倒性的人气，但是并不代表它没有潜在的问题，如个人表现维度以相反的量尺来赋分会导致反应偏见和人为的因素集群（Clustering of Factors）效应[17]。2000 年之后，一些新的倦怠量表开始出现。奥尔登堡倦怠量表（Oldenburg Burnout Inventory，OLBI，Demerouti，2003）的开发即为了缓和

MBI 潜在的措辞偏见,它将量表设置为枯竭(exhaustion)和疏离(disengagement)两个维度,解决了量尺赋值正负方向的问题[18]。该量表关注了有关倦怠的认知和身体症状,可以作为马氏倦怠量表的有益补充,但其信度和效度还需要进一步验证。派因斯和阿伦森(Pines & Aronson,1988)在其专著中还提出仅有枯竭(exhaustion)一个维度的倦怠测量量表(Burnout Measure),该量表使用通用格式,可以测量任何职业群体的倦怠程度,可以作为广泛使用的诊断工具[19]。此外,哥本哈根倦怠量表(Copenhagen Burnout Inventory,CBI,Kristensen,2005)也被设计成一个维度(physical & mental fatigue/exhaustion),只是在个体、工作、顾客等不同对象之间有所区别[20]。施洛姆-梅拉米德倦怠测量(Shirom-Melamed Burnout Measure,SMBM,Shirom & Melamed,2006)将倦怠评估为能量资源的枯竭[21],由于这种一维结构难以将倦怠的两个典型特征(withdrawal & detachment)与其他慢性疲劳有效区分开来,因而遭到多位学者的质疑。史瑞姆-迈拉麦德倦怠量表(Shriom Melamed Burnout Measure,SMBM,Shirom & Melamed,2006)将倦怠测量分为生理疲惫、情感枯竭和认知无力三个维度,有效地区分了倦怠的因果,其聚合效度还有待验证。因此,新近制定的倦怠量表出现了结构和理论基础等问题,在没有充分的修正和验证之前尚不能代替马氏倦怠量表。

## 二、学业倦怠量表

学习倦怠的概念是从工作倦怠引申而来,是一种发生于正常人身上的持续的、负性的、与学习相关的心理状态。这种状态表现为:1)精力耗损、情感耗竭;2)对与学习有关的活动的热忱逐渐消失、对学业持负面态度;3)个体在学业方面体会不到成就感或者没有效能感。研究发现学习倦怠与焦虑、抑郁等症状存在相关。青少年学习倦怠量表是一个自评量表,包括身心耗竭、学业疏离和低成就感 3 个维度共 16 个条目。

## 学业倦怠量表

填表注意事项:下面有 16 条文字,请仔细阅读每一条,把意思弄明白,然后根据您最近的实际感觉,在右侧适当的数字上画一个钩"√",表示:"非常符合"记 5 分,"有点符合"记 4 分,"不确定"记 3 分,"有点不符合"记 2 分,"很不符合"记 1 分。

| | 很不符合 | 有点不符合 | 不确定 | 有点符合 | 非常符合 |
|---|---|---|---|---|---|
| 1 我能够精力充沛地投入学习 | 1 | 2 | 3 | 4 | 5 |
| 2 最近感到心里很空,不知道该干什么 | 1 | 2 | 3 | 4 | 5 |
| 3 我学习太差了,真想放弃 | 1 | 2 | 3 | 4 | 5 |
| 4 我能够经常达到自己的目标 | 1 | 2 | 3 | 4 | 5 |
| 5 一天的学习结束,我感到疲倦至极 | 1 | 2 | 3 | 4 | 5 |
| 6 我觉得自己反正不懂,学不学都无所谓 | 1 | 2 | 3 | 4 | 5 |
| 7 当学习时,我忘记了周围的一切 | 1 | 2 | 3 | 4 | 5 |
| 8 最近一段时间,我常常感觉到筋疲力尽 | 1 | 2 | 3 | 4 | 5 |
| 9 学习方面,我体会不到成就感 | 1 | 2 | 3 | 4 | 5 |
| 10 我觉得学习对我没有意义 | 1 | 2 | 3 | 4 | 5 |
| 11 我能够很好地应付考试 | 1 | 2 | 3 | 4 | 5 |
| 12 在学校,我经常感到筋疲力尽 | 1 | 2 | 3 | 4 | 5 |
| 13 我抱着玩世不恭的态度学习 | 1 | 2 | 3 | 4 | 5 |
| 14 我能有效地解决自己学习中出现的问题 | 1 | 2 | 3 | 4 | 5 |
| 15 我总是能够轻松应付学习方面的问题 | 1 | 2 | 3 | 4 | 5 |
| 16 我很容易掌握所学知识 | 1 | 2 | 3 | 4 | 5 |

【评分方法】

采用五点评分方法,即"非常符合"记 5 分,"有点符合"记 4 分,"不确定"记 3 分,"有点不符合"记 2 分,"很不符合"记 1 分。

【结果分析与应用情况】

身心耗竭分量表:包括 2、5、8、12 共 4 个项目。这些项目反映的是个体在学习后感受以及由于学习而导致的耗竭、疲劳状况。

学业疏离分量表:包括 3、6、9、10、13 共 5 个项目。这些项目反映了个体对学习的一种负面的态度。

低成就感分量表:包括 1、4、7、11、14、15、16 共 7 个项目。这些项目反映了个体在学习方面比较低的个人成就感。

反向记分条目为 1、4、7、14、15、16 共 6 个项目。所有 16 个条目得分之和即为该量表的总分,反映了被测者学习倦怠的总体状况。由于该量表刚完成编制工作,实际应用效果尚有待后续研究的检验。

# 第五节　学业负担量表

## 一、中小学生学业负担问卷细目表

| 模块 | 指数 | 一级指标 | | 二级指标 | 题号 |
|---|---|---|---|---|---|
| 学业负担 | 学业负担 | 客观校内学业负担 | | 校内作业量 | 1—2 |
| | | | | 校内课时量 | 3 |
| | | 客观校外学业负担 | | 睡眠时间 | 4—5 |
| | | | | 校外辅导班类型 | 6 |
| | | | | 兴趣班、校外辅导班时间 | 7—8 |
| | | | | 校外作业量 | 9—10 |

（续表）

| 模块 | 指数 | 一级指标 | 二级指标 | 题号 |
|---|---|---|---|---|
| 学业负担 | 学业负担 | 主观校内学业负担 | 作业量感受 | 11 |
| | | | 考试频率感受 | 12 |
| | | | 学习紧张 | 13 |
| | | | 作业难度 | 14 |
| | | | 考试难度 | 15 |
| | | | 课堂教学内容难度 | 16 |
| | | | 考试焦虑 | 17 |
| | | | 校内竞争压力 | 18 |
| | | 主观校外学业负担 | 课外作业量感受 | 19 |
| | | | 父母攀比压力 | 20 |
| | | | 父母期望压力 | 21 |

## 二、学业负担量表①

1.上学期,你每天(周末和假日除外)花多长时间做**校内老师**布置的作业?

（1）几乎没有

（2）1 小时以内【不含 1 小时】

（3）1—2 小时【不含 2 小时】

（4）2—3 小时【不含 3 小时】

（5）3—4 小时【不含 4 小时】

（6）4 小时及以上

2.上学期,周末(周六、周日)你每天花多长时间做**校内老师**布置的作业?

（1）几乎没有

---

① 学业负担量表来源于中国基础教育质量监测协同创新中心

（2）1 小时以内【不含 1 小时】

（3）1—2 小时【不含 2 小时】

（4）2—3 小时【不含 3 小时】

（5）3—4 小时【不含 4 小时】

（6）4 小时及以上

**3. 上学期，**你一般每天上几节课（不包括早晚自习）？

（1）5 节及以下　　　（2）6 节　　　（3）7 节

（4）8 节　　　（5）9 节　　　（6）10 节及以上

**4. 上学期，**你每天（周末和假日除外）的睡眠时间大概是多少？

（1）少于 7 小时【不含 7 小时】

（2）7—8 小时【不含 8 小时】

（3）8—9 小时【不含 9 小时】

（4）9—10 小时【不含 10 小时】

（5）10 小时及以上

**5. 上学期，**你周末（周六、周日）每天的睡眠时间大概是多少？

（1）少于 7 小时【不含 7 小时】

（2）7—8 小时【不含 8 小时】

（3）8—9 小时【不含 9 小时】

（4）9—10 小时【不含 10 小时】

（5）10 小时及以上

**6. 上学期，**你参加过什么类型的补习？【可多选】

（1）没有补习

（2）学校统一组织的补习

（3）一对一的辅导

（4）非一对一的校外辅导班

**7. 上学期，**你每周参加与学校课程考试无关的兴趣班（比如舞蹈、绘画、武术、游泳、球类、琴类、棋类等）的时间大约是多少?

　　（1）没有

　　（2）1 小时以内【不含 1 小时】

　　（3）1—2 小时【不含 2 小时】

　　（4）2—3 小时【不含 3 小时】

　　（5）3—5 小时【不含 5 小时】

　　（6）5 小时及以上

　　8. 上学期,你**每周**参加家教补习或课外辅导班的时间大约是多少?

　　（1）没有

　　（2）3 小时以下【不含 3 小时】

　　（3）3—6 小时【不含 6 小时】

　　（4）6—8 小时【不含 8 小时】

　　（5）8 小时及以上

　　9. 上学期,你每天(周末和假日除外) 花多长时间做**校外其他人**布置的作业?

　　（1）几乎没有

　　（2）1 小时以内【不含 1 小时】

　　（3）1—2 小时【不含 2 小时】

　　（4）2—3 小时【不含 3 小时】

　　（5）3—4 小时【不含 4 小时】

　　（6）4 小时及以上

　　10. 上学期,你周末(周六、周日) 每天花多长时间做**校外其他人**布置的作业?

　　（1）几乎没有

　　（2）1 小时以内【不含 1 小时】

（3）1—2 小时【不含 2 小时】

（4）2—3 小时【不含 3 小时】

（5）3—4 小时【不含 4 小时】

（6）4 小时及以上

**对于以下描述,请选择最符合你实际情况的选项。**

| | 非常<br>不同意 | 不太<br>同意 | 有点<br>同意 | 比较<br>同意 | 非常<br>同意 |
|---|---|---|---|---|---|
| 11. 上学期,学校老师布置的作业太多 | (1) | (2) | (3) | (4) | (5) |
| 12. 上学期,校内各种考试太多 | (1) | (2) | (3) | (4) | (5) |
| 13. 上学期,我觉得学习很紧张 | (1) | (2) | (3) | (4) | (5) |
| 14. 上学期,学校老师布置的作业太难 | (1) | (2) | (3) | (4) | (5) |
| 15. 上学期,校内各种考试太难 | (1) | (2) | (3) | (4) | (5) |
| 16. 上学期,有的老师上课所教内容太难 | (1) | (2) | (3) | (4) | (5) |
| 17. 上学期,每次考试总担心自己考不好 | (1) | (2) | (3) | (4) | (5) |
| 18. 每次考试排名次、公布名次压力很大 | (1) | (2) | (3) | (4) | (5) |
| 19. 上学期,家长、家教、辅导班等布置的作业太多 | (1) | (2) | (3) | (4) | (5) |
| 20. 父母总是把我与别人比较 | (1) | (2) | (3) | (4) | (5) |
| 21. 父母对我的学习期望过高 | (1) | (2) | (3) | (4) | (5) |

## 参考文献

[1] Robert L. Spitzer, Janet B. W. Williams, Miriam Gibbon, etal. The Structured Clinical Interview for DSM-Ⅲ-R(SCID):I: History, Rationale, and Description[J]. Arch Gen Psychiatry, 1992, 49(8):624—629.

[2] Martin M. Antony, Peter J. Bieling, Brian J. Cox, etal. Psychometric Properties of the 42-item and 2-item Versions of the Depression Anxiety Stress Scales

in Clinical Groups and a Community Sample[J]. Psychological Assessment, 1998,10(2):176—181.

[ 3 ] Aaron T. Beck, Norman Epstein, Gary Brown, etal. An Inventory for Measuring Clinical Anxiety: Psychometric Properties[J]. Journal of Consulting and Clinical Psychology, 1988,56(6):893—897.

[ 4 ] John S. March, James D. A. Parker, Kevin S. P. Stallings, etal. The Multidimensional Anxiety Scale for Children(MASC): Factor Structure, Reliability, and Validity[J]. Journal of the American Academy of Child&. Adolescent Psychiatry, 1997,36(4):554—565.

[ 5 ] JiandongSun, MichaelP. Dunne, Xiang-yuHou, etal. Educational Stress Among Chinese Adolescents: Individual, Family, School and Peer Influences[J]. Educational Review, 2013,65(3):284—302.

[ 6 ] Yoram Neumann. Determinants and Consequences of Students' Burnoutin Universities[J]. Journal of Higher Education, 1990,61(1):20—31.

[ 7 ] Christina Maslach. The Measurement of Experienced Burnout[J]. Journal of Occupational Behaviour, 1981(2):99—113.

[ 8 ] QiaoHu, Wilmar B. Schaufeli. The Factorial Validity of The Maslach Burnout Inventory-student Survey in China[J]. Psychologist, 2009,105(2):394—408.

[ 9 ] Arnold B. Bakker, EvangeliaDemerouti, WillemVerbeke. Using the Job Demands-resources Model to Predict Burnout and Performance[J]. Human Resource Management, 2004,43(1):83—104.

[10] Richard M. Ryan, JamesP. Connell. Perceived Locus of Causality and Internalization: Examining Reasons for Actingin Two Domains[J]. Journal of Personality and Social Psychology, 1989,57(5):749—761.

[11] William A. Kahn. Psychological Conditions of Personal Engagement and Disengagement at Work[J]. Academy of Management Journal, 1990, 33 (4): 692—724.

[12] AndrewJ. Wefald, RonaldG. Downey. Construct Dimensionality of Engagement and Its Relation With Satisfaction[J]. The Journal of Psychology, 2009,

143(1):91—111.

[13] 郭红梅,石利娟,勒培森.学业压力量表在中国中学生中的初步修订[J].心理月刊,2023,18(11):85—87.

[14] 陈智楠.初中生父母心理控制对学业焦虑的影响:有调节的中介模型及干预研究[D].南昌:江西师范大学,2023.

[15] Raymond T. Lee, Blake E. Ashforth. A Meta-analytic Examination of the Correlates of TheThree Dimensions of Job Burnout[J]. Journal of Applied Psychology,1996,81(2):123—133.

[16] CynthiaL. Cordes,ThomasW. Dougherty. A Review and an Integration of Research on JobBurnout[J]. Academy of Management Review,1993,18(4):621—656.

[17] Anne. M. Bouman, HansT. Brake,John. Hoogstraten. Significant Effects due to Rephrasing the Maslach Burnout Inventory's Personal Accomplishment Items[J]. Psychological Reports,2002,91(3):825—826.

[18] Arnold B. Bakker,Evangelia Demerouti,Willem Verbeke. Using the Job Demands-resources Model to Predict Burnout and Performance[J]. Human Resource Management,2004,43(1):83—104.

[19] AyalaPines, Elliot Aronson. Career Burnout:Causes and Cures[M]. New York:Free Press,1988:3—21.

[20] TageS. Kristensena, Marianne Borritza, Ebbe Villadsen. The Copenhagen Burnout Inventory: A New Tool for The Assessment of Burnout[J]. Work&Stress:An International Journal of Work, Health & Organisations,2005,19(3):192—207.

[21] Arie Shirom,Samuel Melamed. A Comparison of the Construct Validity of Two Burnout Measures in Two Groups of Professionals[J]. International Journal of Stress Management,2006,13(2):176—200.

# 第八章　学业负担模型构建

## 第一节　心理模型

学业负担的心理模型建构在教育心理学领域具有重要的学术价值。首先,通过系统地构建学业负担的心理模型,可以深入揭示学生在面对学术压力时的认知、情感与行为反应的复杂机制。这不仅有助于理论层面上对学业负担概念的精准界定和分类,也为实证研究提供了坚实的框架。此外,心理模型的建构能有效指导教育实践,通过识别不同类型的学业负担及其心理影响,教育工作者可以制定针对性的干预策略,从而优化教学方法和评估体系,减轻学生的过度压力,提升整体教育质量和学生的心理健康水平。最终,这种模型不仅能够促进教育政策的科学制定和实施,还为后续研究提供了丰富的数据和理论支持,推动教育心理学的不断发展。

学业负担心理模型的构建依据主要源自多学科理论的整合与实证研究的支持。首先,认知负荷理论(Cognitive Load Theory)阐明了学生在学习过程中所承受的内在认知负荷和外在任务负荷的互动关系,为理解学业负担的心理机制提供了基本框架。其次,压力应对理论(Stressand Coping Theory)深入探讨了个体在面对学业压力时的应对策略和心理反应,揭示了不同应对方式对心理健康和学业表现的影响。此外,社会支持理论(Social Support Theory)亦强调了家庭、学校和同伴支持在减轻学业负担和促进心理适应中的关键作用。受此启发,本节试图从心理学层面入手,分别从学生的认知、应对压力的情绪和社会期望三个方面揭示学业负担的内涵,探析学业负担的影响因素,为减负提供些许参考。

## 一、学业负担形成的认知模型

认知是指人类获取、处理、存储和应用信息的心理过程。它包括一系列复杂的功能,如感知、记忆、思维、推理、决策和问题解决等。认知不仅涉及对外界刺激的理解和解释,还包括对自身状态的监控和调节。认知过程在学习、记忆、语言和许多其他心理活动中起着核心作用,影响个体如何理解世界、做出决定和解决问题。澳大利亚心理学家斯威勒(Sweller)首先提出认知负荷理论。其核心观点认为,学生在学习过程中,个体的认知资源是有限的,认知负荷可以分为内在认知负荷(intrinsic cognitive load)、外在认知负荷(extraneous cognitive load)和相关认知负荷(germane cognitive load)。内在认知负荷是由学习内容的固有复杂性引起的认知需求,取决于学习任务本身的难度和需要掌握的知识的相互关联程度;外在认知负荷是由学习材料的呈现方式和学习环境引起的额外认知需求;关联认知负荷是指与学习过程中的有意义学习和知识建构直接相关的认知努力。这种负荷是为了促进深度理解和技能转移而投入的认知资源,是有助于学习的积极负荷。在斯威勒的认知负荷理论的指导下,下文欲从内在认知模型、外在认知模型和关联认知模型构建学业负担的认知模型。

（一）内在认知模型

内在认知负荷在学习的学习过程和教师的教学中主要有以下意义:第一,理解学习过程的基础,内在认知负荷由学习材料本身的固有复杂性决定。它帮助我们理解为何某些学习任务比其他任务更具挑战性。通过分析任务的内在认知负荷,我们可以更好地理解学习过程中的认知需求及其对学习者的影响。第二,指导教学设计,内在认知负荷的分析可以帮助教育工作者设计更有效的教学材料和策略。例如,复杂的学习内容可以通过分解成更小的、易于管理的单元来降低内在认知负荷。这种方法可以使学习者逐步掌握复杂概念,从而提高学习效果。第三,优化认知资源分配,了解内在认知负荷有助于优化工作记忆资源的分配。通过合理设计教学任务,避免工作记忆过载,保证学习者能够专注于核心内容的理解和记忆,从而促进知识的建构和迁移。第四,提高教育效果,通过识别和管理内在认知负荷,教育工作者可以为学生提供更加个性化、适应性的学习支持。这不仅能提高学生的学习效率,还能增强其学习动机和自信心,最终提升教育效果。最后,推动教育理论发展,内在认知负荷的研究拓展了认知心理学和教育学的理论基础,为进一步研究学习过程中的认知机制提供了新的视角和方法。它为教育理论的发展和教学实践的改进提供了重要的理论支持。

（二）外在认知模型

外在认知模型主要关注学习环境中的外部因素对认知负荷的影响。其意义在于帮助教育研究者和实践者识别并减轻那些非必要的、阻碍学习过程的认知负荷,具体体现在以下几个方面:第一,优化教学设计,外在认知模型强调减少那些不必要的认知负荷,如过度复杂的教学材料、无关信息及不当的教学方法。这有助于设计更简洁、高效的教学内容,使学习者能够集中精力于核心学习目标,提升学习效果。第二,提高学习效率,通过减少外在认知负荷,学习者可以更有效地利用其有限的认知资源。这不仅提高了学习效率,还减少了因为认知过载而导致的学习疲劳和挫败感,从而增强学习者的学习动机和自信心。第三,促进个性化学习,外在认知模型的应用可以帮助教育者根据学习者的个体差异,设计更加个性化的学习环境和支持策略。通过减少不必要的认知负荷,学习者能够以其最佳节奏和方式进行学习,达到更好的学习效果。最后,支持技术辅助教学,在现代教育技术的应用中,外在认知模型可以指导多媒体教学设计,避免因不合理的技术应用而增加学习者的认知负荷。例如,通过优化界面设计、合理使用动画和互动元素,可以有效降低外在认知负荷,增强学习体验。

(三) 关联认知模型

关联认知模型在认知负荷理论的基础上,进一步整合了多个相关的认知过程和因素,提供了一个更全面的框架来理解和优化学习过程。具体而言,关联认知模型的意义体现在以下两个方面:第一,多维度分析,关联认知模型不仅关注认知负荷的三个维度(内在负荷、外在负荷和关联负荷),还考虑了学习者的个体差异、情绪状态和动机水平。这种多维度分析有助于更加精准地评估不同教学设计对学习者的影响。第二,动态调整:通过关联认知模型,教育者可以动态地调整教学策略和学习活动,以更好地适应学习者的认知需求和负荷水平。例如,可以根据学生的即时反馈和表现,及时调整任务难度和教学节奏,以避免认知过载。

（四）学业负担认知模型构建

有研究者从心理学认知负荷理论视角进行论证,其理论模型如图1所示。该研究者认为,学生学业负担的本质与核心是认知负荷,反映学生学业负担轻重与否的核心指标是认知负荷的大小程度。认知负荷可以从时间投入、情绪投入、心理投入三方面来测量,影响中学生学习过程中认知负荷的因素分别是学生个体的特征、学习时间、学习材料的性质、学习组织形式、教学组织形式和评价性因素[1]。这个模型从认知心理学视角评测学业负担,评测指标基于量化研究方法获得,评测指标包含学习时间、学习压力等相关指标,如时间投入、情绪投入等,还包括课业质量、课业难度相关指标,如教学组织形式、学习组织形式、学习材料的性质等。可见,中小学教育质量综合评价学业负担指标框架和义务教育质量监测

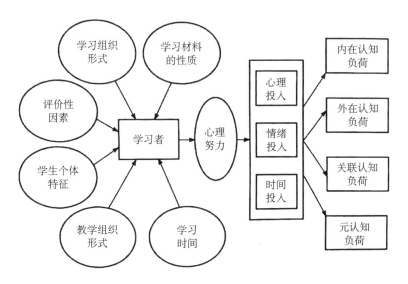

图 8-1　认知负荷理论模型

学业负担指标框架基本上能从这个模型得到支撑。这个模型指标经过验证性因子分析得出,但影响中学生学习过程中认知负荷的因素所在层面逻辑性不太清晰。

## 二、学业负担形成的情绪模型

学业负担是指学生在学业过程中感受到的压力和负担感。这种负担感不仅影响学生的学习效果,还可能对其心理健康产生不利影响。研究学业负担形成的情绪模型,对于理解学生在学业中的情绪体验及其对学业表现的影响具有重要的学术意义和实际应用价值。学业负担形成的情绪模型包括以下核心要素:情绪诱因、情绪反应、认知评估、情绪调节和负担感受。

(一) 情绪诱因

情绪诱因是引发学生情绪反应的内外部因素。在学业负担情境中,情绪诱因主要包括学业任务的数量和难度、时间压力、考试压力、教师的期望、同伴竞争等。这些因素通常被学生视为潜在的威胁或挑战,成为学业负担的主要来源。情绪诱因在学业负担情境中通过多种方式影响学生的情绪和心理状态。首先,学业任务的数量和难度直接关系到学生的学习压力。当任务量过大或难度过高时,学生可能会感到无力完成,从而产生焦虑和无助感。这种情绪反应不仅影响学生的学习效率,还可能导致身心疲惫,进一步加重学业负担。其次,时间压力是另一重要因素。许多学生在应对繁重的学业任务时,常常面临时间不够用的困境。他们需要在有限的时间内完成大量的作业、准备考试以及参与其他课外活动。这种时间紧迫感会使学生感到压力倍增,进而影响他们的情绪稳定性和心理健康。再次,考试压力带给学生的情绪变化也不容忽视。考试作为衡量学生学业成绩的重要方式,其结果往往关系到学生的自我评价、未来发展路径以及家庭和社会的期望。因此,学生在备考和应考过程中容易产生紧张、焦虑等负面情绪。如果这种压力无法得到有效的疏解和管理,可能会导致学生产生考试焦虑症,严重时甚至会影响其考试表现和整体学业成就。最后,教师的期望和同伴竞争也在很大程度上影响学生的情绪状态。教师对学生的期望通常体现为对学习成绩和课堂表现的高要求。这种期望如果过高或表达方式不当,可能会让学生感到压力和挫败,进而对学习产生抵触情绪。同伴竞争则体现在同学之间的比较和竞争关系中,特别是在成绩排名和学术荣誉的争夺上。同伴之间的竞争如果过于激烈,可能会导致学生产生嫉妒、焦虑和自卑等情绪,影响其心理健康。

（二）情绪反应

情绪反应是学生对情绪诱因的即时心理和生理反应。在面对学业压力时,学生常常表现出焦虑、紧张、恐惧等负面情绪反应。这些情绪反应不仅影响学生的心理状态,还可能引发一系列生理反应,如失眠、食欲不振等,从而进一步加剧学业负担感。情绪反应在学业压力情境中的作用不可忽视。首先,从心理学角度来看,焦虑、紧张和恐惧等负面情绪反应源自学生对学业压力的主观感知和评价。这种情绪反应的产生通常与学生的自我效能感、应对策略和社会支持系统密切相关。研究表明,自我效能感较低的学生在面对学业压力时更容易产生负面情绪,因为他们对自己的能力缺乏信心,认为难以完成任务。此外,应对策略是学生管理学业压力和情绪反应的关键因素。积极的应对策略,如问题解决、寻求支持和情绪调节,能够有效缓解学业压力并减少负面情绪反应。相反,消极的应对策略,如逃避、否认和自责,则可能加剧压力感和负面情绪。社会支持系统,包括家庭、朋友和教师的支持,对学生情绪反应的调节也起到重要作用。充足的社会支持可以增强学生的心理韧性,使其更好地应对学业压力。

表 8 - 1    学业情绪反应范围

|  | 积　极 | 消　极 |
|---|---|---|
| 与任务和自我有关 |  |  |
| 与过程有关 | 喜欢 | 厌倦 |
| 预期性的 | 预期的愉快 | 绝望 |
|  | 希望 | 焦虑 |
| 回顾性的 | 对成功感到愉快 | 悲伤 |
|  | 满意 | 失望 |
|  | 骄傲 | 羞愧和内疚 |
|  | 放松 |  |
| 社会性的 | 感激 | 愤怒 |
|  | 同情 | 嫉妒和妒忌 |
|  | 羡慕 | 轻视 |
|  | 共感和爱 | 反感和恨 |

（三）认知评估

认知评估是指学生对情绪诱因及其引发的情绪反应进行的主观评估和解释。在学业负担情境中,学生会对学业任务的难度、时间限制以及自己的应对能力进行评估。根据认知-情绪理论,学生的初级评估决定了他们是否认为学业任务构成威胁,而次级评估则决定了他们是否有能力应对这一威胁。认知评估在学业负担情境中的作用至关重要。根据 Lazarus(夏兰泽)和 Folkman(福克曼)提出的认知-情绪理论,初级评估和次级评估共同决定了学生的情绪反应和应对行为。初级评估(primary appraisal)涉及对学业任务的潜在威胁或挑战的认知判断。学生在面对一项学业任务时,会首先评估任务的难度、时间限制及其对学业成绩的影响。这一阶段的评估主要决定了学生是否感知到压力。如果学生认为任务难度较高、时间紧迫且对成绩有重大影响,他们更可能将其视为威胁,从而引发焦虑、紧张等负面情绪。次级评估(secondary appraisal)则涉及学生对自己应对能力的认知判断。在这一阶段,学生会评估自己是否具备足够的资源和能力来应对学业任务,包括知识储备、时间管理能力、情绪调节能力以及社会支持系统。如果学生认为自己具有充分的应对资源,他们更可能采取积极的应对策略,如制订学习计划、寻求帮助和积极复习。这种积极的次级评估能够减轻初级评估中的威胁感,使学生更自信地面对学业挑战。

表8-2　认知评价和情绪的关系

| 评估 | | | |
|---|---|---|---|
| | 价值 | 控制 | 情绪 |
| 结果/预期 | 积极(成功) | 高 | 预期的愉快 |
| | | 中 | 希望 |
| | | 低 | 失望 |
| | 消极(失败) | 高 | 预期的放松 |
| | | 中 | 焦虑 |
| | | 低 | 失望 |
| 结果/回顾 | 积极(成功) | 无关的 | 愉快 |
| | | 自我 | 自豪 |
| | | 他人 | 感激 |
| | 消极(失败) | 无关的 | 悲伤 |
| | | 自我 | 羞愧 |
| | | 他人 | 生气 |
| 活动 | 积极 | 高 | 愉快 |
| | 消极 | 高 | 生气 |
| | 积极/消极 | 低 | 挫败 |
| | 没有 | 高/低 | 厌烦 |

(四) 情绪调节

情绪调节是指学生通过各种策略来管理和控制情绪反应的过程。在学业负担情境中,学生可能采用多种情绪调节策略,如认知重评(重新解释学业任务以减少其威胁性)、情绪表达(与同学或家长讨论困扰)、寻求社交支持(寻求教师的帮助)等。有效的情绪调节策略可以减轻负面情绪,从而降低学业负担感。情绪调节在应对学业负担情境中扮演着关键角色,其有效性直接影响学生的情绪状态和学业表现。情绪调节策略的选择和运用不仅取决于个体特质,还受环境因素和学业情境的影响。以下将进一步探讨几种主要的情绪调节策略及其在学业情境中的作用。认知重评是指通过改变对学业任务的认知解释来减轻其威胁性。例如,学生可以重新定义一项具有挑战性的作业为学习和成长的机会,而不是不可逾越的难题。研究表明,认知重评可以有效降低焦虑和压力,提高学生的学业自信心(Gross,2002)。这种策略不仅有助于情绪调节,还能促进积极的学习动机和更高的学业投入(John&Gross,2004)。情绪表达则涉及学生与同学、家人或教师分享自己的情绪体验。通过言语或非言语方式表达情绪,学生可以获得情感支持和理解,缓解内心的负面情绪(Pennebaker,1997)。情绪表达在学业情境中尤为重要,因为它可以帮助学生建立和维持社会支持网络,增强应对复杂学业任务的信心(Frattaroli,2006)。寻求社交支持是一种积极的情绪调节策略,指学生在面临学业压力时主动寻求他人的帮助和支持。这种支持可以是情感上的安慰,也可以是实际的学术帮助(Cohen&Wills,1985)。教师、家庭成员和同学都可以成为重要的支持来源。有效的社交支持不仅能减轻学生的负面情绪,还能提供应对学业任务的有用资源,提升学业成绩(Cutrona&Russell,1990)。除了上述认知和情感策略,行为调节策略也在情绪调节中起着重要作用。例如,学生可以通过时间管理、任务分解和休息等方式来控制学业负担(Macanetal.,1990)。这些策略有助于减少任务的复杂性和时间压力,使学生能够更有效地应对学业挑战。定期的运动和健康的生活方式也被证明对情绪调节有积极影响(Craft&Perna,2004)。情绪调节的效果还与学生的心理弹性和自我效能感密切相关。心理弹性是指个体在面对压力和逆境时能够迅速恢复并保持积极状态的能力(Masten,2001)。自我效能感则是指个体对自己能够成功完成任务的信念(Bandura,1986)。研究表明,心理弹性和自我效能感较高的学生更擅长使用积极的情绪调节策略,能够更有效地应对学业压力(Martin&Marsh,2006)。需要注意的是,情绪调节策略的选择和效果还受到环境和文化因素的影响。不同文化背景下的学生可能倾向于采用不同的情绪调节方式。例如,集体主义文化中,学生可能更依赖于家庭和同伴的支持,而在个体主义文化中,学生可能更倾向于自我调节和独立解决问题(Matsumoto etal.,2008)。因此,在制定教育干预措施时,需考虑文化背景和环境因素,提供多样化的情绪调节策略培训。

### 三、学业负担形成的期望模型

通过文献综述和理论模型分析,本文试图构建一个综合的期望模型,以解释不同期望源对学生学业负担的影响机制。研究表明,自我期望、家长期望和教师期望这三种期望相互作用,共同影响学生的学业表现和心理健康。自我期望是学生对自己学业表现的期望水平。这种期望通常与自我认知、自我效能感和个人目标密切相关。自我期望受多种因素影响,包括学生的学术自信心、过去的学业成绩以及对未来的学术目标设定。自我期望较高的学生往往投入更多时间和精力在学业上，可能导致更高的学业负担。自我期望受多种因素影响，包括学生的学术自信心、过去的学业成绩以及对未来的学术目标设定。自我期望较高的学生往往投入更多时间和精力在学业上，可能导致更高的学业负担。研究表明，适度的自我期望对学业成就有积极作用，但过高的自我期望可能导致焦虑和压力增加，从而影响学生的心理健康和学业表现。家长期望是家长对孩子学业表现的期望。这种期望受家长的教育背景、社会经济地位和文化价值观影响。家长期望的形成受到家庭环境、家长的教育经历和对孩子未来的期望等多种因素的影响。家长的高期望可能激励学生努力学习，但也可能增加学生的学业压力。研究显示，家长期望与学生的学业成就呈正相关，但当期望过高且与学生能力不匹配时，可能引发学生的心理问题和学业倦怠。教师期望是教师对学生学业表现的期望。这种期望可以通过教学方式、课堂管理和教师—学生互动传递给学生。教师期望受教师的专业素养、教学经验和对学生潜力的评估等多种因素的影响。教师的高期望可以激发学生的学习动机，但也可能在无形中增加学生的学业负担。研究表明，教师的高期望与学生的学业成就密切相关，但过高的期望如果未能得到有效的支持和引导，可能导致学生的学习压力增加。

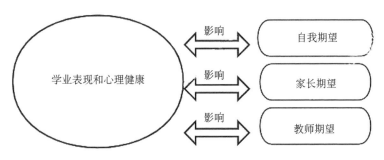

图8-2 学业表现和期望的关系

# 第二节　教育模型

学业负担是学生所承担的学习任务的难度、深度和广度所引发的身体和心理上的消耗,其不仅仅只体现在学生的内在认知负担上,更与外部任务和管理有着复杂交互的关系。在这种较为复杂的因素交互过程中,学生的个体学习和教师的教学是其基本关系,而学校外部文化环境综合作用于个体学习和教师教学。简而言之,学校效能、教学效能和学习效能是影响学生学业负担的重要因子。

学校效能模型是指一个用于评估和解释学校在实现教育目标过程中所展现出的效率和效果的理论框架或数学模型。该模型通常通过综合考虑学校内部的多种因素,如教学资源、管理水平、教师素质、校园文化以及外部环境因素(如家庭背景和社会支持),来分析这些因素如何相互作用并共同影响学生的学业成绩、发展潜力和整体教育质量。学校效能模型不仅关注学校作为教育机构的直接输出效果,如学生的学业成就,还关注学校环境对学生全面发展的支持作用,并强调在复杂教育系统中,不同层次因素对学校整体效能的贡献。学业负担形成的学校效能模型旨在揭示学校效能与学业负担之间的复杂互动关系。模型基于教育管理与心理学理论,假设学校效能通过物质资本、人力资本,及文化资本等因素直接影响学生的学业负担感知。

## 一、学校物质资本

物质资本(material capital)是教育资本的一个重要组成部分。

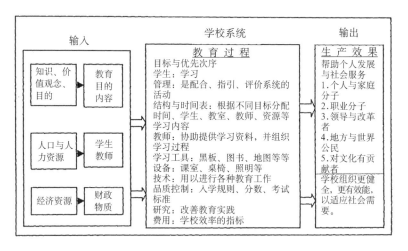

图 8-3　学校效能系统分析模型

根据 Bourdieu(1986)的资本理论,教育资本包括文化资本、社会资本和物质资本。物质资本主要指学校所拥有的物理资源和设施,这些资源为教学活动的顺利开展提供了物质保障。多项研究表明,物质资本对学生的学业成绩有显著影响。例如,Adams(2002)研究发现,教室环境的改善可以显著提高学生的学习成绩和学习动机。Woolner 等人(2007)指出,现代化的教学设备和舒适的学习环境能够促进学生的认知发展,并减少学习中的挫败感。然而,也有研究表明,物质资本的影响是间接的,往往通过影响教师的教学质量和学生的学习态度来实现(Duncombe & Yinger,2007)。少数研究开始关注学校物质资本与学业负担之间的潜在关系。例如,Johnson(2013)研究发现,物质资源充足的学校能够提供更丰富的课外活动和更灵活的教学安排,从而减轻学生的学业负担。相比之下,物质资本匮乏的学校往往难以满足学生的多样化学习需求,导致学生需要通过增加课外辅导和自主学习时间来弥补不足,从而增加了学业负担。此外,物质资本的缺乏可能导致教学质量的下降,教师在教学中需要花费更多的时间和精力来应对资源不足的问题,这不仅增加了教师的工作压力,也可能间接增加学生的学业负担(Clotfelter,Ladd,&Vigdor,2007)。因此,探讨学校物质资本对学业负担的影响具有重要的理论和实践意义。

（一）基础设施类

基础设施包括学校的建筑物和物理环境,如教室、实验室、图书馆、体育场馆、宿舍和食堂等。这些设施直接影响学生的学习环境和日常生活。基础设施的质量和数量对学生的学业负担有直接影响。例如,教室的空间和布局是否合理,实验室设备是否齐全,图书馆资源是否充足,都会影响学生的学习效率。如果学校基础设施不足,学生可能需要在拥挤、嘈杂的环境中学习,或者需要花费额外的时间和精力寻找学习资源,从而增加学业负担。

（二）教学资源类

教学资源包括学校提供的教材、参考书、教学软件、实验仪器、学习平台等。这些资源是学生获取知识和技能的直接工具。教学资源的丰富性和可获取性对学业负担有重要影响。高质量的教材和参考资料可以帮助学生更好地理解和掌握学习内容,减少学习时间和复习压力。相反,如果教学资源匮乏或更新不及时,学生可能需要依靠额外的课外辅导或自学来弥补课堂教学的不足,增加了学业负担。

（三）技术与网络支持类

技术与网络支持类物质资本包括校园网络、信息技术设备(如计算机、投影仪、电子书包等)、数字化学习平台(如在线课程、电子图书馆)等。现代化的技术和网络支持对减轻学生学业负担有显著作用。良好的网络和技术支持可以提高学习效率,促进学生自主学习和协作学习,减少信息获取的时间成本。如果网络不稳定或技术设备不足,学生在完成作业和进行课外学习时会遇到障碍,增加学习时间和心理压力。

（四）后勤与保障类

后勤与保障类物质资本涵盖学校的安全设施、卫生设施、交通与出行设施等。这些设施保证学生在安全、卫生、便利的环境中学习和生活。后勤保障的完善与否对学生的学习状态和心理健康有间接影响。安全、卫生的校园环境有助于学生专注于学习,而不必分心于外部威胁或不适的生活条件。如果学校的卫生和安全条件不足,学生的健康和安全感受到威胁,可能会导致注意力不集中或焦虑情绪,从而增加学业负担。

（五）文化与环境类

文化与环境类物质资本包括校园绿化、文化设施（如校史馆、艺术中心）、景观设计等,这些设施构成了学校的文化氛围和物理环境。良好的校园文化和环境可以营造积极的学习氛围,增强学生的归属感和学习动力,进而减轻学业负担。相反,缺乏文化和环境支持的学校可能使学生感到孤立和压力重重,增加学业负担。

（六）社交与支持类

社交与支持类物质资本包括学生会、社团活动室、心理咨询与辅导中心等,为学生提供社交互动和心理支持的场所和服务。社交与心理支持设施对学生的心理健康和学业负担有重要影响。这些设施可以帮助学生在面对学业压力时获得支持和建议,增强应对挑战的能力。如果缺乏这些支持设施,学生在面对学业困难时可能会感到孤立无援,心理压力增加,从而加重学业负担。

## 二、学校人力资本

在学校环境中，人力资源是重要的资本性资源。师资队伍和领导力是一种人力资本，而且是最重要的办学资本。在一定程度上，这种人力资本决定了学校的办学质量和学校效能的高低。

（一）师资队伍

百年大计，教育为本；教育大计，教师为本。有好的教师，才会有好的教育。教师在减轻学生学业负担、提高人才培养质量，提高学术水平等方面有不可替代的作用和地位。教师作为教育的核心要素，对学生的学业负担和整体教育质量有着直接而深远的影响。教师不仅是知识的传授者，更是学生学习兴趣的激发者、学习方法的引导者以及心理健康的支持者。因此，师资的质量与学生的学业负担密切相关，是影响学生学习效果和成长的重要因素。

（二）领导素质

学校的管理过程，一般由学校领导、教职工和学生共同参加，是一个三边共同活动的过程，每一个任意成员之间都存在双边关系。学校领导既要面向教职工，也要面向学生；教职工既要接受学校领导者的领导，又要面对学生，三个管理主体共同指向管理效益。然而，在当前"减负"的背景下，学生学业负担没有降低，学科课程内容没有减少，教学要求也没有降低，所以如何提升教学管理的质量和效益，是每一个教学管理者必须思考的问题。而在管理的过程中，必不可忽视的重要资本不仅局限于学校内部组织的设置与调整，也包括学校的文化、办学特色等隐性文化的管理。

# 第三节 倦怠模型

早期的倦怠模型充分地考虑了资源的影响。资源保护模型
(Conservation of Resources Model,COR),意指倦怠发生于可感
知的威胁(threat),这种威胁可能源于工作或学习的要求、资源缺
失或不等值的回报。工作要求-资源模型(Job Demands-Re-
sources Model,JD-R),意指倦怠是工作要求与工作资源的结
果[3]。COR 模型的关键是需求和资源可以独立地表征倦怠及其
维度,JD-R 模型则考虑了需求和资源的相互作用及可能的独立结
果(过分需求造成情感枯竭,资源短缺造成人格分裂)[4]。

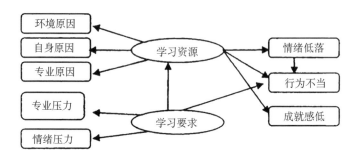

图 8-4 学习倦怠的成因模型

另有倦怠模型从 MBI 的三个要素入手,将情感枯竭、人格解
体、工作效能分别赋予高、低两个等级,组合成 8 种模式,如高情感
枯竭-低人格解体-低工作效能就是其中的一种[5]。还有一种模型
是将三个要素按照情感枯竭、人格解体、效能低下的时间序列进行
连接,表明持续压力增加了情感枯竭,高位枯竭导致了人格解体,
人格解体的最终结果就是工作效能的丧失[6]。

近年的研究试图发展倦怠的模型框架,将个人因素和环境因素整合起来,探索其相互作用及匹配程度,以及对于倦怠的影响[7]。其一是对已有的工作匹配模型(Job-Person Fit Model)进行修正,将工作范式拓展到更广阔、更复杂、与工作情境更匹配的概念化过程中。其二是构建非匹配模型(Mismatches Model),将个人与其工作环境的六个维度(负荷、控制、报偿、社交、公平、价值)的不匹配程度表示出来,如果等级越高,说明倦怠的程度越高[8]。该模型还关注个体与工作之间的心灵契约关系,这种关系越紧密,说明个体需要忍受的情感压力越大,患倦怠的可能性也越大[9]。此外,还有社会胜任模型(Social Competence Model)和努力-回报模型(Strive-Feedback Model),前者强调工作胜任感及驾驭工作的能力,后者关注付出与产出之间平衡的回报感,有效胜任感和合理回报感都是倦怠干预的良策。

## 参考文献

[1] 赵俊峰.解密学业负担:学习过程中的认知负荷研究[M].北京:科学出版社,2011.

[2] 陈丽华.学业负担评价实践模型:特点、问题与优化[J].上海教育科研,2024,(05):30—35.

[3] JonathonR. B. Halbesleben, M. Ronald Buckley. Burnout in Organizational Life[J]. Journal of Management, 2004,30(6):859—879.

[4] Pascale Carayon. A Longitudinal Test of Karasek's Job Strain Model among Office Workers[J]. Work & Stress,1993,7(4):299—314.

[5] RT Golembiewski,RA Boudreau,RF Munzenrider. Global Burnout:A Worldwide Pandemic Worldwide Pandemic Explored by the Phase Model[M]. Greenwich,CT:JAI Press,1996.

[6] Michael Leiter,Christina Maslach. 1988. The Impact of Interpersonal Envi-

ronment on Burnout and Organizational Commitment[J]. Journal of Organizational Behaior,1988,9(4):297—308.

[ 7 ] JohnR. FrenchJr, Rodgers W, CobbS. Adjustment As Person-environment Fit. In Coping and Adaptation, ed. GeorgeV. Coelho, DavidA. Hamburg, JohnE. Adams[M]. NewYork:Basic Books,1974.

[ 8 ] Michael Leiter,Christina Maslach. Burnout and quality in a speed-up world [J]. Journal for Quality & Participation,2001,24(1):48—51.

[ 9 ] Denise Rousseau. Psychological Contracts in Organizations: Understanding Written and Unwritten Agreements[M]. Thousand Oaks,CA:Sage,1995.

# 第九章　学业负担监测指标体系

## 第一节　观测指标

根据上文分析的学业负担现状及指标设计原则,对小学高年级学生学业负担评价指标体系进行初步构建。设计的指标有以下来源和依据:1)对已有研究的文献分析、国家减负政策文本的解读以及国内外与学业负担有关的评价指标体系的借鉴;2)通过对 H 市相关中小学教师、学生和家长的访谈,了解到中小学学业负担的现状和负担成因;3)国家教育政策对学业负担评价标准的规定,包括学生学习时间、教师教学规范以及课程大纲标准等。基于以上内容,初构的学业负担评价指标体系包括 4 个一级指标、26 个二级指标。

### 一、一级指标的设计过程

（一）一级指标的设计依据

一级指标的设计主要依据 2013 年教育部颁布的关于"学业

负担状况"评价(简称《指标框架》)明确提出四个学业负担评价指标:学习时间、课业质量、课业难度和学习压力;2014 年 12 月,中国基础教育质量监测中心发布的《中小学教育质量综合评价改革实施指南》又对教育部的学业负担评价指标做出了补充描述[2],完善后的指标体系在二级指标及各项考察点上更加具体、可测,成为各地方和各研究学者构建相关指标体系的重要参考来源。

(二) 一级指标的设计

在梳理部分省市及学术界关于学业负担评价的相关文献中发现,几乎都参考和借鉴了教育部"学业负担状况"《指标框架》和《实施指南》中的关键指标及考查要点。为保证研究的科学性和说服力,本研究的初稿中也选取了教育部出台的《指标框架》和《实施指南》中关于学业负担评价的四个关键指标作为一级指标,即学习时间、课业质量、课业难度和学习压力。

1. 学习时间的内涵

学习时间是指学生在完成规定的学习任务中所投入的时间,有不同的划分类型。根据学习场域的不同分为校内和校外学习时间,校内学习时间指学生每天在学校学习的总时间、每天的总课时数(包括自习),而校外学习的时间包括做家庭作业、参加校外补课等时间;从时间安排上可分为用于作业、补课等完成学习任务的时间和用于睡眠、休息娱乐、体育运动的自由时间;根据作业布置者的不同,可分为学生用于完成老师、家长或补习班布置作业的时间,还有学生自主投入学习任务的时间。

2. 课业质量的内涵

课业在《汉语词典》的解释是功课和学业的意思,广义上指学校为了实现特定的教学目标所组织的各类学习活动或任务;从狭义上来看,具体有课程设置、作业设计、考试安排和社会实践等内容。因此,课业质量可以理解为学生在完成教师所安排的各种课业活动时产生的学习效果,这种效果一般通过考试、测验的反馈结果来评价。

3. 课业难度的内涵

课业难度主要是指学生所面对的诸如课堂听讲、教材内容、作业以及考试(或测验)等一系列与学习相关内容的难易程度,根据课业难度的内在特性又可分为难度的客观性和主观性两方面:客观难度即课业内容本身的难度,而难度的主观方面是指学生根据课业难易程度的主观体验所作出的整体评价,一般学习材料越复杂,学生对课业难度高的感受越强。

4. 学习压力的内涵

本文中学习压力主要是指学生在学习活动中因学习任务而产生的直观情绪体验,这种情绪体验主要可分为正向和负向两个方面:正向的情绪体验表示学生因取得学习成就而产生的满足感和愉悦感;负向的情绪体验则是因学业上的失败等负面事件而导致情绪消极和低沉。因此学习压力主要从学生在学习过程中表现出的快乐、疲倦、焦虑等情绪来考察。

# 第二节　度量标准

评价标准是对二级指标的考察内容做出标准规定,主要是以教育部及安徽省教育厅颁布的相关政策文件的规定为依据。例如,本研究中关于学习时间的评价标准是依据如下政策确定的。教育部出台《中小学生近视眼防控方案》规定,小学生的睡眠时间要达到 10 小时;安徽省教育厅出台《安徽省中小学办学行为规范(试行)》中规定了"晚间、双休日和其他法定节假日不上课,小学每天在校时间不超过 6 小时;2021 年 7 月"双减"政策提出,小学 3—6 年级每天书面作业完成时间平均不超过 60 分钟,不得在节假日及寒暑假开展学科培训。教育部等九部门印发《关于中小学生减负措施的通知》要求不得布置重复、惩罚性作业,作业难度控制在课标范围内。2021 年 8 月教育部《关于加强义务教育学校考试管理的通知》提出小学 3—6 年级由学校每学期组织 1 次期末考试,实行考试无分数评价、不以成绩对班级、学生排名。此类减负文件为本研究二级指标的评价标准起到了指导和规范作用。

# 第三节　指标体系

## 一、指标体系构建

指标体系的修订是根据以下数值的意义来删改指标的:一是集中度 $Fi$,是反映数据集中趋势的指标,通过专家对指标意见的平均数来观测;二是离散度,常用标准差 $\delta$ 来反映数值分布的离散程度,用于反映专家关于指标意见的一致性;三是变异系数 $Vi$,表示数值分布离散程度的归一化量度,用于反映专家意见的协调程度,其定义是标准差与平均值的比值,计算公式:$Vi = \delta / Fi$。指标保留要符合三个要求:平均数>3.0,标准差<1.0,变异系数<0.2。指标的确定最终经历了两轮咨询,在第二轮咨询后,经统计检验专家意见趋于一致,由此确定了由 4 个一级指标和 25 个二级指标构成的指标体系[2]。

## 小学高年级学生学业负担评价指标体系

| 一级指标 | 二级指标 | 指标考查点 |
|---|---|---|
| 学习时间<br>(0.29) | 上课时间<br>(0.0522) | 小学生平均每天在校上课的课时数(除课后服务)不超过 6 节 |
| | 课后服务时间<br>(0.0551) | 教师不占用课后服务时间上课,而用于辅导学生完成作业或进行兴趣、科普、体育等课外活动 |
| | 作业时间<br>(0.0348) | 小学高年级学生每天书面作业完成时间平均不超过 60 分钟 |
| | 补课时间<br>(0.0522) | 按"双减"政策规定,学生未在国家法定节假日、休息日及寒暑假期参加学科类培训 |
| | 睡眠时间<br>(0.0580) | 小学生每天睡眠的总时间(包括午休)不少于 10 小时 |
| | 自由支配时间<br>(0.0377) | 学生每天自主安排游戏、休闲或培养兴趣的时间不少于 1 小时 |
| 课业质量<br>(0.21) | 课程结构设置的合理性<br>(0.0378) | 课程配合和组织按课程标准进行,正常上音乐、美术、体育等非考试课,无占课、挪课现象 |
| | 教师教学方法效果<br>(0.0294) | 教师充分利用教学方法,使学生在知识、能力和情感等方面取得进步 |
| | 教学反馈指导效果<br>(0.0294) | 教师在教学中进行及时反馈和指导,答疑解惑 |
| | 教学的身心发展支持<br>(0.0252) | 教师在教学中将知识传授与思想教育相结合,定期开展谈心谈话、班会、心理健康教育等活动 |
| | 教师的学科知识水平<br>(0.0420) | 教师对课堂内容熟练、使学生学习目标明确 |
| | 作业的有效性<br>(0.0252) | 教师布置的作业形式多样、数量适宜,无题海战术 |
| | 考试的有效性<br>(0.0210) | 根据"双减"规定,学生每学期只参加一次期末考试、无其他单元测验,考试评价结果用于改进学习 |

（续表）

| 一级指标 | 二级指标 | 指标考查点 |
|---|---|---|
| 课业难度<br>（0.21） | 课程内容难易<br>程度的选择<br>（0.0483） | 教师选择难度适中的课程内容,学生能通过课堂认真<br>听讲听懂、学会 |
| | 教学与学生接<br>受的适应性<br>（0.0546） | 教师根据学生已有知识经验、兴趣和生活实际进行教<br>学,使学生易于理解和接受所学内容 |
| | 作业难度与教学<br>内容一致性<br>（0.0399） | 教师布置的作业不难、不偏,旨在帮助学生巩固和掌握<br>所学内容 |
| | 作业难度的层<br>次性（0.0357） | 教师布置的作业具有难度梯度,能让学生和老师了解<br>知识掌握水平,根据个体差异提供指导 |
| | 考试难度与学<br>习水平一致性<br>（0.0315） | 考试题中不出现偏题、怪题、超纲题 |
| 学习压力<br>（0.29） | 学习快乐<br>（0.0667） | 学生在学习生活中对自身状况、学习过程有愉悦和满<br>足的感觉 |
| | 学习倦怠<br>（0.0435） | 学生在学习过程中体验到了身体劳累、精力耗竭、情绪<br>低落的感觉 |
| | 学习焦虑<br>（0.0348） | 学生因惧怕别人对自己的否定评价而对学习结果感到<br>紧张、担忧,甚至有失眠、噩梦等症状 |
| | 厌学<br>（0.0319） | 学生对学校生活失去兴趣,甚至经常出现逃学、旷课等<br>违纪行为 |
| | 学业效能感<br>（0.0464） | 学生对自身能成功完成学业任务的能力有积极的判断<br>与自信 |
| | 期望压力<br>（0.0319） | 由家长、教师或自我所施加的过高期望而产生的心理<br>压力 |
| | 竞争压力<br>（0.0348） | 由过强的学习竞争氛围所产生的学生心理压力 |

## 二、指标体系构建分析

本研究构建的"小学高年级学生学业负担评价指标体系"和教育部《指标框架》中的学业负担指标相比,主要解决了以下问题:

(1) 体现了"双减"的特殊性:2021 年秋季,安徽省进入了"双减时代",既要减轻校内的作业负担,也要减轻校外的培训负担。根据 2021 年 7 月的"双减意见,本研究在学业负担评价指标体系中加入了新的关键指标"课后服务时间"。并且结合"双减"意见的要求对"补课时间""考试有效性"等指标的考查内容进行了规定。而教育部"指标框架"可以作为我们构建评价指标体系的借鉴与参考。

(2) 研究对象具有针对性:教育部《指标框架》中学业负担指标体系涵盖了整个基础教育阶段,过于广泛,而各阶段的学业负担的主要原因不同,因此评价指标体系的针对性不足。本文的研究对象确定为小学高年级学生,该年级学生既面临一定的升学压力,且处于身心发展的重要阶段,开始走向青春期,情绪不稳定。因此,我们更应该关注这一阶段学生的学业负担情况,防止学业压力对其成长的不良影响。

(3) 进行了指标权重的分配。通过专家意见咨询和意见的一致性检验确定每个指标具体的权重,体现出每个指标在整个小学高年级学业负担评价指标体系中重要程度的区别,有所侧重而不是"一刀切",这样才能得到更贴近实际的评价结果。

(4) 涵盖内容较为全面。新制定的体系在借鉴教育部的学业负担状况《指标框架》的 4 个一级指标的基础上,将《指标框架》中"一级指标考察要点"细化成了 25 个二级指标;并且将给出的几个"评价主要依据"的相关文件,都按照最新的规范性文件为二级指标一一确定了评价的考察要点和依据。

# 第十章  学业负担调控

## 第一节  社会机制

过重的学业负担,不但会阻碍学生学习成绩的提高,还会对学生的身心健康发展产生影响。学业负担不仅仅是一个严重的教育问题,更是不可忽视的社会问题。社会与教育紧密联系,教育问题反映出一定的社会现象,因此,我们需要通过现象看本质,探索教育现象背后深刻的社会原因,寻找学业负担问题产生的社会机理,从而解决学业负担过重的问题。

### 一、学业负担的社会机制理论

社会机制是与涵盖率相对立的,具有时序性与不同层次的因果解释手段[1]。从学业负担产生的社会学角度出发,人们对于教育万能的社会认知、对人力资本论的接纳程度、阶级分层的社会筛选以及教育价值观的偏向构成了一个牢不可破的社会运作系统,每一次的运作都会使得学生学业负担愈加沉重。

（一）社会认知:教育万能论

教育万能论,形成于西欧封建社会末期与资本主义崛起时期,最初是17—18世纪理性主义者把教育的作用夸大到其可以决定社会,否定遗传素质差异对人的发展产生影响的一种教育观点。对于教育,公众总有割舍不了的"乌托邦情结"与过高的社会期望,人们总以为教育能够解决社会发展中产生的各种矛盾与问题。即使当教育并未解决人类的一切问题时,公众还是对教育怀有"万能"的期望与认知。这种执着的追求,给青少年带来了沉重的学习压力。大众对教育的作用无限夸大,期望能够通过青少年来取得这种教育效果,也就是说,人们对于教育作用的向往寄托到了青少年身上,社会的教育期望越高,青少年身上的压力就越大,学业负担就会越重。想要减轻学生的学业负担,首先就要改变社会对于"教育万能"的认知,引导公众对教育作用有一个理性的看法。然而,尽管教育不是万能的,但是没有教育也是万万不能的。

无论是从西方教育史抑或是中国传统思想文化中都掀起过"教育万能论"的思潮。德国哲学家康德认为,人之所以成为人,完全是教育的结果,美国的心理学家华生也曾说过,他可以用特殊的方式将一打健全的儿童加以塑造,把他们培养成医生、律师、乞丐等。德国哲学家莱布尼茨也曾说,如果委以他教育的全权,不需要一百年,就可以使欧洲改观。法国的启蒙思想家爱尔维修是教育万能论的代表人物,他在《论人的理智能力和教育》中,认为人的天赋是平等的,遗传素质不存在差别,人是环境与教育的产物,人的性格、气质与精神都是教育的结果[2]。他们对教育的作用过分夸大,忽视了先天遗传因素对人的影响,忽视了社会、政治、经济、文化等因素对教育的制约,向社会大众展现"教育万能"的视野,以偏颇、偏激的角度阐释教育的功能,误导了人们对教育的功用和价值认识,从而不但夸大了教育对社会、对个人的影响的力度和深度,而且片面夸大教育作用所涵盖的广度,认为教育会时刻影响人的各个方面,认为社会中的一切问题都可以通过教育来解决,并将教育的作用夸大到"万能"。

教育虽然对社会和人的发展都有着重要的影响,但是这种影响并不能决定社会和人的发展。社会大众对于"教育万能"的认知,促使学校教育功能过度泛化,泛化的教育功能给学校带来过多的负担,也给老师带来了很大的压力。学校和教师只能把压力转移到学生身上,过分强调教育的社会作用,这是造成学生学习负担过重的一个重要原因。教育不是万能的,不能解决所有的社会问题,而仅仅是在有限的范围内,解决了一定程度的社会问题和生存问题。由于教育功能的泛化,尤其是对社会功能的过度解读与夸大,必然造成课程内容的扩充、种类的增多、教学任务的烦琐、学科的繁杂,必然使学生的学业负担加重[3]。

（二）社会诉求:人力资本论

人力资本是指凝聚在劳动者身上的知识、技能及其表现出来的能力。教育投资是人力资本的核心,教育不仅是一种消费活动,也是一种投资活动,是一种可以带来丰厚利润的生产性投资。根据人力资本理论的论述,教育活动的经济价值得到肯定,让社会公众普遍相信:人力资本与个人收入成正比,一个人的受教育水平越高,其工资收入就越高,认为教育能够为社会培养人才,提高社会生产率和生产力,促进社会经济的发展。过分强调教育的经济作用,将教育作为获利工具,忽略了人的主体性与目的性,有悖于"育人"的教育本质,人的价值被贬低,把人接受文化熏陶的教育过程视为追逐利益的过程。它削弱了教育在文化和伦理的传承中的功能,使劳动的定义窄化和单调化,使劳动从劳动者的主体上解放出来,变成了一种必需的活动,必须服从资本主义生产方式的"效率主义"和"工具主义",从而使教育脱离其本源,背离马克思所主张的"人的自由发展"的教育目标[4]。

但由于人力资本理论的盛行,公众对教育的经济功能进行了深入解读,对人力资本的投入要远远超过物力资本的投入这一观点深信不疑,人力资本理论认为教育水平与一个人今后的工资成正比。教育水平越高,收入越高,社会就越容易产生"文凭膨胀"现象与教育资源短缺等问题。许多父母为了子女将来有个好工作,有个"铁饭碗",想尽办法让子女报各种补习班,期望实现孩子的课余时间能够充分利用,实现"无缝衔接"。即使这些开销已经远远超出了家庭经济的承受能力,但父母还是愿意做,因为他们认为目前的高投资,将来会带来更大的回报。人力资本理论的社会需求,一方面造成了家庭经济的重负,造成了家庭收入的捉襟见肘;另一方面,父母的"投资于未来"的教育理念也给孩子们造成了巨大的学习压力,学生从小便被灌输"知识改变命运"的思想,而这种狭隘的学习观念本质上是对教育经济功能的盲目追逐与向往,其所反映的是资本主义思想侵蚀与控制下的教育价值观与经济观,会导致教育过程"只见资本不见人",甚至会使教育陷入"拜金主义、经济至上"的尴尬境地,是对教育本质、教育本性以及教育功能的扭曲与异化。

(三) 社会筛选:阶级分层

"社会分层"是一种客观存在的社会现象,对于社会的"留守"或"超越"的动机使得应试教育成为必然。社会分层是一种动态的均衡,一方面反映出社会的流动。社会流动是指一个人或团体在社会阶层中的地位的上升或下降。选拔性考试影响着社会流动,而教育与考试密切联系,进而使得教育本身也成为了社会分层的途径之一。社会学家认为,在少年时期接受的教育时间越长,在成年后所能得到的社会地位也就越高。为了进入上层社会,人们寻求最大程度的教育效益,报考各类文凭证书,争夺稀缺、高质量的教育资源,从而加重了自身的学业负担。从社会学角度看,社会分层是推动社会流动的动力,而教育则是推动社会流动的引擎。教育是社会阶级流动的一种过滤工具,各阶层可以借此来提升自身阶层。

教育对社会分层的影响有正反两个方面。正面的是,教育是推动社会流动和社会合作的动力;负面的是,不同的教育水平将社会中的人分为不同的文化阶层,并直接归为不同的阶级,加剧了阶级分层与社会不平等现象。另一方面,随着社会变革,不同的社会阶层所接受的文化、享有的社会和经济资本的不同,也会对其及其子孙后代的教育质量产生不同的影响,违背了教育的公平性原则。当代社会学家陆学艺在其《当代社会流动》一文中指出,在当今社会,教育是推动社会流动的动力,对于"谁走在最前面"这个问题,最好的答案是"那些获得了教育的人"[5]。

在市场经济中,竞争已经成为一种社会现象,是无法回避的。教育可以武装人的竞争力,而应试本身就是一种竞争的反映。在资源有限的条件下,竞争是不可避免的。因此,教育资源之争是一个社会阶层的折射,教育选拔则是社会筛选的一种体现,是一种预兆着不同学历的人对应着即将被分配到不同岗位的社会筛选。教育的理念是个体的全面发展,但在社会大环境下,教育者却不能回避"社会分层"这个问题。从现实的观点来看,良好的教育是一个人在社会流动过程中积极接受教育的过程。而教育中的应试,是从某种意义上说,是获取更多文化资本与社会资本的必要条件与途径[6]。

（四）社会偏向："非人"教育价值观

从教育的价值属性和教育目的的价值取向来看，教育学理论界长期存在着"个人本位论"和"社会本位论"之争。"个人本位论"认为教育目的应以个人价值为中心，"人"才是教育的出发点，认为个人价值高于社会价值；"社会本位论"则主张教育目的要根据社会需要来确定，个人只是教育加工的原料，个人的发展必须服从社会需要，在他们看来，社会价值高于个人价值。

尽管两者之争长期存在，但教育价值观始终是以政治、经济和文化功能为主导的，尤其是在知识经济迅猛发展的背景下和教育改革的浪潮中，教育价值观的社会倾向性日益突出，其社会价值几乎完全遮蔽了教育个人的价值，其目的是迎合社会的发展，忽视了个体的需求，将人作为达到社会目的的工具，割裂个人与社会的关系，使得整个教育过程只顾社会不顾人。在这种教育价值观的引导下，工具主义不可避免地会渗透到教育活动的各个方面，从而使教育观念、教育思想、教育内容、教育方法和评价都为之服务：课程内容中存在着科学的唯理性，而忽略了人的主体性；教学内容主要是书本知识，教师，教案，而非学生；教学的方法以灌输为主，扼杀了学生的主体性与主动性，"无人"的教育模式必然会造成我国教育质量、人才、评价和教育运作方式的缺失，从而加重学生的学业负担[7]。

回顾历史，教育目标越是功利化，给学生带来的学习压力就越大。在强调社会本位、重视知识而忽视学生的情况下，在教学中存在着强烈的功利主义倾向，学生往往在学习上处于消极的状态，彼此间的竞争越来越激烈，学习压力也越来越大。相反，如果强调以人为本，注重学生的自我发展，由于学生是主动的，学习是以满足学生的个人需求为中心的，所以，学生的负担相对较轻[8]。但是，由于受到中国的传统文化、思维习惯等影响，我们数千年来的教育价值观念一直处于以社会本位为中心的状态。尽管有时也会出现"以人为本"的教育观念，但是整个社会的教育活动都是以"社会需要"为基础的，教育只是一种"化民成俗"的手段。由于社会教育价值观的社会偏向，我国教育质量观、人才观、评估观出现了偏差，造成了对升学率的片面追求，成绩的价值超过了人的价值，学校升学的目标代替了人与社会的发展目标，学生成为了考试的机器，学生每天都要面对书本知识、准备考试，整个学习过程变得单调、枯燥，学生的积极性和主动性被抑制。无论是从客观的量还是从主观体验上，社会本位论的教育取向带来的影响都加重了学生个人的身体和心理承受能力，导致学生的学业负担不断增加，并且变得更加沉重。

## 二、解决学业负担问题的社会路径

目前的社会文化机制、利益机制、传播机制等因素对学业负担造成了价值观扭曲、政策失效、评价失范等不良现象，必须从学业负担本身入手，通过价值观重塑、政策规范和评价更正，纠正人们对学业负担、教育、人才等的认识，从而形成由内而外的影响，建立起学业负担与教育、教育与社会之间的良性互动机制，为解决学业负担问题提供一个有利的社会环境。

（一）树立"三人"价值观，引导社会心理回归学生本位

在扭曲的教育价值观的侵蚀下，形成了社会价值偏向与教育价值取向的错位的现象，进而造成学生学业负担过重。所以，当务之急是建立一个以正确价值观为导向的教育引导机制，并通过这种导向机制影响社会大众，使其形成正确的社会心理。正如雅斯贝尔斯所言："教育是人的灵魂的教育，而非理性知识的堆积。"因

此，教育理应承担起对社会心理的导向作用。也就是说，教育要充分发挥"育人""育心"的指导功能，改变"非人"价值取向和社会观念结构，建立一种基于"三人"的理性价值取向的关于人的解释体系，从而引导社会正确认识教育、重新定位人才，从而使教育与社会之间产生良好的互动机制。

所谓"三人"是指对"人性"与"人本""人才"的反思与再认识。人的本性是人的内在本质，对人性的认识，是对人、对教育认识的根本条件和起点。自古以来，对于性善论和性恶论都存在着争议，但是不管人性的善恶，我们都要清楚：人性可以被引导、被约束、被教育。子曰："性相近，习相远"，后天的教育能使人的本性得到提升和完善。而教育之道，"在明明德，在亲民，在止于至善"，通过教育的感染与熏陶，使人的本性达到真、善、美的状态。所以，在教育的过程中，要充分尊重人，尊重人性的可教化性，把"人本"理念作为其思想的出发点和价值取向，把"人本"精神融入到整个教育过程中去。以人性为基础、以人本为过程，树立了新时期以人为本的人才观。以人为本的人才观念既是"人本身"的内在需求，又是人才观的必然价值取向与选择。以"人本身"作为价值的主体，人的自由、全面和丰富的本质是人的价值理想，人的知识、能力和品格的价值取向，本质上是人的发展的价值追求[9]，是对过去的"物化"、工具主义人才观的扬弃和超越，因此，只有建立在人性基础上的人才观，才能使人的潜能得到最大限度地发挥，人尽其才、才尽其用。

（二）制定"三位"政策，引导社会行为重拾理性本质

社会行为的不当与无序是导致学生学业负担过重的主要原因，过分追求利益是社会行为失范的诱因。根据黑格尔的说法，由于个人特殊主义的无限膨胀，导致了当代社会的行为畸形，社会孤

立化、经济贫困化,政治麻木不仁,教育唯利是图[10]。要对个人和社会的失范行为进行规范,就需要通过相应的政策来调控。同时,我们也要认识到,学业负担不仅仅是一个教育问题,更是一个社会问题。学业负担的产生有着深层的社会根源,而学习负担问题的解决,不能只依靠教育政策"孤军奋战",公共政策以及相关的配套政策的"缺席",也是影响学业负担的一个重要制度因素。在教育政策系统中,各种政策相互交织,形成了一片"政策丛林",他们彼此联系、相互促进、彼此制约、相互牵制[11]。如果由于不平衡或不完善而导致的教育政策失效,就必须通过相关的公共政策以及相关的配套政策来保证教育政策顺利、高效地执行。

首先,教育政策是第一位的。教育政策作为解决学业负担问题的专项政策,在学业负担问题的解决中发挥主力军的作用,教育政策包括学校教育教学政策的制定、教师的教学行为的政策,尤其是对市场上的各种教辅机构的管理、对各种形式的虚假宣传、盲目招生、乱收费等现象进行了严厉的规定,从而为缓解学生的学业负担提供有力的制度保证。另外,在教育政策的制定上,除了要关注教育系统内部的课程、结构、学校管理、学生与教师的成长等方面,还要注重利用教育投入、教育体制、市场、财政等经济手段,运用政治、法律、管理、经济等多种方式来解决教育问题[12]。第二位是公共政策。学生学业负担过重、社会行为失范等都是社会公共问题,必须通过政府的公共政策来调节资源的分配,特别是要调整城乡之间的资源分配不均的问题,从而达到社会资源的最优配置。公共政策应运用其调配机制,合理配置人力、物力、财力等资源,以解决当前社会中的教育问题。第三位是其他配套政策。"减负"工作是一个复杂的系统工程,需要社会各界的积极参与、协同、形成社会合力,所以要把"减负"的责任分配给到各个责任主体,建立相应的配套政策,净化社会环境,规范社会行为,从而保证减负政策的顺利执行,为缓解大学生学业负担问题建言献策。

(三) 设立"三层"评价标准,指引社会评价回归生命本源

"减负"的庞大工程,不仅要从技术层面(利益机制、文化机制)上进行,还要从更深层的社会评价传播机制着手,改变社会的不良心理和不良的社会行为,引导公众形成对人、教育功能、学业负担等问题的理性认识,以正确的认知为动力机制,扭转公众的编狭观念,促进建立起一套科学、合理的社会评价体系。要改变社会大众"学历=资历""证书=能力""资源=素质"等不公正的评价模式,首先要引导大众树立对学生素质、教育质量、学业负担的正确认识。只有建立在理性认知基础上的社会评价才会更具有客观公正性。在"三层"品质保障的动力机制下,通过学业负担问题重构社会评价认知。

要重塑社会评价认知,首先就必须使社会了解到学生的学业负担。减轻学生的负担,并不意味着没有负担,而是让他们承担一些合理的负担。合理的负担受到学生的主观感觉与客观任务的双重影响,是在学生可以接受的情况下,使其感觉到一定的压力,但又不至于过于紧张。另外,学业负担不仅是受到学习时间长、作业量大、背包太重等一些外在物理变量因素的影响,而且还需要注意由物理变量而引起的心理上的内隐压力,这就是压倒学生们的最后一根稻草;其次,从人才素质的评价观上来看,《基础教育课程改革纲要(试行)》明确指出了:评价既要注重学生的学习成绩,还要注意挖掘和开发学生的各种潜力,理解他们的发展需要,帮助学生认识自我,建立自信。评价在教学中起着重要的作用,使学生在原来的层次上不断地发展[13]。对学生的素质要有一个正确的认识,要从知识、能力、品德等方面来看,要形成多元化的评估方法,改变

单纯以学历、文凭为衡量标准的单一评估模式,为学生的全面素质发展提供舆论环境和机会;再次,从教育质量观的角度来看,要树立正确的教育质量认识,摒弃以单一指标为导向的狭隘思想。应转变以往只注重强调教育的经济、工具价值的评价偏向,要注重科研、培养人才、服务社会等方面的重要性,同时要注重学校教育"质量文化"的提升[14]。

## 第二节 监测机制

我国各省市都制定了相应的"减负"政策,但实际效果并不明显,因此,必须对学生的学习负担进行重新审视,并建立起一种学业负担监测机制。尽管国家已经出台了许多"减负"的政策,但是,在2010年7月《国家中长期教育改革发展规划纲要(2010—2020)》中才明确地将"建立学生课业负担监测和公布制度"写入了规划纲要,这是政府在"减负"的号召下第一次将学业负担的监测和公告制度变成了法律成文,这是中国教育领域的一项重大举措,对于学业负担监测机制的建立也有法可依。

### 一、学业负担监测机制的内涵

监测含有监管并检测之意,在《现代汉语词典》中,"监"指"督查,从旁查看,以便管束"之意;"测"指"测量";"监测"也有"监视检测"之意,它是一种持续不断的监督和评价[15],其主要目的是通过监测收集大量的信息再通过对信息的整理和分析为正确政策和决策的制定提供确切的讯息。应用于学业负担上,监测是指对学生的学习时间、休息时间、学习难度、作业量、教辅资料等方面的督查,因此,我们可以将学业负担监测机制概括为:政府对所管辖范围内的在校学生在学业方面应该承担的责任、履行的义务和能够承受的压力进行监督和测量,并将监督和测量的结果向社会公众进行公开并接受社会监督的一种制度[16]。也就是说,学业负担监测就是对学生在学习中产生的生理负担和心理负担的监控与检测。监测的目的一方面是为了防止过重的学业负担对学生的身心健康造成损害,保证学生的快乐健康成长;另一方面是将监测结果向社会公众公布,让公众参与监督,保证学校和教育行政部门的监督力度,切实对不合理的教学行为进行整改。

## 二、学业负担监测的价值

### (一) 健全监测体系、落实减负政策

长期以来,我国"减负"政策的实施存在着一些问题。究其原因,是由于我国目前尚缺乏与减负规定相配套的、有效的监督检查机制与测评体系,没有针对不作为的具体处罚措施,也没有有效的奖励制度。要真正落实好"减负"制度,关键是要建立起与之相适应的科学的检测和长期的监管机制。具体而言,就是要建立中小学生的课业负担监测系统,对各地中小学校的减负政策实施情况进行定期的监督检查,定期检查学生的学业负担状况,并根据检查、测评结果,对减负工作不力的单位和个人进行问责,以健全的考核体系与奖惩机制的建立与执行,确保减负政策落到实处。

### (二) 提供科学依据、提高减负实效

监控学生的学业负担情况,是实现科学减负的重要条件。但是,由于学生的学业负担具有复杂性,因此,其任务的繁重程度,必须对其进行系统的监测与分析。只有通过对学生课业负担现状和影响因素进行科学的检测和深入的分析,才能针对学生的学习负

担现状和问题,制定针对性的减负措施,从而实现学生课业负担的缓解,确保教学质量,达到减负不减质、轻负高质的预期目标。课业负担监测系统的目标不仅在于提供一份针对学生课业负担情况的终结性报告,而且对于减轻学生课业负担、优化课业结构、提高课业效率提供科学的依据和对策。对于教育行政部门来说,要从对学生的课业负担进行科学的监测,全面、准确地掌握其现状及其影响因素,从而找出其存在的问题和缺陷,为制定减负政策提供客观的参考和依据。对于中小学校来说,通过学生课业负担监测结果的反馈,可以让学校更全面、深入地了解本校学生的学业负担情况和问题,从而更有针对性地执行减负举措。

（三）促进基础教育质量监测的全面性和准确性

教育部基础教育质量监督创新中心成立于 2012 年 7 月,并于 2014 年 10 月通过教育部认定,是依托具有百年历史的北京师范大学牵头建立的专业机构。监测中心的工作主要是全面、系统、深入地监测基础教育阶段的学生的学习质量和心理健康状况,并对其发展的影响因素进行全面、系统、深入的监测,对基础教育质量的现状准确地向国家报告,为教育决策提供信息、依据和建议。课业负担监测是基础教育质量监测的一个重要内容,它的准确性和深入性将直接关系到基础教育质量监测的准确性、系统性和深入性,进而影响到国家教育的重大决策。

（四）还公众知情权,合力推动减负

长期以来,由于缺少关于学生学习负担情况的科学数据和权威资料,或因为缺乏有效的信息传播途径,人们很难准确地判断学生的学业负担状况,对减负的必要性、紧迫性缺乏认识。同时,由于地方教育行政部门未能将减负政策执行的细节、执行的进程以及执行的结果公开透明,公众对其信任程度便随之下降,配合程度也随之降低,这无疑会增加减负工作的难度,执行过程变得更加艰难。因而,建立课业负担监测制度,对学生的课业负担情况定期检查,公布学生课业负担的科学报告,向社会大众(特别是各位家长、学生及教师)有权了解学生的学习负担情况迫在眉睫。让大众更好地理解有关减负的政策,并能让公众对学校及政府的有关行动进行有效的监测,在顺畅地表达自己的诉求与观点的同时,配合政府、学校的减负措施,并共同努力推进减负目标的实现[17]。

### 三、不同监测主体的调控

不同监测主体在学业负担调控方面的职责不同,重点在于明确职责,合理运用各种方法,最终形成多种方式的协同作用,从而实现对学生学业负担的综合调控。

（一）政府的调控

政府的调控责任主要体现在三个方面:一是制定课程计划与课程标准,明确学生的学习任务,减轻学生的学业负担;第二,配置教育资源,并确保义务教育阶段的机会平等,从而降低学生在获取优质资源方面所承担的竞争压力;第三,通过监督、检查和特殊管理来控制执行过程,对出现的问题进行调控,也就是所谓的"减负"。政府通过行政命令、经费拨付、监督检查等政策工具或手段来完成这些责任。完善政策调控方法,可以做以下改进:

第一,加大对政策的监控力度和对多元主体的接受度。例如,就作业时间而言,从调查的结果来看,超出了政策的规定标准的比率很高,这就意味着国家标准并不是很合理,可以通过调查研究,听取家长的意见,来制定比较合理的标准。第二,因为对负担感知与抗压程度具有主观性、差异性,所以在制定相关政策时要结合现实的具体情况,制定区别性政策。对于负担较重的学生,要严格控制时间,而对于负担较轻的学生,可以适当地延长时间。总之,要有一定的灵活性和针对性。第三,要加强政策工具的配置,尤其是要合理分配优质的教育资源。通过教育投资、师资流动和均衡配置、教育质量监控、人才分流和就业多元化,促进优质资源的合理配置。政府要努力实现基本公共教育的均等化,实现物力、人力、招生指标资源的平衡与合理流动,减少竞争带来的压力。第四,提高政策规格和动员的范围。目前的减负政策大多是由教育部颁布的,仅能对教育系统内部进行规范。如果是由全国人大立法或者国务院制定的,那么就可以调动整个社会的力量,对政府、企业、校外培训机构、学校、家庭等分别做出规定。因此,可以利用的政策手段变得更为多样化,从而更有助于帮助解决问题。

（二）社会的调控

社会的责任主要表现在合理的用人和文化的引导上。教育是为社会提供人才的,社会如何选拔、用人、待人,决定着教育如何培育人。具体的社会主体有:媒体、用人单位、舆论、文化、社区。它们可以分成两大类:用人单位、舆论和文化的传承者。用人单位的调控手段是制定人才的选拔标准和确定收入水平。舆论与文化的调控手段主要是影响人们的思想,通过思想来影响人们的行为,如学生学习行为、父母教育投资行为等。

首先,各行业、各岗位之间的收入分配合理。在社会主义市场经济中,人的经济地位往往是以人的收入决定的。收入的分配要与职业能力、时间投入等相适应,不能有职业的歧视和差别。三百六十行,做好了,就能得到社会的认同,这样的话,大家就不会再用成绩来评判胜负了。一些学者提出:"从根本上讲,要对全国的劳动人事制度和薪酬体系进行改革。"[18]其次,应进一步引导对人才多样化的认识,建立多元化的人才标准,减轻人才竞争的压力。不同的人,只要找到自己的长处,都可以成才。这一多元化的思想还没有在整个社会达成一致认可。传统的"唯有读书高""学历主义"的思想至今仍在发挥着重要作用。李岚清同志曾经说:"要缓解中小学过度的学业负担,关键在于进一步加大宣传力度,在全社会切实转变和树立正确的教育理念",要让全社会"认识到社会需要多层次、多方面的人才,认识到今后学生的就业和事业的发展主要靠全面素质和真才实学,而不是只靠一张大学文凭"[19]。最后,要宣传科学的学习文化,普及科学的学习理念。中国传统的学习文化,讲究勤奋,比如"书读百遍其义自见""学海无涯苦作舟"等等,以及许多苦学的故事,确实有一种鼓舞人心的力量。其中,既要坚持勤勉的理性,又要坚持科学的态度。在学习心理学方面,尤其是在实验研究的基础上,为学生提供更多的科学途径,以促进学生的学习。

（三）学校的调控

在学业负担调控上,学校起着举足轻重的作用。由于学习活动在校内进行,学生的学习压力大部分集中在学校,因此,学校对学生的学业负担调控方面负有很大的责任。学校的首要职责是教育责任,包括合理安排课程的学习任务,合理施加学业负担,并提供适当的辅助,以协助学生顺利地完成学习任务。学校以合理的学业负担、学习投入为目的,确保教学质量。

1. 学校管理层面

学校是产生学业负担最直接的"现场",对学校场域内的学业负担进行监控,能够及时、有效地遏制过重学业负担的产生。学校对学业负担的监测主要表现为:

第一,培养目标监测。培养目标是各级各类学校对学生的身心健康发展的具体标准和要求,体现了学校对人才培养的规范、努力方向和社会倾向的需求,是学校教育的起点和归宿。所以,通过对学校培养目标的监测,可以证实学校在培养目标上,是否考虑到学生的个体发展需求,在培养目标上更加贴近人性、贴近生活、贴近社会,使他们所学的知识能够更好地保障未来的生活,而不仅仅是为了考试。第二,学校课程内容监测。课程的监测范围涵盖了课程计划、课程标准和教学材料。作为教学计划的核心,课程规划为实施教育目的制定了"蓝图",使教育目标与教育实践紧密相连。普通中小学的课程设置要根据不同地区、不同学校、不同学生的身心状况,在国家的宏观指导下,灵活安排,不能强求一致或难度过高超出学生的承受范围。同时,还要对教学材料和辅助材料的数量进行监测,以避免学校或教师受经济利益的驱使而盲目地为学生添加教辅资料。第三,对教师的教学进行监测。主要从教师的教学方法、教学手段、教学过程、教学评价等方面进行监测。教师在学生的学习活动中起着举足轻重的作用,其教学方法、教学手段等都会对其产生影响,因此,学生的学业负担监测机制不仅要监测学生的学习状况,还要监测学业负担产生的其他一切外部因素,避免教师的教学失误给学生带来沉重的负担。第四,对学生学习的监测。学业负担不仅是由于学习时间过长,学习任务重,学习难度大而造成的生理负荷,还包括由过度的生理负荷所引起的心理上的创伤,所以,在对学生的学业负担进行监测的同时,也要关注到他们的心理压力,确保学生的身心健康。

　　2.教师教学效能层面

　　教师的教学效能,从主观上看,是指教师对自己是否能够胜任某项教学任务和完成某项特定教学任务的主观判断;客观上讲,是指教师在特定的教学任务中,任务完成的程度、水平和质量。在学校里,教师是学生学业生涯中最直接、最主要的见证者,学生的学业负担状况与教师对其教学效能主观判断和客观实现有很大关系。教师是学生乐学、好学、会学的引导者,也是学生苦学、厌学、误学的导火索。

教学效能是影响学习负担的最直接因素,因此,利用教育效能作为调控学生学业负担的手段,就必须从提高教师教学效能这一逻辑出发点出发。一要提高教师对自身的认识,从主观层面觉知教学效能;二是要加强对教学的掌控,以保证教学的有效实施。凸显教师教学效能对学生学业负担的调控效果,其核心是纠正教师的异化教育理念,纠正其错误的教学行为,使其达到持续发展的效果,保证合理的学业负担[20]。

3. 与家长协调配合

学校要加强与家长的联系和协调,把有关的问题处理好。学校利用家长会、家校交流平台,对父母的教育期望、教育方式方法进行指导,引导父母正确看待学生学习压力,避免给学生施加过度的负担;同时,学校要引导家长根据学生学习过程中压力的实际情况,把握学生学业负担的调控方向,并加以行为引导。例如,负担过重的要减轻,负担过轻的要适度增加,负担结构不合理的要进行结构的调整。

(四) 家庭的调控

家长是学生的监护人,父母要承担起学业负担、教育质量、促进其健康发展的重任。父母的首要职责是调控学生校外学习活动的强度,尤其是在家学习活动的负担和质量。当然,父母们也应该重视他们的长远发展和升学问题。

家庭调控的作用主要是通过亲情效应、法定监护人的职责来调控学生的校外学习和家庭学习实现的。具体包括以下内容:第一,督促作用。父母的作用是监督学生完成学习任务,防止学生因为做太多的功课而影响到他们的休息、睡觉,防止学生因为玩手机、看电视游戏时间过长而影响学业。第二,要营造一个良好的学习氛围。父母要为孩子营造良好的学习氛围,如桌椅、灯光等,以提高孩子的学习效果。第三,要树立正确的人才观念。研究发现,父母的成才标准观念与学生的学习压力(参加课外补习、布置额外作业、课外阅读)有明显的正向关系。当前,父母对成才的标准呈现出唯学历的趋势,这是一种以知识为标准的教育,这种趋势和准则常常会夸大学生学习成绩和父母文化程度在成才中的作用[21]。所以,父母要树立多元、多层次的人才观,而不能狭隘地看待优秀与成功,更不能盲目地将孩子和别人做比较。第四,提出对学习的合理预期。有研究显示,父母的预期和学生的学业负担有显著的正相关,皮尔逊因系数为 0.267,P<0.01,随着父母的期望水平的提高,学业负担也随之增加;皮尔逊系数为 0.183,P<0.01,父母的期待与学生学业负担之间存在显著的相关性[22]。因此,家长应根据孩子的潜能、水平、倾向性,提出合理的学习期望,其中包括对学业成绩和质量的期望、对学生的综合素质的期望。避免由于期望过高而给孩子带来压力,避免由于缺乏期待而导致孩子负担过轻,还要防止没有顺应孩子的倾向性、强制性地要求孩子等等。第五,把握好补习量与定位。课外补习班的决定权基本上掌握在父母的手里。父母要针对学生的长处和短处,根据他们的时间和精力,合理地决定他们是否参与课外补习,在不过分加重他们的负担的情况下,补短板,扬长处。当然,由于经济条件、职业、教育水平等原因,父母在监控子女学业负担方面存在较大差异。家庭条件好的父母通常会加大对子女的教育投入,为子女安排更多的学业,为子女报名参加课外补习,并为他们提供专门的学习指导与压力监测。而家庭经济状况不佳的父母,在基本的补习支持上往往都

难以实现，因此，学校要在这一过程中起到辅助、调节的作用，给予这些家庭更多的心理辅导与支持。

（五）学生的调控

学生是学业负担的承担者和学习负担的主体调控者。学生的责任不仅是调控好学业负担，还要保证学习的质量，学生对学业负担的调控具有主体性、主动性和自主性。有研究者提出了"自主减负"的概念，强调学生在负担调控方面的主体作用。一切外部的要求与调控只有经过学生自己的接受、消化和内化才能起作用。过去的减负政策及学校的要求大多没有重视学生在其中的作用，仅关注外部减负，而忽视学生的自主减负、自主调控。学生是学业负担的承担者和学习质量的决定性因素。一些学者认为"自主减负"是一种新的学习方式，它强调了学生在学习过程中扮演的主要角色[23]。所有的外在需求和调控都要通过学生自身的接受、消化和内化来实现。以往的减负政策和学校对学生的需求大都不注重学生的角色，只注重外在减负，而忽略了自主减负和自主调控。学生对学业负担的调控主要通过以下手段和方式进行：

一是要正确认识学业负担，学会自我减负和自我调控。学生应考虑自身的学习能力、承受力、家庭条件、学业成绩等因素，理性地评价自身的负担程度，而不是单纯地与别人攀比，尽量寻找自己的标准和尺度。例如，学生能够记录自己的学习时间，并分析自己的学业负担是否过重；把工作时间记录下来，看作业量是否具有合理性。二是要强化信息的反馈和交流。在学业负担感较重的情况下，应与老师、父母及时沟通，让老师、父母做出相应的调整或提供其他支持。三是提升自身的学习能力。通过激发学习兴趣、学习热情、学习动力、掌握学习方法和学习策略，培养学习习惯。方丹和其他学者的研究表明，学习态度在客观课业负担与主观课业负担之间发挥调节作用。主观课业负担与学习态度、学习意志力呈负相关。有研究表明,学习态度低分组,客观负担每提高 1 个单位主观负担提高 0.17 个单位;学习态度高分组,客观负担每提高 1个单位,主观负担提高 0.12 个单位。这表明,积极的学习态度对客观压力的负面作用具有较强的抵抗力[24]。因此,在教学过程中,要树立正确的学习态度,降低主观负担感。

# 第三节　预警机制

预警机制(early warning mechanism)在其他一些领域探讨颇丰,特别是在灾害防御以及突发事件处理领域,学业负担的预警机制在理论研究和实践操作中,都较少涉及,因而需要系统、深入地研究学业负担预警机制的概念、建构学业负担预警机制的必要性以及学业负担预警机制的运行流程。

## 一、学业负担预警机制的内涵

在预警机制方面,从 MIS 系统(管理信息系统——Management Information System)的观点出发,即在系统的特定模块中按管理流程要求设置触发器。在达到规定的触发条件后,系统会将相关的预警信息发送给相关人员;收到预警信息的相关人员,可以将处理意见、处理方法或处理结果及时向有关部门反映;如果接收方不能及时处理问题,超过一定时限,则会自动上升一个级别预警;所有的警报信息都会被存档,并且在预警档案信息中可以清楚地查看某个问题的处理过程。借鉴 MIS 系统的概念分析[25],学习负担预警机制是指相关教育部门根据行政程序的需求,建立学习负担监控机制,客观、准确地反映学生的学业负担状况;当学生的整体学业负担达到某种程度时,就会向学校、社会及相关机构发出警告,告知学生、家长、学校可能产生的某些不良后果,从而做出适当的教育决策,或调整教育内容或改变教育方法,从而减轻学生过重的学业负担。因此,学习负担的预警与我们通常所说的教育评价很相似,但它的评价是对学生学习环境、教学支持等方面的综合评估,它的最终目标都是使学生的身体和心理得到健康发展。

## 二、学业负担预警机制的必要性

### (一) 落实新课程改革以人为本的核心理念

学业负担预警机制的实施,是体现了新课改以人为本的教育理念。以人为本的教育思想是时代发展的必然要求,它提倡以人为中心,以人为教育教学的起点,顺应人性,提高人的潜能,完整而全面地关注人的发展。学业负担预警的关键不在于强制干预,而在于对学生善意的警告、帮助和优化,并针对学生个体在学习中产生的生理负担过重或心理障碍等,采用具体的、人性化的措施来帮助[26]。它超越了单纯的知识教育,扩展到了学生的人格、心理和精神层面,充分显示了这一制度的优势。

### (二) 有助于深刻了解学业负担形成机制

学业负担的成因一直存在着不同的观点,其中最具代表性的有:认知负荷说[27]、学习时间说[28]、身心负担说[29]、情感体验说[30]等。上述理论研究均在一定程度上揭示了学生学业负担的形成机理,但就整体上来看,学生学业负担的形成还没有具有较强和较为全面的解释力。除了认知负荷说是从量化的角度来解释学业负担的形成,其他的理论都是属于定性研究,只能给我们从宏观层面上提供学业负担的形成,而不能更深刻地了解学业负担的形成,因此,也就无法为我们提供很好的学业负担监测指标,也无法确定适当的预警指数,那么预警机制的建立也就停留在了空想和口头呼吁层面。建立学业负担预警机制的前提,首先就是要弄清哪些因素影响着学业负担的形成,以及它们各自对学业负担的影响程度,这有助于我们更好地理解学业负担的形成机制。

(三) 有助于及时掌握学业负担的现状

对学业负担的形成机制的理解不够透彻,导致我们对学业负担的了解并不充分,是过轻、稍重还是过重? 是什么因素发挥作用,让它有了对应的表现? 在过去的研究和实际操作中,这些问题都未能很好地解决,使得我们在讨论学生学业负担时,往往只凭直觉而非根据事实数据来作出理性的判断,从而导致制定的政策往往没有针对性,或是只停留在表面,并没有抓住问题的本质。学业负担预警机制的建立,需要在以往研究的基础上通过实地调研和专家研讨,建立影响学业负担的模型,建立学业负担监测机制,实现学业负担监测常规化、制度化,及时了解学生学业负担状况,以便有针对性地进行学业负担监测。

(四) 有助于有关部门尽早展开教育改革

学业负担预警机制的建立,是为了提醒社会相关部门,当学生的学业负担超过了他们所能承受的限度时,就会向相关部门发出警报,告诉他们造成他们学业负担的原因,这样他们才能尽早地发现并进行有针对性的教育改革,而不是像之前一样,对其放任自然。事实上,建立学业负担的预警机制并非其目的,它只是了解学生的学业负担状况,了解我们的教育是否符合人的发展,从而为相关部门的教育改革提供依据,让我们的学校教育更符合中小学生的身心发展状况,从而让学生学会学习、乐于学习,而不把学习视为负担,而成为一种生活的方式,最终使学生能够自由、全面地发展。

### 三、学业负担预警机制的原则

学习负担预警机制的建立是一个比较复杂的过程,而全国各地的教育发展程度也不尽相同,使得学业负担的预警变得更加困难。然而,教育现代化要求我们对学业负担进行预警,并要求预警科学、有效,把不利于学生身心发展的各种因素都消除在萌芽状态,保证教育的科学化和人性化。为此,在构建学生学习负担预警机制时,必须遵守下列原则:

（一） 主动性原则

加强学业负担预警工作的宣传,促使社会群体充分认识到其重要性以及必要性,有关教育行政部门要主动监测、主动预警、时刻保持危机意识,多渠道获取学业负担的相关信息,避免以往屡屡出台相关措施而遏制不住学业负担过重的现实状况。

（二） 系统性原则

学业负担预警机制的运作过程包含了许多因素,因此要把它看作是一个大系统,在设计时要遵循系统性原则。这一原则需要综合各层次、各阶段的监测和预警,同时要持续、系统地收集数据,只有持续、系统地收集数据,才能揭示出学生学业负担的分布特点和发展趋势。

（三） 弹性原则

造成学生学习负担的原因很多,也很复杂,预警管理系统无法监控全部的影响因素,因此,应允许相关人员在适当的控制范围内,对预警信息的判断留有一定的变动余地和伸缩空间,并根据实际的发展逐步明确化。预警管理系统也要因人而异,适时进行相应的调整。

（四）科学性原则

学业负担的产生机理非常复杂，要正确地作出评价，就必须坚持科学的原则。科学性原则是指在学业负担信息处理的过程中，要遵循科学的法则，运用现代科学技术做出判断和裁决。例如，在学业负担预警上，要坚持定量预警为主，把定性和定量预警结合起来。由于学业负担从表面上看是一种主观的感觉和经验，通过访谈、观察，只能获得一个大概的印象，不能体现出差异性，并且很容易被人的主观情绪所左右，从而导致主观判断的随意性和片面性[31]。应坚持定量预警与定性预警相结合，全面准确地掌握学生学业负担的实际情况。

（五）公开性原则

学业负担过重的信息一旦被确认，要客观、真实地向社会公布。由于教育是一项关系到广大青少年儿童身心健康发展、国家综合国力提高的公共事业，因此，不能有半点疏忽。学生学业负担过重，必须采取相应的政策和措施，若将有关信息隐瞒，势必会损害政府的形象，从而间接地助长了公众的不合理行为。但是，在实际工作中，一些领导干部常常以个人的声望、利益为重，为了"政绩"，采用欺上瞒下的手段，刻意掩盖事实，最终造成的后果，往往是危害国家、危害广大的青少年儿童，甚至是自己[32]。

（六）快速性原则

学业负担预警系统的首要任务是建立一个灵敏、快捷的信息收集、传递、处理和信息发布体系，这些体系中的任何一项都要以"快速"为基础，一旦丧失了它的速度，学业负担的预警机制就会丧失其应有的作用。因为预警信息还没有发出，学业负担就给学生带来了严重的生理和心理问题，对他们的身体和精神发展产生了很大的影响。所以，要坚持"速效"的原则，把学业负担过重的各种影响因素扼杀在萌芽状态，在最短的时间将危机控制到最低水平。

（七）微观预警和宏观预警相结合的原则

当前，关于预警系统的研究主要采取的是两种基本方法：一是基于计算机信息管理系统的微观分析法，一种是基于政策层面的宏观分析法。这两种方法都有其优点和不足之处，应该把两者有机地结合，以实现对整个监测预警工作的优化。

总之，学生学业负担预警机制的设计应坚持因地制宜，充分利用现有的资源，在硬件方面建立统一的工作机构，在软件方面建立统一的工作要求，规范其资料的汇总，提高学业负担预警机制的准确性、敏感性。

## 四、预警机制管理系统构成

学业负担预警机制的构建绝非易事，必须有深厚的理论积累、细致的实践观察、系统的调研。在此，我们仅尝试对学业负担预警机制的构建思路进行了初步的探讨，期待着能为相关教育行政部门提供一定的参考。我们认为学习负担预警管理系统的构建是学业负担预警机制构建的关键，而学业负担预警管理系统是一个复杂的、相互影响、相互依赖的系统。通过参照社会公共管理领域预警管理系统的研究，我们认为，学业负担预警管理系统应该包括指标监测系统、信息管理系统、数据库管理系统、专家咨询系统、警情演示系统、预警信息反馈和发布系统以及预警干预系统等七个子系统。

（一）指标监测系统

指标监测系统包含两个层面：一是指标体系的构建。首先，首先要确定学业负担监测预警系统的指标体系。这是一套由专业人士通过一系列科学手段,严格筛选出来的,能够反映学业负担状况的敏感指标。该指标能够实时监控和预警学生的学业负担发展情况,并对其发展趋势做出判断。二是指标体系的维护。随着社会的发展以及义务教育的发展,现有的指标体系必须与时俱进,不断地发展和完善,比如在指标的数量、内容及其权重等方面做一些适当的修改,必要时还需要对指标的框架进行相应的调整。这一切都需要专业人士来完成。

(二)信息管理系统

要对学生的学业负担监测到的数据进行实时的统计、整理和分析,必须建立健全的信息管理系统,完善的信息管理系统是学业负担预警的基础性工程。因为学业负担定期监测和学校逐层汇报相结合,使其监测工作具有长期性、数据量大、统计分析不易等特点,因而,构建多层次、多时段、多渠道、多人参与的学生学业负担信息收集系统就显得十分必要。在专家的引导下,利用计算机统计软件进行数据的管理和分析,保证数据的准确性和科学性,保证分析后的信息能够成为相关部门和人员进行预警和采取防范措施的可靠依据。各学校、各年级、各班、各教师要特别注意学生的日常考勤、作业、考试成绩、精神状态、人际关系等,并收集一切有可能给学生带来学业负担的信息。

(三)数据库管理系统

学习负担监控指标体系要求的数据量很大,计算过程也很烦琐,因此要建立一个基于计算机的数据库管理系统。本系统包含了对监测指标数据的录入、保存、合并、计算、转换等功能,同时还具有图形化的计算结果。鉴于学生学业负担监测的工作具有长期性和复杂性,其监测指标的收集与上报主要由教育行政管理部门进行,建议各级教育行政管理部门应设置一个专门的机构,并指定专人负责该系统的管理工作。

（四）专家咨询系统

学业负担的形成十分复杂，其监控难度较大，其指标分析、预警区间的确定等都是一种高度智能的复杂行为，仅依靠计算机进行学业负担预警并不能很好地实现。为此，必须建立一个专家咨询系统，将数据库的计算和预测结果传送到有关领域的专家，由专家对数据库的计算和预测进行分析，并将其反馈到教育行政部门，以便对学生的学业负担进行预警。如果学业负担过重，为了减轻学生的学业负担，还需有关专家针对学生的学业负担监测数据和严重程度提出相应的建议并进行教育改革。这样，可以使有关专家更加重视学业负担问题，推动教学理论和实践的相互转换，从而消除长期以来的理论和实际的差距。

（五）警情演示系统

警情演示系统是一种由计算机建立的人机智能交互警报信号输出系统。它以一系列与交通控制信号灯相似的标志为报警信号，将数据管理系统计算结果和专家系统的分析结果以可视化的方式显示在电脑屏幕上。比如，可以参考经济监测预警的做法："绿色"代表无警，表示"负担无"；"蓝色"代表轻警，表示"负担轻度"；"黄色"代表中警，表示"负担中等"；"橙色"代表重警，表示"负担严重"；"红色"代表巨警，表示"负担非常严重"。警情演示系统主要包括评估与预测。前者是通过对学生学业负担的实际情况进行评估，并给出相应的预警信号；而后者则是基于专家的预测，通过模拟学业负担的发展趋势，给出各种预警信号。我们可以把各种学业负担发展指数按取值范围划分为"绿色""蓝色""黄色""橙色"和"红色"五级预警区间，通过学业负担发展指标的分析结果，不仅能显示我国学业负担发展的整体情况，还能对我国学业负担发展和各阶段均衡发展态势进行警情演示,为各级政府采取对策提供科学的依据。

(六) 预警信息反馈和发布系统

预警信息反馈和发布内容主要是当前学业负担发展警情等级及未来发展态势。预警信息反馈和发布形式主要为各级教育行政部门通过定期会议形式向上级主管部门反馈,各级政府以工作报告、会议形式向同级人大、政协定期汇报,各级政府以新闻媒介为主要形式向社会公众发布信息。预警信息反馈和发布时间可以是每年 1 次,若有其他特殊情况则根据需要随时发布。预警信息的反馈与发布内容,包括目前学生学业负担发展的警情等级和今后的发展趋势。预警信息的反馈与发布形式主要是由各级教育行政部门定期召开的会议向上级领导汇报,由各级政府定期向同级人大、政协汇报工作报告、召开会议,由各级政府以新闻媒体的形式向社会公布。

(七) 预警干预系统

在学业负担预警信号出现后,各级教育部门要对其进行适当的调整,从而达到控制学业负担在合理的范围内,并促进其身心健康的发展。这就需要我们建立起学业负担的预警干预系统。预警干预系统能够为各级教育行政机关提供有关的信息,以便更好地进行科学、有效的干预。一方面,根据学业负担警报来源、警报等级和专家咨询意见,构建各种常规和非常规的预警干预措施信息库,供教育行政部门决策调用;另一方面,跟踪评价所采取的政策和措施的成效,为各级教育行政部门制定减负相应的对策和措施提供了切实可行的参考依据。

## 五、学业负担预警机制运作流程

依据学业负担预警管理 7 个子系统的工作任务与相互关系,

可以刻画出学业负担预警机制基本流程,见图 10-1。

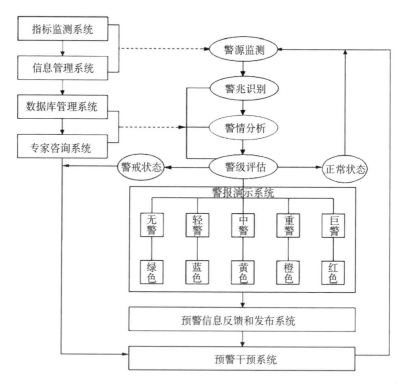

图 10-1　学业负担预警机制运作流程图

　　指标监测系统和信息管理系统主要任务是对学业负担的各种预警信息来源进行监测。数据库管理系统和专家咨询系统通过对各种监测信息进行整理、加工、汇总,识别各级各类学业的征兆,然后依据这些征兆提示开展深入的警情分析,接着根据警情分析结果评估学业负担的警戒级别。如果没有超过系统设定的各监测指标警戒线,则判断为正常状态,继续警源监测;如果超过了系统设定的各监测指标警戒线,则判断为警戒状态。警报演示系统负责对警级评估结果进行动画演示。而预警信息发布和反馈系统则根据警情动画演示结果选择向系统设定的各有关部门发布预警信息并收集、传达反馈意见。有关决策部门参考预警干预系统中的对策建议及专家咨询系统中的专家咨询意见,制订消除学业负担的政策和措施。这些政策和措施实施后,系统又回到警源监测状态,继续新的一轮学业负担预警管理系统的运行,这就是学业负担预警机制运行的基本流程。整个预警机制的运行,始于监测指标设定和信息采集,以数据库管理和专家咨询系统为要点,以警报演示、发布、反馈为关键点,以预警干预为终点。周而往复,不断循环[33]。

## 参考文献

[1] 李钧鹏. 何谓社会机制?[J].科学技术哲学研究,2012,29(01):14—20.

[2] 顾明远. 教育大辞典[M].上海:上海教育出版社,1998.

[3] 许育辉. 学校"减负"缘何遭遇"行路难"——基于教育功能被夸大与泛化的视角[J].吉林工程技术师范学院学报,2013(03):11.

[4] 钢花,刘保莲. 人力资本理论对教育的异化[J].现代营销,2013(10):58—60.

[5] 陆学艺. 当代中国社会流动[M].北京:社会科学文献出版社,2004.

[6] 周作宇. 教育、社会分层与社会流动[J].北京师范大学学报,2001(05):85—90.

[7] 许杰. 论我国现行教育价值取向与学生的学业负担[J].教育科学,2003(01):25—28.

[8] 顾志跃. 积极探索新世纪的教育模式[J].上海教育科研,1996(04):1—4.

[9] 高宗泽. 论以人为本的人才观[D].长春:东北师范大学,2009.

[10] 王凤才. 社会病理学-霍耐特视域中的社会哲学[J].中国社会科学,2010(5):15—27.

[11] 孟宪云,罗生全. 改革开放以来学业负担政策文本的定量分析[J].上海教育研科,2014(5):9—13.

[12] 李彦娟. 教育政策决策与其他公共政策决策之比较[J].现代校长,2006(12):12—13.

[13] 教育部.基础教育课程改革纲要(试行)[Z].教基[2001]17号.

[14] 罗生全.学业负担问题解决:模型建构与治理机制[M].北京:人民出版社,2017.

[15] 中国社会科学院语言研究所词典编辑室.现代汉语词典[Z].商务印书馆,2005.

[16] 莫利华.中小学生课业负担监测制度建设研究[D].重庆:西南大学,2012.

[17] 李虎林.课业负担重,谁说了算?[N].中国教育报,2013,11.23(05).

[18] 郭振有."减负"的难为与可为[J].中国教育学刊,2009(04):1.

[19] 李岚清.李岚清教育访谈录[M].北京:人民教育出版社,2004.

[20] 靳玉乐,张铭凯.学业负担探究的新思路[J].教育研究,2016,37(08):70—76.

[21] 赵田田.家长成才观对小学生课业负担的影响研究——以Q市S小学为例[D].曲阜:曲阜师范大学,2019.

[22] 李建伟.家长期望对小学生学业负担的影响——基于安徽省H市F小学4—6年级的调查研究》[D].淮北:淮北师范大学,2018.

[23] 王贤文,熊川武.学生自主减负:减负提质的有效路径[J].中国教育学刊,2014(04):34—37+42.

[24] 方丹,曹榕,程姝,张生,齐媛.小学生客观课业负担对主观课业负担的影响:学习态度的调节作用[J].中国特殊教育,2018(02):77—82.

[25] 林强,代雨东.MIS系统中的预警机制[J].计算机工程与应用,2001(14):174—176.

[26] 刘大力.高等艺术教育教学研究(第3辑)[M].济南:山东大学出版社,2010.

[27] 赵俊峰.解密学业负担:学习过程中的认知负荷研究[M].北京:科学出版社,2011.

[28] 李效基.学习负担过重问题不容忽视[J].中国学校卫生,1995(05):321—322.

[29] 施铁如.学业负担模型与"减负"对策[J].教育导刊,2002(02S):4.

[30] 程志宏,刘兆宇.论学习负担的情感体验与减负对策[J].淮北煤炭师院学报:

哲学社会科学版，2001，22(1):2.

[31] 张洁,高俊杰,冯涛,等.大学生学业预警机制初探[J].山西农业大学学报:社会科学版，2012，11(10):4.

[32] 黄顺康.公共危机预警机制研究[J].西南师范大学学报:人文社会科学版,32(6).

[33] 薛海平.我国义务教育均衡发展预警机制探讨[J].教育科学，2013(3):6.

# 第十一章　后疫情时代的学业负担

所谓"后疫情时代",是指新冠疫情得到基本的控制,但还没有完全结束,对各方面都产生深远影响的时代。对学校教育而言,后疫情时代可从各级各类学校正式恢复学生大规模返校、开展面授时算起。从那天开始,学校教育将面临许多新的问题和挑战[1]。

## 第一节　后疫情时代学业负担的转变

在疫情暴发之后,为阻止疫情向校园蔓延,确保师生的生命安全和身体健康,教育部及时下发了通知,要求 2020 年春季学期延迟开学,学生在家不外出、不聚会、不举办和参加集中性活动。同时,教育部同工信部于 2020 年 2 月 17 日正式开通了国家中小学网络云平台,免费供各地自主选择使用。于是,全国多地、多校、多所教育机构也纷纷开展网络教学,包括开设直播课程、提供公益性学习资源等,课程内容既有针对中高考和边远地区学生的课业辅导,也有指导学生居家运动的特色课程,确保孩子们不会落下学习进度,努为实现"停课不停教、停课不停学"的目标。这样的课堂规模,在传统学校的传统课堂中是难以想象的。网络教学在这次疫情防控中发挥了重要的保障性作用,在一定程度上满足了疫情时期的特殊教育。为了应对疫情,我们提前开展了一次大规模的"互联网+教育",开展了一次全世界规模最大的互联网教育实验,把我们关于未来学习中心的概念从梦想拉到了现场。无论是从观念上还是手段上来看,网络在线教育对中国教育界都是一次大冲击甚至大变革!因为这种教育方式引发了人们对未来教育的深度思考。利用这种学习方式,人们可以随时随地进行学习、观看在线教育资源视频,不仅突破了时空的限制,扩大了学习资源的受众人群,还在一定程度上实现了优质资源共享。网络在线教育的教学过程是可记录和回放的,教学活动数据丰富,可进行调查、反馈,便于充分研究教学过程。因此可以说,"停课不停学"其实在很大程度上促进了教育资源共享和均衡发展。

但同时有很多人都意识到这么一个问题:为什么寒假还没结束,学校的教师就要在网上授课了呢?这样不是又加重了学生的负担吗?教育部门不是口口声声说要为学生减负,但是现在学生的寒假作业还没做完,为何又要开始进行网课了呢?但对于大部分高三、初三,甚至是小学六年级的学生来说,他们都是心急如焚,毕竟他们面临着升学压力,本来复习的时间就比较紧迫,现在又延迟开学,各方面的压力都随之而来。于是学校为了学生的学业未来,开展了线上教育,教师在网络上讲解课程内容,学生就利用手机或电脑进行听课、写作业、考试等。很多高三和初三的学生表示,现在即使让他们在家里什么都不干,天天玩耍着,他们也不一定会开心,因为高考和中考迟早是要来临的,加上现在的时间本来就很紧张,如果不进行网络教学,那么他们就会感到很心慌,如果老师可以在线上带着他们复习知识点和讲课,那学习效果肯定要比自己整天在家中吃喝玩乐要好很多! 还有他们觉得,即使自己不提前上课,别人也会提前上课,这样自己与别人的差距就会越来越大! 并且,这一教育措施其实也让家长们感到很安心,不用担心孩子的学习跟不上进度。

这次网络在线教育对师生、对教育改革发展也是非常有好处的。对学生而言,他们所能学习的课程更加丰富了,传统课堂里只能听自己的老师上课,现在他们可以接触到其他更多教学方面的教师,可以聆听到窗外更多的声音。这对于某些贫困地区和落后学校的学生来说,也增加了接触优质教育资源的机会,提升了他们的学习质量。对教师而言,这也是一次自我知识更新和自我发展的过程,进行网络授课,师生之间不再是简单的知识传授关系,而是与学生组成了学习共同体,许多教师要与学生共同听课,成为学生学习的陪伴者、课后的答疑者。这样的学习方式更符合未来教师的趋势,相信在未来的学校,教师是学生学习的指导者和陪伴者,而不再只是知识的传授者。

但我们也应该承认,这种网上授课、远程教学的方式,和真正的学校相比,还有很大的差距。比如,一些地方和学校,只是简单地把线下教学搬到线上来进行,把教室里的内容搬到网络上来,而教学模式没有发生本质变化;大规模的公开课模式使教师和学生之间缺少一定的互动性和针对性,有些学生的注意力难以集中,就可能导致网上学习效果不如在学校现实课堂中的好。另外,国家教育平台上的资源相对不足,针对不同区域不同学生的个性化资源较少;教师的互联网素养准备不足,大多是在家用自己的电脑或手机,使用宽带、流量来给学生上网课,这既有硬件上的不足,也缺乏事先的网络教学培训;有的教师不会网络教学,不会制作网上教学课件,这也造成了网络教学的困难;大部分家庭的宽带、网速等明显不能适应大规模网络教育;地区办学条件的差异还有可能带来新的教育不公平;还有不少学生的父母抱怨自己的负担加重,每科教师都会有打卡、传视频的要求。甚至有这种情况,体育老师在网络上卖力地做示范动作,而学生却躺在床上看老师"表演"的线上体育课等等。

## 一、"网络在线教育"带来的问题

网络在线教育是教育部在疫情防控下,为了广大师生的生命安全和身体健康而采取的正确措施。但学生在家上网课,也不可避免地产生了一定的问题。在线教学固然能打破空间、时间的局限对学生进行教育教学,但因缺乏传统教学的组织,加上个体自律能力差异甚大,居家学习的效果还有待评估。随着生活方式的改变和网络的普及,学生的放假生活很丰富,足不出户就能够玩一整天,特别是有的学生喜欢玩网络游戏,对于自制力较弱的学生,更是容易沉迷其中,无法自拔,久而久之便失去了学习的兴趣。这样就产生了这种情况:教师在网络上进行教学,有的学生用手机播放着网络课程,自己却在睡觉或者玩游戏。虽说放假时间长了容易让学生产生懈怠感,但其实假期对于中小学生来说并非完全性的放松状态,毕竟有教师布置的作业和任务等。虽然 2020 年的寒假延迟了 20 多天假期,寒假作业并不算什么过多的负担,但进入后疫情时代,我们必须要面对一定的现实问题:

首先是网络教学直播课带来一定的负面影响,我们都知道在寒假期间很多地方已经实行了"停课不停学"的政策,为了可以让学生在放假的最后阶段进行学习,跟进学习进度,很多地方已经组织了相应的任课老师通过各大网络平台进行直播教学,并且学习内容基本上都是新课,教师直接进行新课讲授。对在家的许多中小学生来讲,可以通过线上进行网络学习,学生每天都有课程和任务,同时老师每天也布置了对应的家庭作业,上网课并非很多人想象的得那么轻松。而且对于那些自制力较弱,没有教师或家长看管要求的学生来说,网络学习可能会造成一定的学业负担,他们可能是对网络教学没有兴趣,或者是听不懂教师讲解的新课内容,又或者是像上面所提到的那样沉迷于网络游戏中,完全没有听课的兴趣。即使是平时学习较好的学生,在进行网络学习的时候,也可能会产生一些问题,比如遇到困惑不解的题目或对新的学习内容不理解时,不能及时地向教师请教或者与同学进行交流讨论。而教师在网络上进行教学,基本上都是大规模地讲解课程内容,不像在学校的课堂中那样可以与学生直接接触,因此很难关注到全体学生,对不同的学生进行因材施教、进行个性化教学,对学生的疑难困惑及时进行解答等。

其次是对于高三和初三学生来讲,学习的重要阶段是迎接中高考的前一段时间,而疫情导致假期延长,让他们无法正常进入学校复习,可能学习效果也会降低很多。虽然那些自律的学生,他们在寒假期间会更加紧迫地进入学习状态,保持良好的学习态度,因为他们想在中高考取得一个优秀的成绩,就要时刻保持着努力状态,坚持到最后的时刻。而那些自制力弱的学生,就可能陷入对学习失去兴趣、抱着无所谓的态度看待中高考的漩涡中去。他们有时候可能会很紧张,担心自己考试成绩不好,但自己又学不懂,遇到不会的题目也不能及时向教师请教。这样下来,堆积的问题越来越多,他们就对学习逐渐失去了兴趣,想着反正也没有多少时间,中高考也无所谓了,能考多少算多少吧!这种情况就导致了即将进行中高考的学生学习情况不乐观,有的甚至放弃了最后努力拼搏的机会。

最后是在广大学生回到久违的校园,再次开启新征程的时候,如何为学生们加紧补课,赶上学习进度是各地教育部门和学校都必须面对的复杂问题。但每个人的精力都是有限的,尤其对于正在成长中的学生们而言,如果不能做到"一张一弛",不顾客观实际和学生身体心理承受能力,进行大面积施压,不仅难以起到正向激励和促进作用,还有可能产生"物极必反"的负面效应。各地教育部门和学校应该在遵循"不加重课业负担"的原则上,对学生假期的学习进行准确评估,制定出适度科学的教学计划,切不可随意挤占课外时间来增加学习量。

## 二、学业负担的内涵简析

不同时期学生的学习问题不同,社会经济需要的人才类型不同,因此学生所面临的学业负担也会有所不同。在之前,有学者[2]认为学业负担是学校、社会、家庭及学生自我要求下所承担的所有学习任务,课业负担、学习负担、学生负担与学业负担没有区分;此外,"学业负担"本身应与"学业负担过重"或"学业负担过重"产生的后果剥离开来;因而,"学业负担"是一个中性概念,并不带有先天的价值判定意味与负面化倾向[2]。有学者[3]分析学生学业负担过重的表象是:一学习时间延长,主要是课外学习时间延长,导致学生课内主动有效的学习时间减少,降低了课堂学习的效率;二考试太多,周考、月考、联考和模拟考等考试频繁,重复性机械训练的作业太多;三学生参加以提前学、超前学为特点的校外培训班太多,挤占了休息与社会实践时间。而本质是:中小学开设的教学课程、提供的教材内容、确定的教育目标、使用的教学方法、采用的评价方式,脱离学生心理特征和社会实际,带来了学生过重的精神负担[3]。有学者[4]将学生学业负担分成客观学业负担和主观学业负担两部分,其中,客观学业负担是指学生为完成学业任务付出的时间成本,包括学生的课程学习时间和作业时间等;主观学业负担是指学生在完成学业任务时产生的心理压力感受,包括作业量感受、考试频率感受、学习压力感受、作业难度感受、考试难度感受和课堂教学内容难度感受等。还有学者[5]认为学业负担是主观感受和客观负担相结合的综合概念,包括学生对学习难度的主观感受以及完成学习任务所花费的客观时间,其中主观负担可以通过学生对学习课程的压力感受而测量,客观负担可以通过学生完成校内作业、校外作业和上校外辅导班以及兴趣班的时间来测量。

### 三、学业负担的增加与转变

后疫情时代是全球化的快节奏时期,各国都需要全面的创新型人才,对人才的要求就会增高,因此学生的学业负担问题会增多,学业负担水平也会上升。在学校正式开学之后,为了保证学习效果和课程进度,学校和教师会增加相应的学习内容和考试,所有学生都会面临一定程度上的学业负担加重问题。疫情的出现让人们知道,有一个稳定的工作是多么重要,因此父母又会给孩子施加压力,不断逼迫孩子努力学习,希望他们长大后能够考上一个稳定的、正式的工作。

有学者[6]认为导致我国学生学业负担频繁发生的深层病因正是教育世界中那些被固化的有害教育观念,比如认为"不上辅导班、不多做题必然会学业落后、没有前途""考试成绩是刷题'刷'出来的""所有求学活动的最高目的是考上知名高校"等的畸形教育观念。这种景象与新冠病毒肆虐下的社会生存环境有异曲同工之处。其结果,中小学学业负担泛滥、过度教育观念病毒猖獗,而超量作业竞赛、超前补课竞赛、校外培训班攀比等正是其外显征候[6]。确实,在生活中,估计大部分学生的父母都说过这样的话:"如果你考不上 XX 重点高中或大学,就对不起我这几十年含辛茹苦地养你!""你怎么才考 98 分,隔壁 XX 都考了 100 分,你怎么总是考得比他低!"殊不知,家长的一句"你对不起我"和"隔壁的XXX",不仅成为了许多学生心中沉重的枷锁,更加重了学生的情感负担和学业负担,让他们在崩溃的边缘徘徊!就这样,小小的孩子,背负的不仅是重重的书包,还有大人强加给他们的压力!除此之外,父母错误的"挫折教育",也会令孩子丧失快乐的权利,加重其心理负担。《少年说》中有一期,一个孩子站在高台上,"控诉"自己的父母永远都不会肯定她的努力和成功。对此,她妈妈的解释是:我怕你"飘"了,需要我拍你一下。骄兵必败、挫折使人强大……其实,这并不是"挫折教育",反而是"否定教育"。真正的挫折教育,应该是当孩子遇到困难时,家长想办法去激发孩子的潜能,让他学会自己解决问题。而不是当孩子取得好成绩,高兴地跑去告诉你的时候,你却对他泼冷水,一味地打击地批评,这样只会让他们失去快乐,增加负担!学生不是写作业的机器人,他们也和普通人一样需要情绪的宣泄。分数的压力、排名的压力、作业的压力……当学生开始频繁地出现负面情绪时,教师和家长就应该要意识到事情的严重性,并及时帮助学生减轻压力和负担,调整自我,使他们振作起来。

　　进入后疫情时代,当今世界正处于百年未有之大变局,中国的教育也将面临一系列全面深入的变革。学生的学业负担不仅包括之前的课业责任、任务;由课业负担带来的主观感受或压力体验;客观负荷与主观感受之和;课外学习导致的身心疲劳或诸多不良症状等,还有经历疫情之后增加的关于身体健康、生命安全等方面的心理负担。因此,学校教育应该更加坚定地从应试教育中走出来,必须牢固树立"健康第一"的理念。坚持贯彻落实《关于深化体教融合促进青少年健康发展的意见》精神,把"健康第一"作为新时代学校教育的新理念,把"体教融合"作为新时代学校教育的新方式,把"健康发展"作为新时代学校教育的新目标。在疫情防控严峻形势下,把孩子身心健康放在第一位,不过度施加压力,科学、适度安排孩子学习、生活和锻炼。学生的学习成绩固然重要,但学生的身心健康更为重要。坚持促进落实中共中央办公厅、国务院办公厅印发的《关于进一步减轻义务教育阶段学生作业负担和校外培训负担的意见》,全面减轻学生的学业负担,促进学生的全面发展和健康成长。后疫情时代的教育,更加需要以人为本、以学生为本,更加需要注重学生的素质培养、情感呵护和安全教育。

## 第二节　减负误区及其危害

新中国成立以来,我国对学生课业负担问题的讨论从未停歇,伴随讨论的同时,多层次、多角度与多手段推进减轻学生学业负担的工作也在渐进开展,然而结果却不尽如人意[7]。到底是什么导致了减负工作一直在进行却又没什么实际效果?

### 一、减负的误区

刘合荣[8]认为历史上的"减负运动"的误区很明显:其一,对问题的复杂性、整体性、深刻性和严重性的认识不充分,视野不开阔,并且没有将问题提升到足够的高度,仅仅局限于学校教育过程之中就"减负"论"减负",为"减负"而"减负",在浅表层面分析原因、寻求对策,于是"一千条感性认识也抵不上一条理性认识",终究还是束手无策,于事无补;其二,政治和行政力量的干预虽然有力度,但是明显缺乏针对性,如果能够凭借那样的力度去解决社会和家庭教育对学校教育的支持保障体系建设问题,促进人才和劳动制度、考试制度、教育行政管理体制和学校制度改革,引导全社会转变人才观念、引导党政干部转变教育业绩观和学校教育质量观,同时提高学校硬件和教师队伍装备水平,引导长线的深层教改,恐怕会更有成效;其三,学校教育本身从目的到过程需要严肃反思却没有反思,一味地将问题归咎于社会就业和生存竞争压力,缺乏教育者基本的道义感和历史使命感,对教育诸要素的把握和理解不深不透,不下力气改造整个教育过程,本该有所作为却不为,以至于在遭遇外部指责和批评的关头只能落得无法自我辩护的下场。如果学校教育方面有所作为了,教育质量高一点,学生可以获得一定的自由和谐发展,可以肯定地说,局面也会有所缓解,则不至于是今天这个局面。

龙宝新[6]分析自新中国成立以来,我国学业负担减负出现"道高一尺、魔高一丈"的现象,不仅使国家未能彻底赢得这场"减负战",而且还为学业负担变种生长提供了新沃土,导致学生学业负担病毒不断变异、持续飙升,"救救孩子"的呼吁此起彼伏。就其主因来看,主要有二:一是没有认识到学业负担存在的长期性,二是没有将减负精神植入教育机体的细胞,将之转变成为一种抗毒文化。任何事物的发展总是相反相成的,辩证地看,健康教育机体与学业负担病毒之间是相反相克、相依相生的关系:学业负担病毒是推动教育系统重构的熵量而不全是敌人;学业负担病毒在破坏健康教育机体的同时也催生了教育免疫系统的重建;教育机体正是在应对学业负担中实现自我升级与进化的;与学业负担问题相依相生、共生共长才是真实的教育存在状态[6]。

（一）减负政策及措施缺乏可操作性和针对性

杨柳[7]认为减负反弹现象的出现根植于政府治理行动与思维的不健全,具体表现在:一是当社会大众呼吁减负之时,出台减负文件便成了不得不做的工作,至于政策的效用如何,没有任何的测评体系予以评估;二是减负政策出台的前提逻辑是政策导向的正确性,出现问题的根源不在于国家而在于基层执行单位——学校,正是由于学校没有正确把握与落实减负政策,才使得学生课业负担不断加重。学校承担相应责任是毫无疑问的,但是"学校万能论"的思维遮蔽了其他相关主体的价值存在,尤其是政府的主导作用;换言之,如果政府职责不明确,即使其他主体作再大努力,减负工作依旧难以完成[8]。

朱邦芬[9]分析教育领导部门推出的许多减负的举措,如中学的文理分科、严禁各种节假日补课、实施中学各门课程的新课程标准,高考改革等。并提到,教育部门以为降低了课程课业要求之后,学生会有较多的时间去全面发展,既减轻了学生负担,又提高了综合素质。但是,从实施效果来看,我们必须要正视一个事实:随着学校授课内容中很多基础知识和能力的培养要求一降再降、招生考试越来越简单、平均分数越来越高,我国中小学生的负担至今非但没有减轻,反而变得更重[9]。这主要反映在以下三个方面:(1)提前"加负"。学生在"不输在起跑线上"的竞争愈演愈烈、愈来愈早。从进入重点高中的竞争演变到进入名牌初中的竞争,再提早到进入好小学的出招,甚至到优质幼儿园的报考,"学区房"的天价纪录一再刷新,便是一个佐证。(2)学生每天实际花在学习上的总时间没有减少,尽管课内学时有所降低,随着很多学校明令禁止补课,不留或少留作业,众多培训机构和中介公司纷纷介入教育行业。这不但导致学生家庭经济负担的增加和学生学习负担的增加，而且使得社会阶层更加提早固化。(3)现如今课程难度和挑战度下降，高考区分度缩小，而这对创造性较强的学生不利，学生高分获得的路径更加依赖于学生的细心、记忆力和勤奋程度，为此学生大量时间耗费在"刷题"上，即反复做各种类型的模拟性试题直至熟练，更多地"死记硬背"。特别是高三整整一年的复习和模拟考试，使得不少真心喜欢科学、有天分的学生，学习兴趣和热情都消磨殆尽，由此产生的厌学情绪会延续很长一段时间，由此影响到大学生、研究生，甚至研究人员，这将对我国学生的创造力和想象力的发展产生长远的负面影响[9]。

(二) 减负政策缺乏对学生主体的关注

殷玉新[10]从新中国成立70年来的减负政策来分析，发现减负政策更多关注减轻学生客观负荷层面的学业负担，比如学习时间、作业量、考试频率、补课情况、课时数，甚至睡眠时间等，却对学生的主观感受关注不够。2010年《国家中长期教育改革和发展规划纲要》将学业负担理解为"学生所承受到的有关学习的负担"，开始关注学生的主观感受。但是，从近年负政策来看，依然没有对学生的主观感受给予充分关注。因此，制定科学的减负政策，要从全面认识学业负担的本质出发，既要关注学业负担客观存在的表象，也要关注学生对学业负担的内在主观感受。

在张丰[11]看来，减轻中小学生负担是社会各界关注度很高的问题，但也是社会上争论分歧较大的话题。有人认为学生作业量大，课外补习多，睡眠少，必须严令控制；也有人认为，在资源紧缺、社会分层的背景下，竞争在所难免，减负难以实现。但这些都是从社会环境、教育活动的角度来讨论减负问题。但这里缺少从孩子内心角度去观照和讨论：什么是学业负担？负担的真正影响有哪些？人们所争论的"该减不该减"，只是就表观的任务量的讨论，但当我们走进孩子心灵时，减负是无可置疑的。克服、消灭学生对学习、对生活的消极感受，对于每一个相关的成年人来说都责无旁贷。

（三）减负行动实施仅在学校教育内部

刘尧[3]认为减负陷入了仅依靠改革学校与评价制度的误区。从根本上说，减负陷入"越减越重"的怪圈是功利主义的结果。只要功利主义的教育观念与体制不变，减负只能是一句空话。减负不是单纯的教育评价问题，也不是单纯的行政禁令问题，更不是单纯的学校教育问题。但这不是说，教育评价、行政禁令和学校教育对减负无能为力，恰恰相反，他们应当而且有责任通过教育科学研究、开展教育改革来进行正确引导，为消解功利主义对教育的危害作出贡献。自 20 世纪 50 年代中期以来，教育行政部门持续发出的减负令，不仅以"有令不行、有禁不止"收场，而且深陷"越减越重"的减负怪圈。如何突破这一怪圈？学界一般认为，学校要突破与应试教育相伴随的单一教育评价制度，建立与素质教育相适应的多元教育评价制度。也因此，有了"只要中考与高考以考分为本的人才选拔模式不变、以考试成绩和升学率为主导的教育评价制度不改就很难取得减负实效"的流行舆论。是否果真如此呢？其实，这仅仅是一个方面，仅仅依靠改革学校与评价制度的减负效果是不容乐观的。中小学生学业负担过重被称为"老大难"问题。所谓"老"，新中国成立以来从中央到地方政府发出过若干次减负令；所谓"大"，减负是关系到学生的健康成长与国家的未来发展问题；所谓"难"，减负并不只是单纯靠学校能解决的，面对社会升学与就业压力，面对家长的攀比心理……减负行动着实很难立竿见影。难在何处？从减负现象看，由过去学校课业负担减不下来，转向了

"学校减负、家长增负、校外培训机构层层加压"等。从减负实质看,尽管以考试成绩为导向的教育评价和人才选拔机制常遭人诟病,但背后的实质是更为广泛且更为深层的单一人才观、成功观和评价观。

综上所述,减负的误区有多方面的原因,包括教育部门对减负的认识不够充分,减负行动缺乏可操作性和针对性,减负行动仅在学校教育内部进行,部分减负举措的规范性不足和关注面过窄,缺少对学生的主观感受的关注等。减负存在多方面的误区,因此必须正视减负,充分认识到怎么减负、如何有效减负才能切实进行减负,实施正确的减负行动,真正做到为学生减负。

## 二、减负误区带来的危害

刘尧[3]认为错误的减负危害极大:一是严重阻碍了素质教育的实施,一些地方和学校在考试和升学压力下,有些副科不受重视、课时被任意减少的情况较为普遍;二是损害了中小学生的身心健康,学习时间过长,导致一些学生睡眠严重不足,身体素质下降;三是加重了群众经济负担,影响了"两基"的巩固提高,损害了政府和教育的形象;四是影响了健康融洽的师生关系,少数教师热衷于补课收取报酬等不负责任的做法,导致健康融洽的师生关系异化。

龙宝新[6]指出错误的减负使我国中小学的学业减负工作走出了一条持续强化、层层加码的道路,甚至呈现出"越治越滥"的迹象。如,1955年文件对中小学生学业负担危害的认知是:"损害身心健康,削弱政治思想教育,影响知识质量",而到了2021年,党和国家将其危害提到"侵害群众利益行为,恶化教育良好生态"的层级,表明中小学学业负担已逼近疯狂、猖獗的水平。在此形势下,深层反思国人秉持的课业负担观与负担生成内循环,精准定位政策行为的"杠杆点",就成为迫在眉睫的事情。

张丰[11]认为学业负担是学生面对学习任务与环境的一种消极体验。不恰当的减负可能会增加学生的"负担感","负担感"难以促进学生的兴趣与内驱力,多数情况只是强化了那种外在的逼迫和那种眼中没有光芒的努力;它有可能会破坏学生的从容,让简单化的训练替代思考,替代关于学习方法的悉心体会;更容易让学生身心疲惫,产生生理和人际上的不良的应激反应,改变学生对于生活的阳光态度[11]。学生的学习体验与负担感受也影响着教师教育行为的有效性。教育质量监测中发现,学生参加适量的课外补习只对学业负担感受较轻的学生有效,而对学业负担感受较重的学生来说,课外补习与增加作业都无疑是"雪上加霜"[11]。

随着"双减"政策的实施,我们必须准确认识减负的误区及其危害,减负要实行,但更要准确实行,切忌将减负等同于放松学习、降低学业标准与整体社会文化环境与时代发展的需求不匹配。一个国家的教育状况,是国家发展前景的预兆[3]。目前,我国中小学教育中出现的种种问题,集中表现为学生学业负担过重。沉重的负担从何而来?我们亟须对其根源慎思明辨。孩子心智的成长、行为的准则、道德的规范本该在中小学时期养成,可是我们把太多的注意力放到了孩子所谓的"学业"上,沉重"学业负担"的最终效果是学生个性、兴趣与责任的削弱[3]。减负不是教育改革的目的。减负的目的是促进学生健康成长,而不是为减负而减负。未来减负应注重全空间场域的负担,既要紧扣学校场域中发生的负担,更要重视社会场域可能带来的学业负担;既要考虑教师教学效能不高而带来的学业负担,更要考虑家长期望过高的焦虑而导致的学业负担[12]。

总而言之,减负是一项艰巨而复杂的系统工程,要准确认识到为什么减负,怎么减负,避免减负进入误区,学校、家庭、社会与政府应携手合作,共同承当起这一历史重任,切实减负,做到真正减轻学生的学业负担,促进学生全面健康成长和教育事业的蓬勃发展。

# 第三节 增效减负的现实路径

学业负担治理的优化,需增强各参与主体的凝聚力,形成治理合力;治理内容精准靶向学情,同时聚焦学校教育"质效"双增以及推行综合治理与分类治理相结合的治理方法[13]。为了提高当前的减负效果,增强减负效率,政府、社会、学校和家庭都应该共同承担责任,一起为减轻学生的学业负担而努力。政府减负政策不断出台,虽然已取得了一定的成效,但是学生的学业负担仍存在过重问题。减负问题不仅是教育层面的问题,更是整个社会的大问题,因此需要政府、社会、学校和家庭协同努力,实施精准减负政策[14]。

## 一、政府对减负行动的实施和引领

王贤文[12]认为政府是学业负担的规范者和减负行动的引领者。学业负担过重一直得到政府的关注,政府以政策方式确立学业负担过重的规范,通过引领教育的改革来指导学业负担重的宏观治理。政府在减负中发挥了重要作用,但政策的出台通常基于群体发展的需求,面向的是全体学校或学生,很难考虑学校的具体情况,更难以顾及学生的个体差异,进而削弱了政府减负政策的执行力[12]。因此,在未来减负中,为充分发挥政府减负政策的效力,减负政策制定应关注学生个体意义上的减负,减负内容需弱化规定面向学生群体意义的具体硬指标;能从宏观上指导、协调和监督学校减负,特别注重引领区域内学校的群体减负;能够注重引领全民教育素养的提升,特别是家长的教育观念与教育行动[12]。此外,还需关注减负政策可能带来的社会影响,着力从教育均衡发展与质量提升两个重心把控减负提质的方向。

薛海平[14]提出政府可从以下几个方面开展增效减负的行动:

第一,政府应坚持减负政策,继续治理校外培训机构。目前我国中小学生不管是主观学业负担还是客观学业负担仍处于较重的水平,且校内学业负担重于校外学业负担,这说明学生校内作业仍是学业负担的主要来源,因此政府应坚持减负政策,督导学校减轻学生过重的校内作业负担,防止学习内容超纲和超量的情况[14]。研究发现课外补习增加了学生的校外作业以及学生的校外学习时间,因此为了学生的身心健康,政府应坚持对校外培训机构的治理,贯彻落实监管政策,规范培训机构教学行为,防止培训机构盲目增加学生学习和作业时间[14]。

第二,政府实施减负政策既要减客观负担,也要减主观负担。当前减负政策偏重于减轻客观负担,即降低作业量。随着减负政策的实施,学生的作业量不断减少,可是学生的学业负担仍然在较重的水平,原因在于学业负担不仅包括客观学业负担,还包括主观学业负担[14]。要做到真正的减负,还要考虑到学生主观负担,要从主观和客观两方面一起减,而且由于主观负担和客观负担呈负相关关系,因此实施减负政策要考虑平衡两者间的关系,使作业量维持在一定合理水平[14]。既要防止客观负担过重,也要避免客观负担过轻从而加重学生主观负担。

第三,我国初中生学业负担水平具有较大个体差异性,政府应实施精准减负。每个学生的学科兴趣点和压力承受能力不同，因此减负政策要根据学生个体差异区别对待，实施精准减负，避免一刀切[14]。实施减负政策要有一定的弹性，对不同学习负担水平和学习需求的学生区别对待。针对学业负担水平较重的初中生，政府和学校切实减轻其学业负担；但对学业负担水平较轻且学习需求强烈的初中生，政府和学校不应强制减轻其学习时间和学习难度，应尽量满足其学习需求[14]。

第四，政府和学校要引导家长给孩子减负，减弱家长对课外补习的需求。当前我国义务教育"校内减负、校外增负"已经成为一种普遍现象，学生家长对课外补习的旺盛需求增加了初中生主观和客观学业负担，许多初中生校外作业时间和难度均超过了校内作业，因此学校教育内部的减负措施并不能有效减轻学生学业负担水平[14]。家长寻求课外补习有多方面原因，如初中生校内学习时间压缩导致许多家长没时间照看孩子、学校教育不能满足学生多元化学习需求、考试升学竞争压力促使家长寻求校外补充教育等[14]。政府和学校一方面要给学生提供丰富多彩的课后活动，尽量满足学生多元化学习需求，减弱家长对课外补习的需求；另一方面，要通过家校合作、舆论宣传等方式引导家长给孩子减负[14]。

## 二、社会对减负行动有效实施的参与作用

关于社会方面的增效减负行动，王贤文[12]的观点是社会可以参与减负政策的制定，为减负提供支持。政府政策从宏观上把握与规范了减负范畴，学校则通过教育改革落实减负。然而，有效减负仍需社会的积极参与和持续支持，因为"减负"不是单纯的教育问题，而是一个复杂的社会问题。学生学业负担过重是个社会性难题，仅从教育自身来探寻负担过重的原因，或仅通过教育自身的

改革显然还不足以达成减负提质[12]。社会是学业负担过重的推手,也是减负行动的重要力量。校外培训和家长焦虑通常构成了学生学业负担的校外来源。因此,规范校外培训与缓解家长焦虑是减负提质的重要手段[12]。未来减负不仅要求社会注重营造良好的教育文化氛围,开展多样的以拓展学生素质为目的的实践活动。同时,需要积极利用社会力量引导社会对于学业负担的认知,并构建积极的舆论环境,缓解家长的教育焦虑,积极参与学校教育教学改革和学生的自主减负等行动,继而创造一种全社会关注、参与和支持学生多样发展的社会文化[12]。

实际上,减负行动必须关注可能带来的社会影响。我们不能仅仅看减负的教育影响,还需着眼于减负后可能带来的新问题,做好解决问题的准备。

### 三、学校是减负行动实践的主要场所

王贤文[12]指出,学校作为学生学习活动的核心场域理所当然成为减负行动实践的主阵地。他提出,学校可以通过以下方式,积极落实减负政策,达成减负提质的目标。

首先,改革教育教学评价。我国中小学教育评价饱受诟病,常被认为是减负不力的深层原因。周兆海[15]等人认为,现有教育评价制度通常将减负置于"减负的应然诉求与课业负担的实然价值之间的错位关系中。为此,完善落实学生发展性评价体系和优化设计双轨教育升学体系是解决中小学生课业负担难减困境的可行之道"。陶含怡[16]等人指出,减负政策需要"从课堂评价的微观视角讨论'减负'的可能和可为之处,通过课堂评价减轻中小学的作业生理和心理负担"。

其次,加强课程与教学改革。学校可以通过优化课程的设置

与教学改革开展减负。黄伟[17]提出,课程计划应从顶层和源头统筹规划,加大对学生课业负担的管控力度;完善课标与教材,使教学质量、难易清晰有度,让课业丰富多彩;课堂教学应回归基础教育的基础性,给学生预留课业选择的空间;教学管理直接介入课业管理,以教学评价导正课业的价值旨趣。李刚[18]等人认为,基于教科书的减负主要包括内容减负、结构减负、使用减负、限重减负和数字减负等5种方式。减负也应逐渐从缩减学生课业任务向提升学生积极感受转变,促进教科书的编排科学合理、高度重视学生教科书使用的深入研究以及不断加速电子教科书的功能完善等。

再次,提升教师的教学效能。"减负提质"必须确保教学的"高质",因而提质是减负的前提。一般认为,教师是学生学业负担过重的诱因,实际上,这种认识弱化了教师在减负提质方面的作用。为此,王天平提出[19],明确教师与学业负担的主客体关系,明晰教师认知学业负担的逻辑先在性。教师对学业负担的认知必须在观念和方式上发生转变,应以心理感受衡量学业负担,以深度学习减轻学业负担,使得减负工作真正从外延式减负走向内涵式减负,在减轻学业负担的同时提高教育教学质量。

最后,优化学生的作业。作业是课程与教学的延伸,是巩固学生学习的重要手段。然而,过多的或过难的作业常常异化为学业负担。因此,减少作业时间和作业量以及作业难度成为诸多减负政策的刚性要求。

关于作业减负方面,陈丽华[20]提出建立多维作业负担监测体系与支持系统。一方面,构建市、区、校三级作业负担监测体系,从省市教育行政管理层面来看,可以依托各省市教育质量监测中心定期进行作业负担监测,也可以组建作业负担监测项目组对各省市中小学生作业负担进行监测[20]。另一方面,建立学校、教师、家长、政府、社会五位一体支持系统。作业负担过重现象一直存在，不同阶段的表现形式不同，当前主要问题是"课内减负、课外增负""线下减负线上增负"，要改变这一现象，需要构建学校、教师、家长、政府和社会支持体系[20]。

学校是学生学业负担的主要来源，也是减负行动实践的主战场。除了加强教育管理与教学等改革措施，未来学校应更加注重发挥其在政府、社会和学生之间的沟通作用：一方面，学校应该坚守学生学业负担的底线，不能放弃学生学业质量提升的目标，注重减负中承担指导者角色，帮助学生识读自我，为学生提供更多自我发展的空间；另一方面，学校注重政府、社会的沟通，特别是针对校外培训带来的校外负担，学校通过家长学校来提升家长教育素养，通过教育管理与教学质量的提升以及多样化课程的开设来规范校外培训[12]。

### 四、家校合作——增效减负的新途径

在增效减负的行动中，家校合作是一个很重要的途径。我们应该大力促进家校合作，共同为减负行动努力，一起减负学业负担。家长与社会机构是减负行动的重要力量。学生负担过重存在着深刻的社会原因。教育政策引领和学校教学改革很重要，而家长的观念更新和社会文化的弃旧（如"学而优则仕"）趋新（如对人才评定的多元标准等），也应纳入"减负"策略考虑的范畴。在减负实践中，家长往往以"增负"方式参与，因此，化解家长的焦虑，争取家长支持将是减负需要解决的问题[12]。

为了阻断病毒传播，疫情期间许多人都在家中没有外出，不少日常工作忙碌的父母、老人也得以有更多时间陪伴孩子。这恰恰为我们关注家庭教育、思考如何与孩子沟通提供了一个契机。家

庭教育自古以来就是教育最重要的基础。现代学校制度产生之后，尤其是女性走上职业舞台以后，父母才逐步把教育权利交给学校。尽管如此，学生最多的时间仍然是在家庭度过的，真正的教育也一定是从家庭开始的。父母今天的样子，就是孩子明天的样子。对于一些家庭来说，这段时间可能是少有的亲子 24 小时共同生活的宝贵时光，如何利用好与孩子在一起的时间？从亲子共同阅读，到亲子共同游戏，再到父母和子女促膝长谈，广大父母应该珍惜与孩子朝夕相处的机会，好好担当起家庭教育的责任，才能为孩子的健康成长提供良好的家庭环境、带来更多积极影响。

大部分人都注意到了，这次疫情中既涌现了一批正如我们上面所提到的通过亲子共读、亲子游戏等各种丰富多彩的活动，与孩子深度交流的父母典型，也出现了不少"被逼疯"了的父母。他们不愿意花时间与孩子沟通交流，无法容忍孩子的作业错误，看不惯孩子的许多言行，反而疏远了孩子。针对这些情况，我们特别倡导和鼓励父母和孩子一起，选取这次疫情中的一些现象为主题，完成一次共同的作业，共同查资料、共同讨论，在疫情过去之后形成一份小小的研究报告。这不仅将是一次有效的思维训练，也将成为父母和孩子共同的珍贵记忆。通过疫情，相信大家都能深刻地体会到，教育不仅仅发生在校园，生活本身就是最好的教育。无论是通过网络进行远程教育，还是更加重视家庭教育，每一个环节都能成为课堂。用好这些课堂，不仅能让孩子学到更多东西，对老师和父母来说同样也是一种进步和成长。我们的每一个行动都是在教育孩子，也是在改进甚至重塑我们自己。我们的模样，就是世界的模样，就是明天的模样。

进入后疫情时代，我们必须切实减负，抓紧减负，并且做到真正减负，既要让学生学习好又要让他们休息好是后段中小学教育教学工作的目标。为此,我们必须用整体性思维充分平衡和做好各项工作,这样才能真正做到化"危"为机。对于学生的学习,是坚决不能搞"恶补"的,也不能寄希望于"一蹴而就"。这样可能会在无形中加重学生的负担。我们应该坚持长线思维,尽量减少占用学生的休息时间去学习,保证学生的学习、休息两不误。为了学生的健康成长和全面发展,教育事业的发展能更加辉煌,增效减负行动我们还需坚持并长期坚持。

## 参考文献

[1] 王竹立.后疫情时代,教育应如何转型?[J].电化教育研究,2020,41(04):13—20.

[2] 马健生,吴佳妮.为什么学生减负政策难以见成效?——论学业负担的时间分配本质与机制[J].北京师范大学学报(社会科学版),2014(02):5—14.

[3] 刘尧.中小学"越减越重"的减负怪圈何以突而不破?——走出仅依靠改革学校与评价制度的减负误区[J].上海教育评估研究,2014,3(03):31—35.

[4] 方丹.基于学业负担评价的学校教学管理改进研究[J].教育科学研究,2021(05):91—96.

[5][14] 薛海平,张媛.我国初中生学业负担水平与差异分析——基于CEPS2015数据的实证研究[J].首都师范大学学报(社会科学版),2019(05):147—166.

[6] 龙宝新.中小学学业负担的增生机理与根治之道——兼论"双减"政策的限度与增能[J].南京社会科学,2021(10):146—155.

[7] 杨柳,张旭.新中国成立以来我国"减负"政策的历史回溯与反思[J].教育科学研究,2019(02):13—21.

[8] 刘合荣.事实与价值[D].武汉:华中师范大学,2007.

[9] 朱邦芬."减负"误区及我国科学教育面临的挑战[J].物理与工程,2016,26(04):3—6+17.

[10] 殷玉新,郝健健.新中国成立70年来我国学业负担政策的演进历程与未来展

望[J].首都师范大学学报(社会科学版),2019(06):172—179.

[11] 张丰.学业负担的实质:学生消极的学习体验[J].基础教育课程,2020(09):78—80.

[12] 王贤文,周险峰.学业负担治理研究十年:回顾与展望[J].河北师范大学学报(教育科学版),2021,23(03):121—127.

[13] 陈玉玲,邵艳红.历程、特征与优化:我国中小学生学业负担治理研究[J].教育发展研究,2022,42(04):21—34.

[15] 周兆海,邬志辉.理性冲突与调适:中小学生课业负担难减困境及其突破[J].教育理论与实践,2016,36(11):19—21.

[16] 陶含怡,周文叶.课堂评价何以减负——兼评《中小学生作业负担之轻与重:课堂评价的解读》[J].当代教育科学,2019(03):88—92.

[17] 黄伟."减负":课程与教学的担当和作为[J].教育发展研究,2013,33(24):41—45.

[18] 李刚,吕立杰,李晴.基于教科书层面的减负路径与思考[J].教育理论与实践,2017,37(05):42—45.

[19] 王天平.学业负担的教师认知逻辑[J].教育研究,2016,37(08):92—98.

[20] 陈丽华.中小学生作业负担监测机制思考[J].人民教育,2021(Z1):19—21.

# 第十二章　减负途径与对策

## 第一节　宏观政策引导

不以规矩，不成方圆，任何事情的形成与发展总归要依据一定的章程，以此来引导人们的思想，影响人们的言行。对于学生的减负也不例外，需要宏观的政策加以引导正确的价值观、规范的行为。社会越发展，法律发挥的作用就会越大；社会越发展，就越需要法治，观念和法治思维来约束自己的言行。教育活动作为人类文明发展到一定时期的产物，同样需要强制性政策来明示教育系统中存在的失范行为，扭转不良的风气，净化人们的心灵，提高教育系统的运行效率。

### 一、减负政策文本的历史分析

学业负担的问题是长久以来困扰学生、家长、教师、教育政策制定者的一大难题，对这一问题的系统研究可以追溯到上世纪 50 年代初。整理中小学生的减负文本分析可以看出，中国的减负政策从纵向时间轴大致分为三个时间段，即 1950 年代初至 1960 年代中期为第一时期；1960 年代中期至 1970 年代末为第二时期；1970 年代末至今为第三时期。第二时期，由于进入了所谓"文革"时期，当时"知识青年"无论读书好还是读书差，都要走"上山下乡"的道路，所以也不存在催产"过负"（即"过重课业负担"的简称）的内、外驱力。[1]

从第一个时期来看，当时中国的减负政策的主题和思路，主要集中在坚持上好体育课；保证学生充足的睡眠时间；改编繁难杂旧的教科书等，这一时期的减负政策只是为了减负而减负。第三个时期也就是 20 世纪 70 年代末期间，该阶段是以"教育现代化"和"改革开放"为基本国策的时期，与此同时这一时期的减负政策的主题和减负思路较上一时期也有较大的丰富与发展，集中表现在由过去只重视学生的身体健康转化为一并重视学生的心理发展状况、兼顾学生素养发展；在教育思想上，强调要深入贯彻党的教育方针，培养德智体美劳全面发展的社会主义事业接班人。

回顾我国近 70 年的减负历程，国家层面颁布的相关的减负政策近 90 项，并且随着时间的推移出现颁布频率增长的趋势，其中近几年最广为热议的当属 2018 年教育部等九部门联合颁布的《中小学减负措施》（俗称"减负三十条"）和 2021 年 7 月份颁布的《关于进一步减轻义务阶段学生作业负担和校外培训负担的意见》（"双减政策"）。以此次"双减"政策为代表的一系列减负措施就是要切实落实立德树人的根本任务，切实减轻学生课业负担和校外培训负担的双重压力，力图为中小学生的全面发展创造优良的成长环境，转变单一片面的人才观，促进学校教育教学的改革。

通过简单地对历史上一定的减负政策文本分析，我们可以看出随着时代的发展变化，减负政策也在同步发生变化，既有进步之处也有需要引以为戒的地方。纵观以上的分析,其不足之处是减负的思路主要集中于教育领域。其实我们都知道学生的学业负担过重,只不过是社会为体的一个中心缩影而已,背后有着强大的社会支撑力。要让"双减"政策精神落地,必须各个部门系统统筹发力,需要公共政策、相关保障政策建立落实"双减"的大环境,教育政策的切实执行,更需要减负政策完善自身的体系框架,建立群策群力减负政策系统工程,方有可能将减负目标落到实处。

## 二、学业负担政策治理的体系构建

### (一)规范公共政策的价值观传导

第一,要改革用人制度,倡导爱岗敬业,重能力的用人制度。目前企业在招聘员工时,学历成为首要的门槛,我们不能下结论说"读书无用论",但是只凭借学历来断定一个人的能力也多少有些片面,尤其是在当下的环境下,许多的年轻人正是看见了公司在招聘时给高学历人才的优待,产生了为了学历而求学的价值观念,在这样的社会大环境下,诞生了一群高分低能儿。因此,倡导用人单位需综合考量应聘人员各方面的综合素养,调整笔试和面试的分数占比,以重能力的用人制度倒逼正确的教育价值观。

第二,要重塑价值观,引领良好的社会风尚。不可否认的是教育活动与社会活动有着千丝万缕的联系,并且随着经济的发展,教育的社会功能表现得越发明显,越来越受到人们的重视。但是现在的问题是人们将教育的社会功能无限地放大,接受教育的最终目的就是要谋取一定的社会利益,这种观点最终导致了价值观的扭曲。固然教育要服务于社会并且受制于社会,但是同时也应该承认教育作为一项社会活动也具有其独立性。培养出德智体美劳全面发展的社会主义事业接班人是教育的目的,也是教育最本体的功能,倘若将实现个体发展和社会发展的衍生功能无限地附加在教育中的话,势必会增加学生的课业量,再加之中国父母传统思想将子女学业上的成功视为光耀门楣的大事,因此学生过重的学业负担便可想而知了。当前社会行为的失范和价值观念的偏差与公共政策不无关系,因为公共政策或隐或显地左右着人们的判断和选择。[2]学生的学业负担过重的问题,其实是社会问题在教育领域的缩影与体现,"学而优则仕"的社会价值观早已根深蒂固地扎根在中国国民心中,学校本应该是学生快乐成长的乐园,但是功利性的社会价值观导向迫使学生不得不背负沉重的学业压力。当前应该从公共政策入手,营造良好的社会风气,引导人们正确认识教育的本体功能,充分发挥教育育人的本质。

第三,树立终身教育理念,创新教育模式。终身教育思想始于20世纪20年代,于20世纪60年代在国际上流行,保罗·朗格朗的《终生教育引论》《学会生存》《教育——财富蕴藏其中》等著作都是终身教育理念的代表作。终身教育理念的含义中有一点就是强调人在横向的各个领域所接受到的教育,那么也可以理解为在各个渠道所接受到的教育,使教学活动突破学校教育的局限,从而扩展到人类生活的整个空间。随着互联网的发展,人们具备了接受不同于传统模式的教育条件,可以通过互联网随时随地地学习。基于多媒体的学习方式的确给年轻人带来了许多便利,考证、学习等活动也不再仅仅局限于面对面授课的形式。2019年末全球性的肺炎疫情对于世界都是一个重大的考验,新冠病毒很有可能成为常态化,教育部门启动了积极的应对措施,网上授课如火如荼地展开,这种不同于传统的教学方式是前所未有的。传统教育体系适应教育普及程度低、教育机会少与教育投资回报高的教育发展形式,推行学校教育标准化模式,崇尚标准化考试与排名,专注选拔筛选与分流淘汰,建立精英目标与竞争机制,实现学校等级制。[3]在这种学校机制下线上的上课形式虽然存在众多的缺陷,比如对于自制力不强的学生来说,线上的教学方式代表着教学效果堪忧,但是从改变当前学校机制带来的不同方面的问题来看,这种教学形式给了我们对于教育制度和教育模式的新思考——在技术领域重新思考教育问题,让技术赋能于教育。随着经济增长与发展,教育普及运动不断推进,教育公平思想日益得到社会与政府的接受,作为人权与作为民生的教育观日益得到认可和凸显,在教育普及化已经成为现实的时代,个体有权获得更多的教育与学习机会,政府有责任满足这种权利的实现。[4]

（二）确保教育政策执行到位

解决学业负担过重的问题,制定好的教育政策是重中之重。教育政策既向上联结国家层面的教育政策,又向下指导着一线教育工作者的教学行为,可以说是起着承上启下的作用。因此,全面解决学生学业负担过重问题,需要由里及表、由内及外、环环相扣,打好教育政策组合拳,这也是新时代教育要着力完成的重点工作。[5]

第一,要优化课程设置,减轻学生负担。"课程作为一个实践领域,具有悠久的历史以及与文化传承与之相伴相生的丰富生动的教育智慧,它对于促进人的身心健康与和谐、推动与创新、引领社会的文明与进步、加强自然的开发与保护,都发挥健康而又积极的重要作用,成为整个教育体系中不可或缺的核心要素之一"。[6]课程是学校教学的开展的方向,在学校教育中具有举足轻重的地位,教育目标与教育价值的实现都需要通过课程来体现和实施。因此,科学合理地设置与实施课程,是提升教师教学效能、提高学生学习效能,进而减轻学生过重学业负担的关键所在。[7]课程是影响学生身心发展的中介,课程结构的设置是否均衡合理,课时的分配是否合适,课程类型是否多样,不同类型的课程之间是否具有合理的张力,都会直接影响学生对课程的理解程度,进而影响学生的课业量。

从课程视角来看,想要使学生减负取得明显成效,重点是调整课程的结构,适当地增加自主活动类的课程,常见也是应用最为广泛的一个做法就是开设选修课程,形成选修课、必修课、综合实践课程相统一的模式。选修课要兼顾学校自身的教学条件与特色,考虑学生的学情与接受能力;必修课是为保证学生基本知识技能所必不可少的课程;综合实践课程可以与选修课和必修课相结合。这样安排既减少了学时,减轻了学生的学业负担,也兼顾了学生的学习兴趣和学习动机,增加了学校和学生的自由度。

第二,要提高教师的素养,切实保障教师的工作待遇。良好的师资队伍是培养出品学兼优的学生的前提,组建一支具有高水平,先进教学思想的教学队伍也是提高教学质量的前提。不得不承认,目前学生的学业负担一方面来源于教职工评奖评优的间接压力,切实保障与提高教师的工资待遇,使教师有更多的精力投入到教学活动中去,认真钻研课程,摸索实质高效的教学方法,不仅是减轻学生课下课业量的有效渠道,也是提升教师自身素养的方法。

第三,要规范义务教育学校的标准化建设。要根据各阶段学生成长不同标准,配备所需要设备和制定相应措施,确保各级各类学校要予以保障,为学生有健康快乐的校园成长环境做出建设。

第四,是要规范学校的教育评价制度,以多元的评价制度倒逼良好的教学风气。过于绝对的评价标准和过于单一的评价方式往往会培养出思维单一且能力有限的学生。仅以分数来断定学生的优劣有着不可忽视的片面思维,只以一把尺子来衡量学生的成长必然限制学生多方面的成长。固化的评价理念可能会埋没部分人才,学习成绩不好并不代表一无是处,暂时的落后不代表永远落后,大器晚成的例子比比皆是,伤仲永的悲哀也处处可见。因此,应该建立多元的评价体系,多样的评价方式,将终结性评价与过程性评价相结合,兼顾绝对性评价和相对性评价,重视教师对学生的评价,给学生多方面发展的机会,让所有学生的潜能都能得到最大程度的发挥,真正实现学校育人的功能,不要让"一切为了孩子,为了孩子的一切,为了一切孩子"的口号成为弥天大谎。

(三)保障相关政策的协同作用

改革招生制度、就业制度。考试制度如同一根指挥棒,引领着教育活动的方向;考试招生制度也是学生成长过程中的一个重要节点,影响着学生的成长发展,影响着大众对读书目的抱有错误观点,改革招生考试制度也被视为减负的重要途径。

考试是评价学生学习结果的重要手段,统一的选拔性考试在以往的人才选拔中发挥着重要的作用,保障了选拔的公平与公正;然而目前种种应试行为而造成学生学业压力过大的现象启示我们不能用传统的思维去看待考试,需要重新定位和使用考试手段。改革招生考试制度,一是要改变国家计划指标分配到地区、高校的招生制度。高校招生必须基于分类管理的高等教育体系建设,尽快让高等学校获得本校招生的主动权,具有真正的招生自主权,包括招多少、怎么招、招谁(包括来自区域)等方面的权利与责任。二是不能再增加中考内容,而是要探索在实践中弱化或者取消统一"中考"。不宜也不能用"选拔性""升学考试"即"中考"分数评价每所中小学校全面实施素质教育和落实立德树人的成效;体育、美育和劳动教育加入"中考",同样会有"应试",同样会有校外培训机构参与,势必还是与"双减"相冲突。三是在长三角、粤港澳大湾区、京津冀、海南省等地区先行探索试点考试招生制度改革。例如,在长三角探索我国高校招生改革从"国家统一"转向"区域一体化",打破传统"省域"高等教育制度体系框架,建立省际联动、共建共享区域高等教育生态系统。[8]

（四）完善减负政策自身体系框架

第一,拓宽负担的内涵,关注学生心理负担。对学业负担内涵的理解直接关系着制定的减负政策是否直达问题的要害,事关减负的成败。从第一时期的减负政策出发可以推出该阶段对"学生学业负担"的概念理解过于片面,认为负担仅仅是以时间为度量单位的课业量,这样的理解难免会影响减负政策制定的出发点与核心要义,误导减负政策制定的方向,削弱其影响力。其实,学生背负的不仅仅是老师布置的超负荷的作业量。细想一下便知,他们背负的更为隐形、影响更为深远的便是心理上的负担,而深入探究这些心理上负担的来源,可以为教育政策的制定奠定坚实的基础。

第二,加强对学业负担政策的研究。从初期减负政策的条目内容来看,减的是外在的课业量,而内在的质的提升并没有注意到;直到 20 世纪 70 年代,也就是第三时期,将注意力逐渐转移到提升学生的综合素养上来。将减负的精神落到实处,除了制定减负的相关政策之外,加强对历来减负政策的研究也是确保提升减负效果的途径之一,这为政策的制定、大众对其认同感的增强、政策的执行奠定了坚实的理论基础。当前,我国学者对减负政策方面的研究并不深入,这就要求我们在总结和反思现有减负政策的基础上,加强政策的理论研究,建立健全减负政策科学的理论研究机制。其次,制定新的减负政策时必须基于科学,要以科学理论作指导,要依照科学研究成果科学地制定减负政策,采用正确科学的方法,做到定性分析和定量分析相结合,领导、专家、群众相结合。[9]中小学生是学业负担最直接的受众群体,然而在减负政策的制定过程中却忽视了学生的主体地位,每个学生在学习过程中所承担的学业负担的类型、程度都有差异,学业负担问题体现在受众群体方面,是共性与个性相结合的现象,过于强调统一的减负政策势必会削弱其减负的效果。最后还要从历来制定的政策机制中总结归纳经验与不足,也要积极借鉴国外的相关教育理念与政策。

第三,健全减负政策的长效治理机制。建立统筹兼顾的长效治理机制,一是统筹兼顾当前和长远发展需求,政策制定既要符合现实的需要,也要符合长远发展需要;二是统筹兼顾总体和局部的关系,既要尊重教育自身发展规律,也要尊重地区发展差异,协调好教育与社会其他部门之间以及不同地区教育发展之间的关系。[10]学业负担在不同的地区、不同的学生中呈现出来较大的差异,表现出共性与个性相结合的现象。建立统筹兼顾的长效治理机制,将减负政策的核心贯穿到每个环节,并建立与各个环节相配套的减负政策体系,做到解决措施与问题现象的一一对应,真正做到对症下药。

第四,建立健全减负政策问责和监督评估机制。减负政策的落地涉及到政府部门、学校、家长等各个执行者。现行的减负政策多侧重于对政策的执行,而没有相应的监督问责机制与其相匹配,这可能就造成某些决策者和管理者弄虚作假,对本职工作懈怠。建立问责和监督评估机制,对取得明显成效的地区和单位加大资金投入,加强宣传引导,推广先进经验,对弄虚作假,落实不力的,严厉惩罚。同时还应创新地从教育系统外部着力,开展第三方评价,鼓励引导专业机构和广大社会公众参与监督评估,要充分利用大数据等信息化手段,建立健全可记录、可监控、可检查、可追溯的减负政策评估信息化体系,这有利于迅速搜集减负政策评估所需信息,有利于使评估做到透明化、民主化,使减负政策从制定、执行、反馈、调整一直到监督评估等全过程形成一个完整的信息化网络,更有利于减负政策的落实。[11]

# 第二节　社会文化构建

学生的学业负担过重,既是持续增加的就业竞争压力、优质教育资源短缺造成的升学压力和宏观政策调节失策等原因造成的后果。此外,还有一个重要的社会文化成因——传统思想。传统思想是在漫长的历史进程中形成的约定俗成的看法和观点,中国历来就是一个重视传统文化继承的民族,"学而优则仕""书中自有黄金屋,书中自有颜如玉""万般皆下品,唯有读书高"等思想深深印刻在中国一代代读书人的心中,进而产生了唯分数论、唯学历论、唯读书论等一系列的病态心理,似乎只有取得高学历,成绩好,分数高才是人才的必备标签,学生的课业量早已超出课程标准和学生身心发展所能承受的范围。唯读书论的病态心理依托于以传统文化的文化机制导致了内在的教育价值观扭曲,因此,要解决学生学业负担过于沉重的问题,还需要社会全体改变过去固有的传统观念,避免将分数,成绩和学历看作是评价人才的唯一标准,从思想上解放学生,为减负提供内驱力。

学业负担问题不仅是一个教育问题,更是一个社会问题。从传统文化的角度来看,由于文化的影响力辐射范围涉及到社会大环境中的方方面面,学业负担过重这一反教育规律的难题还表现在人们长期以来对人才观、知识观、学习观和教学观的固有看法上,因为这种反教育规律的问题并不是宏观的政策可以完全解决的,所以要想解决学生学业负担过重的问题,需要社会、家庭和学校的协同作用,改变原先的教育观念,形成合力来实现减负目标。

## 一、树立多样人才观

(一)扭转病态的教育价值观取向,树立"以人为本,全面发展"的学校育人理念

纵观我国的教育政策,无论是"素质教育",还是近几年被大家广为熟知的"核心素养",其实质都是倡导全面发展教育,批判以成绩为导向的教育方式。《大学》开篇写道:"大学之道,在明明德,在亲民,在止于至善",通过教育使学生拥有宝贵的品格,使其具备学习和生活的技能才是教育最初的功能与任务。雅斯贝尔斯曾经说过:"教育是人的灵魂的教育,而非理性知识的堆积",充实人的灵魂,净化人的心灵,树立正确的价值导向是教育的功能。换句话说,教育要发挥其"育人"和"育心"的导向作用,改变社会的观念结构和"非人"的价值观倾向,建构起一套关于人的解释系统,以"三人"的理性价值观为基础,引导社会对教育进行正确认知以及对人才重新定位,形成教育与社会的良性互动机制。[12]人是教育的出发点和落脚点,在教育实践中应倡导更加符合生活逻辑和人性发展的教育价值观,使教育脱离片面的知识论层面,进而深入人的灵魂,改造人的生活。

(二)造就多元化教师队伍,树立基础教育人才多元的育人环境

第一,塑造全面发展的学生,必须配备多元化的教师队伍。基础教育阶段的教师不仅应具备渊博的知识储备,更应该有先进的教育理念,看到学生在不同领域的闪光点,不单纯凭借成绩评价学

生的进步。许多学校尤其是农村的基础教育学校，绝大多都是单一的文化课老师，很少有专职的音、体、美老师，学生的在校时间被大量的文化课时间占据，即使是有音、体、美课，也由于教师技术上的不专业和思想上的不重视而敷衍应对。

第二，营造个性自由发展的校园环境。冲破应试教育的牢笼，摒弃片面追求升学率的狭隘教育目标，将素质教育的理念贯穿于学校文化建设中。即使素质教育的实施困难重重，也应该明晰教育的本质与基本逻辑。

第三，引导学生成才，重视四大素养。注重培养学生养成良好的卫生习惯与锻炼习惯，良好的身体素养是成才基础；注重道德素养的培养，从小养成正确的道德认识；注重创造力的培养，善于在现实生活中灵活运用变式解决问题；注重文化素养的熏陶，文化知识是未来谋生和进一步发展必不可少的条件。

（三）拓宽向上流动渠道，树立人才多元的家庭育儿观

一方面，"望子成龙，望女成凤"是中国式父母的传统育儿观念，并且这个期望的成功绝大多数是体现在孩子学业的成功上的。另一方面，2020年8月13日，"大学生就业问题研究"课题组发布的《就业困难大学生群体研究报告》指出，2020年应届毕业大学生约为874万，比2019年增加近40万，再加之疫情的影响，很多人选择在国内择业，这意味着更多优质人才来竞争有限的岗位，因此也就加重了学生的学业负担。转变固有的单一的人才观念，逐渐树立多样的成才观念，"条条大路通罗马"，允许孩子在不同的道路上取得成功，避免用传统片面的评价标准要求孩子，尊重孩子多方面发展需要，培养多样的兴趣，发掘各种潜能，培养孩子的动手实践能力。总而言之，既要注重智力因素的发展，同样不可忽视非智力因素在孩子成长过程中的重要性。

## 二、摒弃客观主义知识观,重塑主观主义知识观

重视知识的价值是增加学业负担的缘由之一,过度提升理性知识的认识有着深远的历史渊源。纵观历史的长河,古今中外名人名士都尤其强调知识的价值。在古代,孔子认为,仅靠学校中的书本学习就能"百世可知""其或继周者,虽百世可知也"。只要学习关于周朝的知识,那么就知道所有的知识了(《论语·为政》)。孟子也强调"学校"就是明人伦的场所,"设为庠序学校以教之。……学者三代共之,皆所以明人伦也"(《孟子·滕文公上》)。除此之外,亚里士多德为了发展理智灵魂,发展人的灵魂中的最高部分,更重视纯粹(思辨)科学和哲学的探索。例如,亚里士多德认为,"这些学科既能体现以智育为主的要求,又能进行纯理智的探索,并进而发展理智灵魂,以实现教育的最高目标"。赫尔巴特更是认为,实现教育最高目的唯一途径就是教学。[13]

由此可见,古今很多的哲学家和教育家都认为知识在教育活动乃至人的发展过程成功中具有举足轻重的作用,书本知识是影响学生发展的信息中介,如何看待知识的价值、如何解读知识的概念、如何理解知识与教育教学的关系,将直接影响教育政策的制定、教师的教学、学生对知识的构建与理解。重新审视知识在学生发展过程中的作用和影响,重新树立新的知识观,让知识服务于学生的成长和发展,对于减轻学生的学业负担具有重要的意义。

(一)重建知识观,为核心素养生成赋能

经济合作与发展组织在 DeSeCo 中对素养做出这样的界定:"素养是个体在特定情境调动认知与非认知的心理资源,成功满足复杂需要的能力",[14]由此看来,知识并不是客观世界的固定表征方式,而是一种可以拿来灵活运用解决问题的工具。然而传统知

识观认为知识仅仅是一种囿于教材、囿于课堂的文本材料,至于知识的实践价值抑或是其他价值,现有的教学制度和教学环境则全然不顾,认为学会了课本的内容就等于完成了教学任务。知识的教学仅仅是服务于眼前的教学任务,而不考虑学生的长远发展。长此以往,学校的学生培养规格可能永远都达不到理想的标准。

现在我们倡导培养学生的核心素养,那么具体应该怎样落实。在核心素养视域下的知识观强调,摒弃传统知识观将知识视为现成概念或客观实体的知识信念,期待知识从客观符号、规律定理转化为具备资源活力、能够迁移与运用的工具、资源。通过个体情境性、道德性的知识迁移、灵活运用解决复杂问题,实现知识的价值,为素养的生成提供知识基础。[15]化知识为素养的重要途径就是将客观的知识"内化"于个体,这与建构主义的知识观不谋而合。教师是引导学生内化知识的重要中介,因此教师应该树立建构主义的知识观——将知识看作是个人的兴趣和旨趣所指向的东西,而非外在于主体的客观的存在,或者是头脑对外界客观知识的直观射而已。知识观影响的除了对知识本身的看法之外,也会影响教师开展教学活动的方式,进而影响学生摄取知识的方式,最终以影响学生学习兴趣的形式,造成学生的厌学心理,导致主观感觉学业负担的加重。

(二) 突破课本教材束缚,拓宽知识来源

传统的对于课程内容的看法是将其界定为课本知识,这严重缩小和窄化了教学内容的概念。完全按照课本进行教学已经成为老一辈教师的习惯性做法,而完全脱离教材内容而自己另搞一套的做法也是一种极端的做法。课本是课程标准的具体化,旨在为教师的教学提供可行的依据,倘若不更新教学观念,由学科专家创造的学科知识,即便经由教师的理解,仍然是以脱离学生经验的方式呈现出来。这种呈现方式与学生的生活不相干,一旦遇到需要解决的真实生活问题,孩子们往往束手无策。因此,重新认识课程知识的本质及其价值刻不容缓。[16]刷新"教课本"的陈旧观念,就要学会"用课本教"。课本知识不可能穷尽所有的知识经验,这就需要教师根据教材中的教学目标,结合学生的实际学情和可以提供的教学条件,适当扩充教学内容,使课本知识真正为学生所用,而不是偏执地将课本知识生硬地套用于学生身上。

### 三、树立动态教学观,摒弃封闭教学观

（一）以作业改革撬动作业减负

作业是日常教学中必不可少的环节之一,既可以使学生巩固复习所学的知识以便灵活运用解决问题,还能便于老师发现学生在学习过程中的难点、易错点。正是由于作业布置环节的重要性,教师往往都布置给学生超量的课后作业,认为只有通过大量作业的形式才能起到复习巩固的效果。虽然理论上理解每个学生对知识的理解程度都不一致,完成作业的数量和质量也参差不齐,然而现实的问题却是教师按照自己的意愿给所有学生布置统一量的作业,导致多数学生回到家后加班加点地赶工,压缩了课外活动的时间,睡眠时间不足,还会背负较大的心理压力,长此以往,作业不但没有为提升教学效能做贡献,反而会成为降低学生学习兴趣,损害学生长远发展的罪魁祸首。"双减"背景下也同样呼唤作业的改革,作业改革并非极端的不布置作业,而是要改变原来的作业模式,探索因人而异的作业形式,既能达到巩固课上所学内容的目的,又不会加重学生的生理和心理负担,使学生体会到学习的趣味,调动学习的积极性。

2021年4月教育部办公厅发布的《关于加强义务教育学校作

业管理的通知》中明确指出要把握教育的育人功能,严格控制作业量。在此次文件的指导下,同时在双减政策的背景下,关于作业改革的实践层出不穷。以作业的改革解决学业负担的缓解须遵循以下原则:

第一,坚持学生发展的立场。作业设计要关注学生个性发展,让作业服务于学生的真实学习。作业设计的过程可以引导学生参与,让学生理解作业的学习意义,增强学生完成作业的兴趣。[17]第二,类型多样化而不脱离实际。鉴于学生学习状况的多样化,作业的形式也应该遵循多样化的原则。不同于以往的一刀切式的作业形式,多样化的作业因为其非常规的形式,难免会有不接地气、过于浮夸、脱离实际的诟病。所以在设置其形式时,要注意把握好分寸,使学生在复习的同时又能缓解过重的课业量带来的心理压力。第三,作业的目标要指向高阶思维。作业减负通常就是指减少作业的量,但是仅仅减量似乎将作业减负的观点狭隘化了。从长远发展的角度来看,一切教学工作都是未来学生的长远发展,所以作业在减量的过程中应该提质量,破除将作业功能定位于知识巩固与技能训练的狭隘观念,让作业不局限于浅层学习,指向知识应用、评价、创造等高阶思维。[18]

作业改革在具体的实施方面,可以偏向实践方面。灵活运用知识,将课堂内容应用于真实的生活中,活学活用。以真实体验为节点,将实际生活与课堂教学链接起来,这也符合新时代的培养规律。

(二) 更新教学方式,提高学生学习积极性

学校是学生学业负担产生的中介,学校教师的教育观念,校园文化的建设,课程的设置等因素都影响学生课业负担。因此,学校因素在减负过程中承担着重要的角色。

传统的应试教育使教师一味地进行"填鸭式"教学,不仅不符合素质教育的要求,也不符合学生的身心发展规律。教师首先自己要更新教育观念,提高自身的素质,紧跟时代的潮流,采用学生喜欢的学习方式,为学生创造愉悦的成长环境。在应试教育的环境下,讲授式授课方式因其高效性尤其受欢迎,随之而来的一系列弊端也在所难免,教学方式的改革势在必行。比如熟悉的走班制,学生可以根据自己的喜好自主选择课程和班级,这样解决了统一上课忽略学生差异性的不足,做到了因材施教。另外,在具体的授课方面,应该调节教师讲和学生自主学习的结构关系,注意对学生的引导,调动学生学习的兴趣,以增强学生学习的积极性。

(三)更新教师观念,培养全面发展人才

随着学龄儿童的逐年增加,学校的数量也逐渐增加。各个学校之间争排名、比升学率、争头衔的现象尤为显著,学校之间的竞争间接地转嫁到学生身上,要求学生考出好成绩,通过不间断的考试来不断提高学生的应试能力,进而提高学校的排名;老师也通过学生成绩班级排名为评选职称增加等,这样一来,"考考考,老师的法宝,分分分,学生的命根"一度成为教育的代名词,学校和老师方面的利益之争转移到学生课业量方面。

教师的传统意识中总会不经意地将学生分为三六九等,给学生贴上"优等生""差生"的标签,老师们似乎也更偏向于成绩好的学生,认为成绩好的学生就是所谓的"好学生",成绩差的学生就是"差生"。晕轮效应在此处体现得一览无余,这已经是中小学课堂中众人皆知的秘密。在中国以"学"为贵的和家庭"望子成龙,望女成凤"传统思想的双重压力下,导致教师一贯地用学习成绩这把标尺来衡量学生,课堂也演变成只进行填鸭式教学的知识传授过程,各种作业铺天盖地地向学生砸来,最后可能成绩没有提高还造成厌学的心理。教育工作不同于其他工作的一个地方在于其通过传授知识技能来培育祖国的下一代人才，教师在授课过程中固然需要按照课程标准和教材来作为参照进行知识的讲授，但是也应该注意到教师作为一个具有主观能动性的个体，在日常生活中形成了自己的思想观念，而这种思想观念在无意识中会被带到课堂中，进而在不知不觉中影响学生的言行和思想。要想减轻学生的学业负担，从教师的角度来讲，首当其冲的是要改变过去陈旧的观点，用长远的发展眼光来看待学生，并对所有学生一视同仁。学生正处于成长过程中，并不能因为眼前的缺点和不足将学生一棒子打死，否定学生的未来，要相信每个学生都有自己的闪光之处。

### 四、提倡具身主义学习观，摒弃离身主义学习观

学习是以人与人之间的交往互动为基础的，知识的识记与内化同样是基于活动与交流。而传统的学习方式是以接受式学习为主，将个体身心片面地分离。身心二元规约之下的传统学习观，弥漫着浓重的封闭主义色彩，带有强烈的功利性、工具性和单向度性等价值特质，学习脱离身体而异化为知识图式与符号表征的机械训练活动，即导致学生的学习环境被矮化为课堂环境，学习进程被狭隘化为纯粹的符号理解，学习结果被窄化为认知的单向度发展。[19]唯有遵循个体的认知规律，提倡以学生为主体的学习方式，使学生乐学好学，便不会感觉到学习是一件倍有压力的事情。

（一）倡导建构主义学习观，积极开展探究性学习

学习兴趣的丢失是造成学生主观感觉学业负担加重的重要原因，而以学生主体的探究性学习恰好可以弥补这一缺憾。开展探究性学习的步骤基本遵循这样的逻辑：根据课程标准和教材内容合理确定探究主题，确定学习目标，进行教学设计，开展探究活动，

展示学习成果,师生共同总结评价。探究学习包含着合作学习的成分。因为学生绝对不是个人孤立地探究,而是基于探究共同体成员间的协商背景下自主建构知识的活动。[20]正是基于以上特点,探究性学习是一种使学生身心都参与其中的有效学习方式,也是减轻学生学业负担的一条有效途径。

(二)倡导学生自主减负

第一,制定简约的适合自身学历的学习计划,按照计划完成学习任务。计划性是学生自主学习,从而自主减负的不可或缺的举措。当然,这里只要求简约计划,而不要正式的、详细的书面计划,为了不增加学生负担。第二,开展"知者加速""惑者求助",让学生都处在自己前进道路上的满意点。[21]第三,引导学生积极开展自我评价。引导学生对自己的作业完成情况进行自我评价,记录其中出现的错误,反思自己的不足和优点,让学生对自己的学习情况做到心中有数。引导学生成为自己学习的主人,有意培养学生的元认知策略,自觉根据自身情况合理加负或者减负。

## 五、重视家庭教育,形成家校协同育人模式

提及教育二字时,往往将思维转向学校一方面。孩子成长路上的领路人,不光只有老师,父母同样是孩子的老师,俗话说"父母是孩子的第一任老师",这其实告诉我们对孩子的教育与培养,不要忽视家庭教育这一方面。

全面审视家庭教育,仍然存在诸多问题。家长们普遍都陷入了一种"精神补偿"的怪圈:都为"望子成龙""望女成凤"而心切,都为设计子女的美好未来而不遗余力,进而都为使子女能听从自己的安排而绞尽脑汁、费尽心思,甚至不择手段;[22]一代代父母将自己的孩子封锁在世俗的牢笼中,将重重的枷锁铐在孩子身上。学

生的学业负担可想而知了，不光要受到生理上的压迫，还要背负心理的压力。因此，父母应该更新教育观念和人才观，不将学业的成功作为衡量孩子成功的唯一指标。

（一）以家庭教育促进法带动家庭教育在减负中的重要作用

2022年1月正式实施的《家庭教育促进法》中明确规定了家庭教育在培养德智体美劳全面发展的社会主义事业接班人的过程中所承担的重要责任。回顾2021年颁布的"双减"政策，我们不由得想到家庭教育在落实双减政策中的重要作用。《家庭教育促进法》中明确指出家庭教育、学校教育、社会教育紧密结合、协调一致，家庭教育应以立德树人为根本任务，促进青少年健康成长。可见，学生在学业上的一切表现都不应该将全部责任推卸给教师，家长同样应该承担起相应的责任。

（二）发掘孩子的潜能，给予适当的期盼

根据多元智力理论给教育的启示，人的智力分为语言、逻辑、视觉、音乐、身体、人际交往、自我反省、自然观察者和存在智力九种智力构成。在一个方面的落后不能代表个体的落后。根据多元智力理论给予教育的启示，家长应该熟悉孩子自身发展的实际情况，发掘孩子的特长所在，切忌将全部的期望全部寄托在学业的成功上。给予孩子充足的陪伴教育，了解孩子的个性，尊重孩子的选择，不能盲目地拔苗助长，不顾及孩子的兴趣而盲目给孩子报各种辅导班，应在正确审视孩子的前提下，给予合理的期盼。

（三）家校配合，构建家校协同育人模式

分析历来发布的减负文件可以看出，整治学业负担的问题存在严重的"信息不对称"的问题。"校内减负、校外增负"现象愈演愈烈，学校减负面临认知困境，家长缺乏家庭教育能力等。[23]于2022年初正式实施的《家庭教育促进法》则为我们敲响了警钟，应将家长纳入促进学生减负的责任主体之中。父母是孩子的第一任老师,父母的言行举止都会深刻影响孩子的身心发展,父母要严格要求自己,为孩子树立真正的榜样,创造优良的成长环境。有关调查发现家庭的养育方式会对学业负担有着调节的作用。基于交叠影响域理论,学校必须要发挥好家庭和社会的桥梁作用,畅通沟通渠道,充分利用现代化的沟通媒介,创造多样化的沟通形式,加强家校合作,引导家长正确看待孩子的分数,理性认识学生的学业负担问题,促进家校共育,实现教育责任家校共担。[24]

（四）关注孩子心理健康,给予适当的心理疏导

在快节奏的现代生活中,内卷的魔爪已经伸到了中小学生的学习生活中——不仅要成绩好,还要兴趣多方面的发展,繁忙的上课和课余时间严重残害了学生的身心健康成长。家长作为与孩子每天接触最为密切的主体之一,除了关注其生理状况之外,更应该关注孩子的心理状况,及时发现不良的心理障碍,及时给予疏导,努力营造温馨和谐的生活氛围。

综上所述,目前家庭教育仍然存在较多的问题,家庭的教育方式、教育环境、教育观念等都是造成学生学业负担过重的重要原因。由此也可以看出家庭教育是学生减负过程中的一大短板。家庭教育作为教育系统中的一个重要环节,也同样是减负的阻碍力。父母作为教育主体不能置身事外,将全部的责任都推给学校,父母也应该承担起应有的职责,为学生的减负作出贡献。

# 第三节　考试制度建设

考试是一把双刃剑,在我国人口众多的现实条件下体现得更

为明显,一方面,考试制度体现了公平、可操作性强的优点,另一方面,无形之中加重了学生的学业负担,使考试趋于市场化,成为人们追名逐利的工具之一,严重违背了教育的初衷。因此,改革现行的考试制度刻不容缓。

## 一、考试招生制度改革的原则

第一,平稳过渡原则。由于已经适应了现在的考试招生模式,对于考试招生政策一般会保有较大的惯性,表现为依恋过去的模式,抵触新的改革模式。平稳过渡的主要意义是保持考生和社会心态的稳定。同时,考试"指挥棒"的导向作用往往在中学教学中被加倍放大,平稳过渡就是不因考试改革的左右摆动使得学校教学疲于跟从,扰乱正常的教育教学秩序。[25]

第二,服从于培养目标原则。为了考试而教的现象确实存在,但是考试不是万恶之源。考试是教育的指挥棒的观点也确实被大众认同,但是我们不可以任由这根指挥棒随意发挥,应该利用好教育考试根指挥棒,使其为素质教育服务。考试应首先回答为什么而考的问题。每一位教师、家长应该谨记,考试是为了促进学生的发展,不能为了考而考,不要因为眼前的微小利益而忽视了学生长远发展的利益。

第三,系统性原则。系统性原则是考试改革中应该把握的首要原则。要知道,事物的发展与变化是多方面联系的,并不是孤立存在的。例如有着悠久历史的考试制度发展至今,不仅受制于传统古板思想,也与就业与劳动分配制度有着密切的联系,可谓牵一发而动全身。拿一考定终身的高考来说,如果单纯地将高考分为多次考试,这将涉及到考试评价、课程设置、教学方式等种种因素的变化,考试招生改革必须将这些因素考虑在内。

## 二、改革考试招生制度,促进减负落地

以文化的视角看待考试活动,涉及深层次的考试文化选择的问题,构建良好的考试文化,以求缓解学生过重的学业负担。新的时代发展需求,既是当今考试发展创新的原动力,又是影响考试观念、结构模式及功能的决定因素。只有将考试自身发展与社会主体价值观的科学指导辩证统一起来,才能使考试更好地服务于人类物质文明与精神文明建设。[26]对此,应该变革传统的考试文化。结合当前基础教育改革中遇到的难题,应该坚持以人为本,促进学生全面发展的考试文化。具体实践措施如下:

（一）转变考试观念,淡化竞争,注重全面发展

研究考试政策的发展史可知,在政治经济等因素影响下,我国的由最初以选拔人才的考试功能逐渐发展为考试功能以促进学生全面发展,促进教学活动提升为主。2021 年 7 月 24 日,中共中央办公厅、国务院办公厅印发《关于进一步减轻义务教育阶段学生作业负担和校外培训负担的意见》,阐明"双减"政策的具体举措。同年 11 月,教育部党组书记、部长怀进鹏强调:"把'双减'作为'一号工程',校外治理与校内提质联动,制度建设和监督检查并进,确保党中央决策落地见效。"这一系列的举措对于传统考试观念的改观具有重大意义。

（二）减少考试次数,改变考试评价方式

"考考考,教师的法宝",过度频繁的考试是造成学生学业负担过重主要原因;过多的考试能否真正促进学生的全面发展,答案是否定的。在一项面对 12 个省 41 所中学 13619 名学生进行的有关调查显示,中学生几乎每周都有考试(测验),不少学校每周举行多次考试,有些学生在访谈中对考试表现出恐惧和厌倦情绪。他们

表示,最不想听到教师说的一句话是"要考试了",感到最痛苦的事是"考试"。[27]山东、广东等地也纷纷出台文件,说明限制考试的次数以减轻学生的负担促进学生综合发展。

但是减少考试的次数就一定能够缓解学业负担的问题吗? 想必不是。从实践的角度来看,适度频率的考试有助于学生的成长与发展。1991 年,美国学者邦吉特庄斯(RobertL. Bangert-Drowns)等人对 29 项有关研究进行元分析,探讨在一学期内教师开展考试的次数与学生学习成就改善之间的关系,[28]结果如下表:

表 12 - 1　考试次数与学习成就之间的关系

| 15 周内测验的次数 | 效果量 | 百分等级提高程度 |
| --- | --- | --- |
| 0 | .00 | 0.0 |
| 1 | .34 | 13.5 |
| 5 | .53 | 20.0 |
| 10 | .60 | 22.5 |
| 15 | .66 | 24.5 |
| 20 | .71 | 26.0 |
| 25 | .78 | 28.5 |
| 30 | .80 | 29.0 |

从表中可以看出,考试次数与学习成就之间不是成正比例分布的,随着考试次数的增加,学习成就确实在上升,但是考试次数超过五次之后,学习成就增加的效果便不再显著。

不难发现,考试是一把双刃剑,适当频次的考试的确会事半功倍,使用不当则会加重学生的课业负担。既能发挥考试评价监督作用又不会加重学业负担的考试形式是一个难题。对学生进行阶段性的测评既是教师的权力也是教师的义务,教师可以在不公布学生成绩排名和分数的前提下,采用自编测验的形式对学生进行阶段性的评估,以达到评估的监督、诊断、反馈的目的。

（三）选择合适的考试内容,促进学生核心素养的全面发展

考试内容的选取应该符合社会发展与教育改革的导向。过去较长的时间里,受升学评价的影响,过于注重学生应试能力的培养,忽视了人文素养和科学素养的培养。因此应该科学规范地选择考试内容,充分发挥考试应有的功能。双减政策中明确提出,义务教育阶段的考试试题难度不得超过国家规定的标准和学校的教学进度。另外,应建议根据各地区的人才需求,适当增加人文社会科学方面的内容。本着"取其精华,去其糟粕"的原则,适当借鉴外来文化,增加文化之间的交流与互动。

# 第四节　人才方案评价

教育评价一直是教育事业发展的指挥棒,有什么样的评价标准就会有什么样的教学活动,进而就会培养出何种规格的学生。长久以来,中国的学生一直被应试教育所包裹,考试作为评价学生阶段学习成果的手段之一本无利害,本是服务于教育活动的,但现实却是各种教学活动都服务于评价活动,一切教学活动都跟着评价的指挥棒走,这完全扭曲了评价价值。

2018年9月,全国教育大会在北京召开,习近平总书记在会上指出要深化教育体制改革,"扭转不科学的教育评价导向""从根本上解决教育评价指挥棒问题"。2020年《深化新时代教育评价改革总体方案》中提出了政府工作评价、教师评价、学生评价、学校评价和用人评价五个方面改革任务,坚决克服唯分数、唯升学、唯文凭、唯论文、唯帽子的顽瘴痼疾,提高教育治理能力和水平。[29]

深化教育评价体系改革是教育机制体制改革的重要组成部分,改革的内涵包括学生的学业质量评价和人才评价,涵盖的领域既包括学生的选拔与评价,也包括教师的评价。教育评价工作需要成为减负的动力,还需要人性化且科学地反映出学生的发展现状,提出教育评价改革的合理方案并实现其平稳过渡。

## 一、改革人才评价制度的原则

第一,首先要遵循"以德为贵"的人才理念。从国家发展的角度来看,教育之所以被誉为百年大计,是因为认识到了教育对于国家发展和社会安定起着至关重要的作用,期迹通过教育为国家培养建设社会主义现代化强国的人才。拥有完整的知识结构,充沛的潜力和能力固然可以称之为人才,但是教育的性质是培养为国家所用的人才,是否具备良好的品德决定了个体将这一身的才华用往何处。从雇佣者的角度来看,他们最希望自己所招聘的人才是否会为自己带来最大的收益,而是否具备德行是公司员工运用自身的才能为企业创造利润的前提条件之一。

由此可见,人才的知识、能力与潜力决定着他有希望干什么与干成什么,而人才的品德与态度则决定着他实际想干什么与实际能够干成什么。人才价值的贵,有尊贵、宝贵与珍贵之分。爱国、爱党与爱组织之心是尊贵;事业心、责任心与自然心是宝贵;忠诚与奉献的精神是珍贵。因此,我们的人才评价要坚持德才兼备、以德为贵的原则。[30]

第二,坚持评价方式、内容的多样化。传统的终结性批评倾向于一锤定音,将最后的学考成绩作为评判学生发展的依据,既忽视了过程中情感态度的变化也没有及时从中获取反馈性的信息,显得片面。成绩与能力之间并不是成比率的关系,多年的应试教育将我们的学生培养成了一个个考试能手,成绩的高低并不能代表能力的高低。人才应该是多样化的,单一的评价标准会埋没部分不擅长应试的人才。无论评价制度怎么改革,评价内容应该冲破传统应试教育的牢笼,增加评价的信度与效度。

第三,评价主体的多元化。在应试教育中,评价的主体一般是学校的教师或者教育行政部门,是一种单一性的他人评价。评价对象处于一种被动的状态,教育评价应该遵循多元化的原则,让更多的主体参与到评价过程中来。一方面,可以从多个角度、多个方面对教育活动进行评价;另一方面,由原先的评价对象转变为评价主体,让学生或是教师在评价的过程中,不再处于完全被动的状态,而是处一种积极参与的状态,十分有利于教师和学生对自己的行为进行反思与改进。

## 二、以教育评价倒逼良性的教育生态系统

### (一) 尊重人才成长规律,创新人才评价方式

改变"一刀切"式的评价方式,尊重人才成长的个别差异,因人而异地采取不同的评价方案。比如,对于有特长者,开通绿色通道,给予特别照顾;对于研究型的人才,给予时间上的宽限,延长考核的周期。尊重人才发展规律,按不同人才的成长途径设计不同的人才评价方法,延长青年人才、基础研究人才的考核周期,给人才成长留时间、留空间。[31]另外,采取多种评价方式相结合的方式,弥补单一考核方案可能出现的弊端。比如,采取量化与质化相结合的方式,既考量考核成绩,也要综合绩效等内容;加大面试权重,侧重于综合素养的考评等等。

### (二) 改革学生和教师评价制度

2020 年发布的《深化新时代教育评价改革总体方案》中提到

要纠正片面追求升学率的弊端，坚持立德树人，充分发挥教育指挥棒的功能。方案中提到的评价改革的主体包括教育政府部门、教师、学生、学校、社会用人单位。教师的评奖评优与学生的课业量有着直接关系，部分教师为了个人荣誉，片面地追逐班级的优异的考核成绩，布置给学生的大量的家庭作业。对此，方案中也强调了要坚持把师德师风作为评价教师的第一标准，坚决重科研轻教学、重教书轻育人的倾向；要突出教育教学实际，强调教师要认真履行教育教学的基本要求。另外，在学生评价方面，强调克服片面重视智育的现象，要树立德智体美劳全面发展的观念；强调学生的自我评价，通过自评进而取长补短；同时改革招生制度，增加试题的开放性，使学生依靠械刷题和死记硬背来应试的现象缓解。

（三）改革社会用人评价制度

推进人才评价，离不开道德建设，所以首先要坚持以德为先的用人标准。中国是重视传统文化的国家，早在汉代董仲舒就提出了"正其义不谋其利，明其道不计其功"的人生理想，想必具备德行的人才更可以为企业创造无价的商誉，这种宝贵的品质应该为用人单位所重视。因此，应将个人综合素养的考核作为社会人才选拔的一项指标进行考核。

（四）整体推进结果评价、过程评价、增值评价与综合评价

《深化新时代教育评价改革总体方案》中提出要"改进结果评价、强调过程评价、探索增值评价、健全综合评价"，这种全新的评价理念的颁布与实施，更加坚定了在教育评价改革方面的信心，并且有利于缓解减负难题的尴尬处境。传统的结果评价强调与单一的标准做比较，而没有关注取得结果的起点与条件，颇有些不公平，难免会挫败被评价者的自信心。方案中提到了国际上较为前沿的增值性评价，所谓的增值评价就是追踪被评价者在一段时间

内的成就变化,并将客观存在的不公平的因素分离开来,用公式表达为增值=输出-输入。从表达公式中可以看出以增值性评价为主要特征的评价方式的特点是不强调绝对的产出,强调不仅仅要考虑"产出",还要考虑"输入"和"过程",注重学生的进步,关注学校对学生的增值效能。[32]结合这一创新的理念,对于教师的评价可以采取动态优秀线和动态合格线的形式。传统的优秀率及格率是划分为:优秀率(及格率)=优秀人数(及格人数)/总人数,而现在动态优秀率(及格率)表示为:动态优秀率(及格率)=前20%的人数(前80%的人数)/总人数。这样一来,优秀线和及格线由学生的情况自主确定,考虑了学生的学情,避免了绝对的及格线或是优秀线给教师评价带来的不公现象。

(五)充分利用新技术完善评价功能

评价体系的改革旨在扭转唯分数的不良学风,最终实现促进学生综合素养全面发展的目标,评价改革取得进展最终也会促进解决困扰许久的学业负担问题。目前的评价体系主要是通过外在的行为表现来测评学生阶段的学习成果。但是我们应该清晰,有些较为隐形的素养单纯靠考卷是无法准确测评出学生实质的发展变化的。比如2020年印发的《大中小学劳动教育指导纲要(试行)》中提到要强化学生的劳动观念,弘扬勤俭、奋斗、创新、奉献的劳动精神,充分发挥学生的主动性、积极性,鼓励创新创造。这些要求大都是心理层面比较隐形的宣导与弘扬,凭借传统的评价方式很难达到预期的测评效果。也就是说,难以测评出学生是否真正地认识到劳动教育的重要性。退一步讲,就算是真的表现出热爱劳动的行为,也可能是迫于外界的压力不得不这样做,这就使得教育评价大打折扣。

现代教育评价则是基于脑科学与心理学的最新研究成果,从对外显的行为表现转变为对内隐的学习动机、学习兴趣、学习态度、探究精神、创造精神与反思精神等因素的测评,从而实现科学的综合素质评价。脑科学和心理学的实证研究可以帮助我们洞察学生的身心发展规律。[33]比如,脑科学与心理学可以相对准确地提供关于个体在认知情感、语言等方面的发展资料,便于与测评标准进行对比,并进一步提供针对性地反馈信息。脑科学和心理学还可以研究音乐、运动、空间感知等能力发展的敏感期,从而为针对性地对学生进行相关方面的培养做出了预判。除了脑科学和心理学实证研究可以为我们提供指导,心理测评所关注的能力本身以及内在心理特质也为我们开展"综合素质"评价提供了可能。[34]研究证明,基于能力的评价比基于知识基础的评价更具备稳定性和准确性。能力是人形成的稳定且持久的特性,不会随着时间的延长而退化,恰恰相反,能力会在漫长的实践经验中逐渐成熟,形成个体独一无二的特性。而基于知识点的测评方式侧重于机械地做题,能熟练地解题便可达到评价的目标。这种方式与实践联系不强,通常只是纸上谈兵,这就是高分低能儿产生的原因。因此,在评价体系的改革中倘若加入基于现代技术的评价方式,便会更为直接地看出学生是否形成了稳定且持久的内在素养。

现有的评价方法和手段或多或少都带有主观成分,21世纪更为重视对学生批判能力、创新思维、分析解决问题能力的培养。完全依赖传统的评价方式往往难以测评出这些隐形的素养,使评价的准确性降低,这些缺陷和不足在大数据时代下或许可以找到解决思路与处理方案。不同于以往的评价方式,大数据意味着对教育数据进行全方位与全程性采集,不但注意对结构化数据的收集,也重视对非结构化数据的收集。基于大数据的教育评价突破传统教育评价体系中对学生考试成绩的依赖,将碎片化评价整合为系统化评价,保障了评价的全面性与可持续性,支持多主体、多元化评价,丰富了教育评价的功能。[35]美国依赖于覆盖国家、州、学校层面的立体化教育数据网络,通过恰当的大数据处理技术,为教育评价提供新的路径。

# 第五节　学业负担干预

学业负担过重,对于学生的身心健康成长危害深重。为此,国内多位学者建议创造公平教育环境、加强宏观调控和监督、改革招生考试制度、构建合理评价机制、转变行政化减负、重构减负权责关系、发展高等教育资源、引导社会理性对待、优化课程与管理、提高教师教育水平,等等。这些建议从体制、环境、理念的层面进行了理性的规划,但是每一项建议的实施都绝非易事,在缺少应有的实效性和可操作性的情境下,犹如空中楼阁。

国外学者认为,欲减轻学业负担,首先必须给学生提供足够的社会支持,包括情感支持和信息支持。情感支持是指为诸如同情心和情感表达产生混乱所提供的信息,信息支持是指为个人的问题解决活动提供信息[36],如果增加信息支持和情感的支持,学业压力和抑郁都会相应降低[37]。这些支持对于学生来说应该是可以积极感知的。可感知到的支持能迅速影响由于压力所带来的身体健康问题[38],也可以改变其心理状态。从某种意义上来说,可感知的支持是自我稳定的个性特征,而不是他人真实的支持行为。其次,塑造理想的人格也是减负的一个重要途径。理想的人格是外向、随和、开放、有责任心、情绪稳定的,它可以成为一种处理机制和行为方式,也可以植根于资源内部或本身成为一种资源,是一种个体需要或求助的资源,或是异常行为的威慑[39]。再次,培养学生习得性减压智慧,有效降低压力给其认知表现带来的影响,以帮助个体规范情感和认知的内在事务,形成顺利达成目标的行为和认知技能[40]。当无法改变外界环境时,积极改变自我、适应环境不失为明智之举。

减轻学业压力,也是减负的有效策略。压力处理的四个关键要素是环境压力源、认知评价、心理生理和行为方面经历的压力水平、处理行为或策略[41]。无论是基于问题的压力处理方式,还是基于情感的压力处理方式都可以去除或减轻压力事件或者管理和减少威胁事件的影响。此外,参加应急减压预防训练项目也可减轻学业压力,它是一个灵活的、基于个体的、多层面的认知行为疗法,其目的是帮助个体处理持续的压力并为其提供未来处理压力的工具,一般分为认知准备、技能获取和预演、持续应用三个阶段[42]。

另外,缓解学业倦怠,同样可以减轻学业负担。学生可感知的自治支持、学校环境内的心理控制、工作沉浸都会在某种程度上减轻学业倦怠[43]。有些研究者认为学业倦怠主要是由于学生的课业资源(如动机、社会支持、问题处理策略)与成功期望(自我、教师、家长、同伴)之间不够匹配造成[44],丰富的课业资源和恰当的成功期望可以适当降低学业倦怠水平。此外,多项研究表明学生与家庭、教师、同伴的交互关系,以及父母的关系、教养方式与风格、父母本身倦怠与否都会影响学生的态度、行为,进而影响到学业倦怠。因此,加强学生对于学业倦怠的认知,提供多维的资源与环境支持,提高心理调适与处理策略,可以有效抵制学业倦怠,进而达到减轻学业负担的初衷。

## 参考文献

[1] 山子.中小学减负政策文本的梳理及分析[J].教育科学研究,2015(02)：38—43.

[2][5][8] 朱益明."双减"认知更新、制度创新与改革行动[J].南京社会科学,2021(11)：141—148.

[3][4] 马陆亭.系统解决中小学生学业负担过重问题[J].现代教育管理,2019(05)：1—5.

[6] 靳玉乐,李森.现代教育学[M].成都：四川教育出版社,2006.

[7] 孟宪云,罗生全.过重学业负担生成的课程动因及其优化策略[J].教育发展研究,2017,37(Z2)：108—112.

[9][10][11] 刘健.新中国70年中小学减负政策的历史变迁与反思[D].天津：天津师范大学,2020.

[12] 罗生全,李红梅.学业负担的社会机制[J].教育发展研究,2014,33(24)：45—50.

[13] 黄首晶.学生学业负担过重的理论缘由探析[J].教育探索,2011,(02)：14—17.

[14] Rychen,D. S.,Salganik, L. H. Key Competencies for a Successful Life and a Well-Functioning Society[M]. Göttinggen, Germany：Hogerfe & Huber,2003.

[15] 张良.核心素养的生成：以知识观重建为路径[J].教育研究,2019,40(09)：65—70.

[16] 张紫屏.论素养本位课程知识观[J].课程·教材·教法,2018,38(09)：55—61.

[17][18] 庞仿英.切实减轻过重课业负担更应在"个性化"上下功夫[J].人民教育,2021(Z2)：34—37.

[19] 孟宪云,刘馥达.走向具身教学：学业负担问题消解的逻辑与路径[J].课程·教材·教法,2022,42(02)：73—79.

[20] 汪欢,许应华.探究学习：减轻学生学业负担的有效途径[J].桂林师范高等专

科学校学报,2012,26(01):149—152.

[21] 王贤文,熊川武.学生自主减负:减负提质的有效路径[J].中国教育学刊,
2014(04):34—37+42.

[22] 李有亮.家庭教育:中国教育改革的盲区[J].教学与管理,2009(12):6—7.

[23] 王贤文,周险峰.学业负担治理研究十年:回顾与展望[J].河北师范大学学报
(教育科学版),2021,23(03):121—127.

[24] 赵丽芳.家庭教养方式对小学高年级学生学业负担的影响研究[D].上海:华
东师范大学,2020.

[25] 臧铁军.新高考改革的六项原则[J].教育研究,2010,31(03):52—56+90.

[26] 杨学为,廖平胜.考试社会学问题研究[M].武汉:华中师范大学出版
社,2003.

[27][28] 赵德成.减负背景下的评价与考试改革[J].北京师范大学学报(社会科
学版),2014(04):23—29.

[29] 邢欢.论深化教育评价体系改革[J].河北师范大学学报(教育科学版),2019,
21(03):9—12.

[30] 萧鸣政.人才评价机制问题探析[J].北京大学学报(哲学社会科学版),2009,
46(03):31—36.

[31] 中共中央国务院.国家人才发展中长期规划纲要(2010—2020)[EB/OL]. ht-
tps://www. gov. cn/jrzg/2010—06/06/content _ 1621777. htm, 2010—
06—06.

[32] 边玉芳,林志红.增值评价:一种绿色升学率理念下的学校评价模式[J].北京
师范大学学报(社会科学版),2007(06):11—18.

[33][34] 刘嘉.多元教育评价助力创新人才培养[J].人民教育,2020(21):
22—29.

[35] 郑燕林,柳海民.大数据在美国教育评价中的应用路径分析[J].中国电化教
育,2015(07):25—31.

[36] Brant R. Burleson, Erina L. Mac George. Supportive Communication. In
MarkL. Knapp,JohnA. Daly(Eds.),Handbook of InterpersonalCommunica-
tion(3rded. )[M]. Thousand Oaks,CA:Sage,2002.

[37] ErinaL. Mac George,Wendy Samter,SethJ. Gillihan. Brief Report Academic Stress,Supportive Communication,and Health[J]. Communicati on Education,2005,54(4):365—372.

[38] Sheldon Cohen, LynnG. Underwood, BenjaminH. Gottlieb. Social Support Measurement and Intervention [M]. Oxford, UK: Oxford University Press,2000.

[39] Jai Ghorpade,Jim Lackritz,Gangaram Singh. Burnout and Personality:Evidence From Academia[J]. Journal of Career Assessment, 2007, 15 (2): 240—256.

[40] Michael Rosenbaum. A schedule for Assessing Self-control Behaviours:Preliminary Findings[J]. Behaviour Therapy,1980,11(1):109—121.

[41] Janina C. Latack. Coping With Job Stress:Measures and Future Directions for Scale Development [J]. Journal of Applied Psychology, 1986, 71 (3): 377—385.

[42] Donald Meichenbaum. Stress Inoculation Training for Coping with Stressors [J]. The Clinical Psychologist,1996(49):4—7.

[43] Shu-ShenShih. An Investigation into Academic Burnout among Taiwanese Adolescents from the Self-determination Theory Perspective[J]. Social Psychology of Education,2015,18(1):201—219.

[44] Marisa Salanovaa,Wilmar Schaufelib, Isabel Martíneza. How Obstacles and Facilitators Predict Academic Performance: the Mediating Role of Study Burnout and Engagement[J]. Anxiety, Stress & Coping: An International Journal,2010,23(1):53—70.

**图书在版编目(CIP)数据**

学业负担研究:理论、模型与调控/梅松竹著.
-上海:上海三联书店,2025.

-ISBN 978-7-5426-8920-7

Ⅰ.G424.6

中国国家版本馆 CIP 数据核字第 2025HA0624 号

学业负担研究:理论、模型与调控

著　　者　梅松竹

责任编辑　钱震华
装帧设计　陈益平

出版发行　上海三联书店
　　　　　中国上海市威海路 755 号
印　　刷　上海新文印刷厂有限公司

版　　次　2025 年 6 月第 1 版
印　　次　2025 年 6 月第 1 次印刷
开　　本　700×1000　1/16
字　　数　220 千字
印　　张　19
书　　号　ISBN 978-7-5426-8920-7 /G・1769
定　　价　98.00 元